Wieland Jäger / Dieter Buck

Aspekte der Personalentwicklung in der öffentlichen Verwaltung

DUV Springer Fachmedien Wiesbaden GmbH

Alle Rechte vorbehalten
© Springer Fachmedien Wiesbaden
Ursprünglich erschienen bei Deutscher Universitäts-Verlag GmbH, Wiesbaden 1997
Lektorat: Claudia Splittgerber

der Bertelsmann Fachinformation GmbH.

http://www.duv.de

Gedruckt auf säurefreiem Papier

ISBN 978-3-8244-4249-2   ISBN 978-3-322-92388-2 (eBook)
DOI 10.1007/978-3-322-92388-2

Inhaltsverzeichnis

Abkürzungsverzeichnis

BfA   Bundesversicherungsanstalt für Angestellte

DÖV   Die Öffentliche Verwaltung, Zeitschrift

GABL   Gemeinsames Amtsblatt des Landes Baden-Württemberg

GRV   Gesetzliche Rentenversicherung

IKT   Informations- und Kommunikationstechnik

KGSt   Kommunale Gemeinschaftsstelle für Verwaltungsvereinfachung, Köln

LVA   Landesversicherungsanstalt

OE   Organisationsentwicklung

ö.V.   öffentliche Verwaltung

PE   Personalentwicklung

VDR   Verband Deutscher Rentenversicherungsträger

VOP   Verwaltungsführung, Organisation, Personal. Fachzeitschrift für öffentliche Verwaltung

ZTR   Zeitschrift für Tarifrecht

Personalverwaltung im Umbruch:
Vom „verwalteten" Mitarbeiter zum „entwickelten" Mitdenker?

Die Bedeutung der Dienstleistungsarbeit nimmt in modernen, hoch entwickelten Gesellschaften West- und Mitteleuropas beträchtlich zu. Diesem Sachverhalt hat insbesondere die Arbeits-, Industrie- und Organisationssoziologie bislang nicht im gebotenen Maß entsprochen. Die Tätigkeiten von 'Nicht-Produktiven' in der Erwerbsarbeit vernachlässigend, statt dessen seit Bestehen der Fachdisziplin vorwiegend auf die unmittelbare materielle Produktion konzentriert (vgl. die Gesamtschau der 'Umbrüche gesellschaftlicher Arbeit' von Beckenbach/v.Treeck 1994), erschien Soziologen eine Auseinandersetzung mit der Arbeit von Angestellten und Beamten - sie ist weitgehend mit Dienstleistungsarbeit identisch - lange Zeit entweder kaum lohnend, oder aber, nicht minder folgenreich, diese Analyse bewegte sich allemal im Rahmen der Konfrontation von Kapital und Arbeit, in welcher einer Dienstleistungsarbeit eine 'eigenständige' Position gar nicht erst zugebilligt wurde. Auffassungen dieser Couleur ist im Prinzip spätestens mit der Studie von Baethge/Oberbeck (1986) der Boden entzogen; statt dessen, besonders vor dem Hintergrund der These vom Wandel der Industrie- in eine moderne 'Dienstleistungs-' bzw. 'Informationsgesellschaft', konzentriert sich die neuere Soziologie nun zunehmend mehr auf diese Tätigkeiten, die jetzt von Grund auf analysiert werden.

Diese Absicht verfolgt auch die vorliegende Studie. Sie beschäftigt sich mit einem zentralen Ausschnitt des Arbeitstyps 'Dienstleistung', der *öffentlichen Verwaltung*. Nach der Untersuchung relevanter Gesichtspunkte der Verwaltungsreform durch den verstärkten Einsatz der Neuen Informations- und Kommunikationstechnik (Jäger/Scharfenberger/Scharfenberger 1996) stehen dieses Mal Überlegungen zur Modernisierung durch *Personalentwicklung* im Mittelpunkt der Analyse. Die Reformbemühungen am Beispiel der Personalverwaltung, die sich - so unsere Ausgangsthese - im Umbruch befindet, konzentrieren sich empirisch auf die *Landesversicherungsanstalten*, die gegenwärtig für die Rentenversicherung der Arbeiter zuständig sind, deren Aufgabenprofil sich jedoch im Zuge der Verwaltungsreform vermutlich erheblich verändern wird (s. nachfolgend: Landesversicherungsanstalten vor neuen Herausforderungen). Mit dieser und der erstgenannten Studie greifen wir neuere Entwicklungen im Verwaltungsbereich auf eine Weise auf, durch die zentrale Elemente des Reformgeschehens sichtbar werden, welche dem in der öffentlichen Diskussion zunehmend an Bedeutung gewinnenden, der Betriebswirtschaftslehre entliehenen Steuerungsinstrument des 'New Public Management' bzw. dem 'Neuen Steuerungsmodell' entsprechen: Dort ist nämlich die Verbesserung des Personalmanagements u.a. durch attraktive Personalentwicklung, welche die Leistungsmotivation fördert, ausdrücklich zum *Programm* erhoben. Gleichwohl sieht sich diese Studie wie andere im Bereich der Personalverwaltung auch einigen bislang ungelösten Schwierigkeiten gegenüber.

1

(1) Die Bemühungen, die diversen Tätigkeiten, welche unter dem Begriff der Dienstleistungen subsumiert werden, auf einen gemeinsamen Nenner zu bringen, haben dazu geführt, daß Dienstleistungsarbeit bislang lediglich im Sinne einer *Residualkategorie* bestimmt ist, in der alle Tätigkeiten der außer-materiellen Produktion zusammengefaßt sind (vgl. besonders Littek 1991). Es liegt gegenwärtig also keine soziologisch auch befriedigende, umfassende und positive Bestimmung des hier in Betracht genommenen Arbeitstypus vor.

(2) Nicht minder problematisch ist die These vom Wandel der Industrie- in eine 'Dienstleistungsgesellschaft'. Diese neue Gesellschaftsformation beschreiben Theoretiker wie Bell 1974 als eine 'nachindustrielle', welche eben 'anders' als die Industriegesellschaft sei. Die konstitutiven, vor allem qualitativen Merkmale des neuen Gesellschaftstyps, der bei Bell nur fünf Jahre später beinahe nahtlos in die 'Informationsgesellschaft' übergeht, sind bislang allenfalls in dunklen Umrissen bekannt. Der Versuch, kategorial mit Hilfe der 'reflexiven Arbeit' (z.B. Malsch 1987, Offe 1983) zur Charakterisierung der Besonderheiten und zu einer inhaltlichen Bestimmung der Informationsarbeit zu gelangen, bleibt soziologisch betrachtet Stückwerk. Zu den Gründen, die zu entfalten hier nicht die Gelegenheit ist, lediglich soviel: Die Einzelaspekte eines sich abzeichnenden neuen gesellschaftlichen und betrieblichen Strukturmodells (massenhaftes Aufkommen der elektronischen Kommunikation, individueller Trend zur Befriedigung des Kommunikationsbedürfnisses, neuer organisatorischer Bedarf an partizipativen Entscheidungsstrukturen u.a.m.) sowie die Relationen zwischen diesen Gesichtspunkten angemessen zu erfassen, bereitet außerordentliche Schwierigkeiten. Der zunehmende 'informatisierte Organisationswandel' (Stockinger/Fleissner) jedenfalls scheint zu einer bestimmenden strategischen Ressource zu werden, mit erheblichen Folgen auch für die Personalentwicklung. Dazu bei anderer Gelegenheit mehr.

(3) Das 'Neue Steuerungsmodell' für die öffentliche Verwaltung, aus einzelnen Elementen der Managementlehre in nicht unbedingt auch überzeugender Weise zu einem Gesamtkonzept zusammengefügt, trägt janusköpfige Züge. Unübersehbaren, handfesten organisationsinternen *Vorteilen* (präzise Operationalisierung der Ziele des Ressourceneinsatzes; autonom gesteuerte Betriebseinheiten zur Zielverwirklichung; reduzierte Regelungsdichte zugunsten globalerer Rahmenbedingungen; sachbezogen zusammengefaßte Regelungskreise (Budgetierung); Erfolgskontrollen zur Zielerreichung und Wirtschaftlichkeit; Reporting und Controlling; outputorientierte Kostenrechung etc.) stehen soziologisch bedenkliche *Schwächen* gegenüber, beispielsweise:

- Die Initiierung von Organisationsentwicklungsprozessen beruht häufig auf erkannten administrativen Defiziten in der Steuerung, der Einstellung der MitarbeiterInnen und der Finanzierung (Sparzwang); insofern besteht die Gefahr, daß Neue Steuerungsmodelle eher legitimatorisch mit den Interessen und den Bedürfnissen der Nachfragenden arbeiten, statt dessen bürokratische Dominanz begünstigen, rationale Mythen schaffen, sozusagen neue 'Inseln der Sicherheit' in ungewisser Zeit.

2

- Individualisierung und Pluralisierung lassen sich kaum durch buchhalterische Effektivität und Effizienz begünstigen; das Modell forciert daher tendenziell ein dienendes Verhältnis von Organisation und Professionellen, nicht jedoch eine solidarisches und 'gerechtes' von Professionellen und Bürgern. Nicht die Kooperation zwischen Politik und Verwaltung bedarf einer Verbesserung, vielmehr jene zwischen Verwaltung und Bürger.

- Stellen administrative Produktbeschreibungen die neuen stillschweigenden Übereinkünfte, Deutungsroutinen und Normalitätskonstruktionen über erstrebenswerte Lebenswelten dar, besteht die Gefahr, eine gleichberechtigte und sinnstiftende Ausdeutung und Aushandelung der Probleme zu vernachlässigen.

- Aus organisationssoziologischer Sicht weitgehend ungeklärt ist die Frage, inwieweit die vor allem systemtheoretischen Einwände in der neueren Steuerungsdiskussion gegen die Steuerbarkeit der (allerdings) technischen Dynamik ('Technology Assessment', TA) auch für den hier betrachteten Gegenstand Relevanz beanspruchen (können). Dort stellt Luhmann die Steuerbarkeit teilweise prinzipiell in Frage, beschränkt sie Willke auf weichere Formen 'dezentraler Kontextsteuerung' oder betrachtet sie Münch wegen unkontrollierbarer Folgeprobleme als zu Steuerungsparadoxien führend (vgl. Mai 1994). Ließen sich unter dem Steuerungsaspekt zumindest Affinitäten zwischen TA und Personalmanagement herleiten (eine offene Frage), erschiene eine vorsichtigere und bescheidenere Haltung geboten: Einzelne Steuerungsinstrumente auf ihre Eignung für verschiedene Personalbereiche stärker als bisher zu prüfen wäre ebenso ein Erfordernis wie die Analyse des Problems, inwiefern sich die 'Logik politischer Rationalität' (Mayntz 1990) auch durch die Konzeptionen des Personalmanagements beißt.

Im Gesamt ist die Summe der Mängel erheblich, ihre Überwindung erfordert nicht zuletzt hohen kategorialen Aufwand. In diesem Kontext wird sich zeigen, welches soziologische Theorieangebot denn am ehesten die Entwicklungen einer durch Informatisierung der Arbeit gekennzeichneten Gesellschaft zu erklären in der Lage ist. Im Kern geht es darum, ob 'reflexive Arbeit' tatsächlich die Schlüsselkategorie der Analyse darstellt oder beispielsweise Informatisierung eine neue formale und inhaltliche Qualität der Abstraktion gesellschaftlicher Arbeit auf einer höheren Stufe bewirkt. Dieses Problem ist hier nicht zu entscheiden. Daß Anstrengungen aber auch im Vorgarten soziologischer Theoriearbeit lohnen, sollen die nachfolgenden Überlegungen zeigen. Schließlich sind soziale Innovationen (dazu zählt auch Personalentwicklung) kein Zufall, ihre Genese der unumgänglichen übergreifenden Kärrnertätigkeit unbedingt förderlich.

Landesversicherungsanstalten vor neuen Herausforderungen

Die Landesversicherungsanstalten sehen sich - wie die öffentliche Verwaltung überhaupt - dem Dilemma wachsender Anforderungen qualitativer und quantitativer Art an ihre Leistungsfähigkeit bei zugleich reduzierten Personalkapazitäten bzw. steigendem Druck auf die Personalkosten gegenüber.[1]

Hierfür gibt es verwaltungsexterne und -interne Gründe. Extern bedingte Anforderungen ergeben sich nicht nur aus der Umsetzung zahlreicher Gesetzesänderungen. Der erhebliche Einstellungs- und Wertwandel in der bundesrepublikanischen Gesellschaft bedingt auch, daß Versicherte und Rentner immer weniger bereit sind, Verwaltungsentscheidungen schlechthin zu akzeptieren. Intensivere Klientenpflege und -nähe sowie wirtschaftliche Mittelverwendung beschreiben einige Konsequenzen dieser Entwicklung.[2] Hinzu treten spezifische Probleme der untersuchten Landesversi-cherungs-anstalten. Da sich ihre Zuständigkeit lediglich auf die Rentenversicherung der Arbeiter erstreckt, führt die beschleunigte Tertiarisierung der Gesellschaft zu einer geringeren Anzahl von aktiv Versicherten und damit von Beitragszahlern, sind doch im Dienstleistungssektor erheblich weniger Arbeiter als im produzierenden Gewerbe tätig. Die Ergebnisse einer im Herbst 1995 in Karlsruhe organisierten Konferenz zum Thema 'Föderalismus und Regionalisierung in der Sozialversicherung' geben detaillierte Auskunft über diesen Prozeß: Von den Pflichtversicherten in der gesetzlichen Rentenversicherung waren im Jahr 1966 ca. 66% bei den Landesversicherungsanstalten als Träger der Arbeiterrentenversicherung und etwa 34% bei der Bundesversicherungsanstalt für Angestellte versichert. Dieses Verhältnis hat sich grundlegend gewandelt. Bereits im Jahr 1993 übertraf die Zahl der Angestellten mit ca. 51% diejenige der Arbeiter mit weniger als 50%. Eine Verstärkung dieser Tendenz in den nachfolgenden Jahren zeichnet sich ab. Modellrechnungen gehen davon aus, daß bei einer mittleren Beschäftigungsentwicklung die Zahl der Arbeiter in den alten Bundesländern im Jahr 2000 auf ca. 10,5 Mio. bzw. bis ins Jahr 2007 auf etwa 10,2 Mio. absinkt. Gleichzeitig wird eine Zunahme der Angestellten auf 13,8 bzw. 14,6 Mio. im Jahr 2007 prognostiziert. In den neuen Bundesländern ist angesichts der wirtschaftlichen Umstrukturierungen und der Anpassung der Industrieentwicklung an den aktuellen Stand der Technik mit einer ähnlichen Entwicklung zu rechnen. Auf diese Weise deutet sich eine Verfestigung der abnehmenden Bedeutung der Arbeiterrentenversicherung an.[3] Dessen ungeachtet bleiben die Zahlungsverpflichtungen der Landesversicherungsanstalten an Rentner vorläu-

---

[1] Vgl. Oppen 1991, S. 11. Im Jahr 1996 hat die Rentenversicherung mit *massiven* Einsparungen der Verwaltungskosten (zu ihnen zählen auch die Personalkosten) begonnen; dieser Vorgang wird sich in den kommenden Jahren vermutlich verschärfen.

[2] Zum Werte- und Einstellungswandel vgl. Klages 1993, Jäger u.a. 1996.

[3] Vgl. LVA Baden o.J.,S. 7.

fig auf hohem Niveau. Die vorhandene Finanzlücke wird durch Ausgleichszahlungen der Bundesversicherungsanstalt für Angestellte (BfA) geschlossen; langfristig betrachtet kann dieser Umstand zu einer finanziellen Abhängigkeit der LVAen von der BfA führen.

In der Gegenwart werden insbesondere zwei Modelle der Organisationsreform der gesetzlichen Rentenversicherung diskutiert, die dieser Entwicklung Rechnung tragen (sollen): das sog. *ASMK-Modell* der Arbeits- und Sozialminister der Länder sowie das *Kooperationsmodell*, das auf einem von den Sozialparteien (Arbeitgeber- und Versichertenvertreter) des Verbands Deutscher Rentenversicherungsträger (VDR) in Auftrag gegebenen Gutachten basiert.[4] Vereinfacht dargestellt führen entsprechend dem ASMK-Modell die 23 Landesversicherungsanstalten auch alle Versicherungskonten der Angestellten der Jahrgänge 1960 und jünger, während die BfA für die älteren Jahrgänge und für Versicherungskonten mit ausländischen Zeiten zuständig bliebe. Das Gutachten des beauftragten Unternehmensberaters Berger sieht organisatorischen Veränderungsbedarf in der gesetzlichen Rentenversicherung vor allem im Hinblick auf die Nutzung wirtschaftlicher Potentiale sowie die sich verändernde Erwartungshaltung der Versicherten und Rentner. Danach könnte sich eine künftige Organisationsstruktur über drei Ebenen erstrecken und wie folgt aussehen:

„- lokale Ebene:

125 bis 150 Dienststellen zur Auskunft und Beratung und zur versichertennahen Sachbearbeitung;

- Länderebene:

autonome Träger, welche die genannten Dienststellen verwalten und Leistungsberechnungen durchführen;

- Bundesebene:

Wahrnehmung von Verbands- und Querschnittsaufgaben sowie von besonderen Trägeraufgaben."[5]

In einem ersten Schritt ist dem im Gutachten beschriebenen Kooperationsmodell zufolge die Zusammenarbeit der LVAen und der BfA im Bereich der Auskunfts- und Beratungsstellen zu verwirklichen. In einer zweiten Stufe der Reform wird die Optimierung der bestehenden Organisationsstruktur der GRV empfohlen. Die dritte Stufe soll

---

[4]   Zum ASMK-Modell und Berger-Gutachten s. beispielsweise Gewerkschaft der Sozialversicherung, Heft 10/1995 sowie verschiedene Beiträge in den Nachrichtenblättern der Landesversicherungsanstalten und der BFA in der Zeitschrift Die Angestelltenversicherung. Auf dem ASMK-Modell basiert eine Gesetzesinitiative des Bundesrats. Das "Gesetz zur Änderung der Zuständigkeit in der Gesetzlichen Rentenversicherung (ZÄG)" wird gegenwärtig (Sommer 1997) in den Ausschüssen beraten; konkrete Verhandlungen sollen folgen.

[5]   LVA Baden, o.J., S. 22.

eine Etablierung der neuen Gesamtstruktur mit Selbstverwaltung auf Länder- und Bundesebene betreffen. Diese Kooperation weckt auf Seiten der LVA-Vertreter die Befürchtung, in die Abhängigkeit zur BFA zu gelangen, da jede einzelne LVA mit Blick auf das Haushaltsvolumen und die Beschäftigtenzahl ungleich kleiner als die BfA ist. Da die Zeit angesichts ausgeprägter Tertiarisierungstendenzen zudem für die BfA zu 'arbeiten' scheint, schützt die Kooperation ohne konkrete 'Schutzmaßnahmen' die LVAen nicht vor weiterer Auszehrung, zumal das "Berger Gutachten" die Reduzierung der Anzahl der LVAen empfiehlt - mit einem erwarteten Einsparungspotential von 30 Prozent der Mitarbeiter.[6]

Das ASMK-Modell wiederum stößt auf den Widerstand der BfA und wohl auch der Bundesregierung, die einer Stärkung des föderalen Elements in der Rentenversicherung über den Ausbau der Bedeutung der LVAen kritisch gegenüberstehen. Eine Konsenslösung innerhalb des VDR konnte bislang insbesondere im zentralen Punkt der organschaftlichen Verfassung der Rentenversicherung nicht erzielt werden; aus diesem Grund spricht einiges dafür, BfA und LVAen bis zum Abschluß des Gesetzgebungsverfahrens zum ZÄG in der bisherigen Form zu belassen (vgl. Hausmitteilung der LVA Sachsen, Sachsenspiegel 2/97, S. 3).

In der Folge des "Berger-Gutachtens" hat sich eine vom VDR-Vorstand eingesetzte Kommission zur Organisationsreform im Herbst 1995 konstituiert. Es wurden drei Arbeitsgruppen der Vertreter der Arbeitgeber, der Versicherten und der Geschäftsführungen der Rentenversicherungsträger gebildet, die sich mit der Möglichkeit einer Zusammenlegung von Dienststellen der Arbeiter- und Angestelltenversicherung, der Optimierung der EDV-Organisation sowie der Reform der Managementmethoden, Personalstruktur und Gesamtorganisation der gesetzlichen Rentenversicherung befassen. Im Vordergrund der beabsichtigten Reform der GRV sollen stehen:

„ ...– die Optimierung der Führungsinstrumente, worunter die Einführung von Controlling und eine vollständige Kostenrechnung, ein ergebnisorientiertes Berichtswesen und der Ausbau der Leistungsvergleiche zu verstehen ist,

– die Optimierung der Arbeitsabläufe, wie Abbau von Hierachien, Verkürzung von Laufzeiten (vor allem der Rentenberechnung und Realisierung ganzheitlicher Sachbearbeitung)...

– die Flexibilisierung der Personalwirtschaft, soweit dies im Rahmen der derzeitigen Rechts- und Tarifsituation möglich ist; gedacht wird an die Schaffung von Leistungsanreizen und evtl. leistungsorientierte Vergütung und Besoldung sowie an den Ausbau von Personalentwicklung und Personalplanung ..."[7]

---

[6]   LVA Württemberg, Beilage des Personalrats zum Blickpunkt Freiberg, 3/1995, S. 19.

[7]   LVA Baden, S.24.

Diese geplanten Veränderungen könnten den hierarchisch strukturierten Landesversicherungsanstalten mit spezifischer Aufbau- und Arbeitsablaufgestaltung, weitgehend determinierter Personalstruktur und einer den Prinzipien von Gesetzmäßigkeit, Aktenmäßigkeit und Kontrollierbarkeit verpflichteten Arbeitsweise nicht unerhebliche Anpassungsschwierigkeiten bereiten. Hierarchische Strukturen lassen ein nur geringes Innovationspotential gegenüber den komplexen Erfordernissen der Umwelt erwarten.[8]

Auch von Seiten der Beschäftigten und ihrer Interessenvertretungen kommen auf die Verwaltung neue Anforderungen zu. Auf der einen Seite sehen sich die Beschäftigten vermehrten Arbeitsanforderungen und einer Arbeitsintensivierung gegenüber. Es steigt zudem auch in den LVAen die Zahl der Beschäftigten mit ungesicherten Arbeitsverhältnissen. Und häufig sprechen nach wie vor aus der Sicht der Beschäftigten die betrieblichen Selektionsstrategien, die Sozialisations- und Anpassungsprozesse und Arbeitserfahrungen für das Ideal einer "perfekten bürokratischen Persönlichkeit" (Oppen 1991) mit den Merkmalen des schematisierten Arbeitshandelns, der Traditionsorientierung, des Verantwortungsverzichts und der Überkorrektheit.

Andererseits werden auch die Beschäftigten in Sozialverwaltungen von sich wandelnden Einstellungen zur Arbeitswelt und neuen Ansprüchen an sie erfaßt. Diese Veränderungen zeigen sich u. a. im Streben nach sinnhaften, verantwortungsvollen Aufgaben, nach persönlichen Entfaltungsmöglichkeiten im Beruf und entsprechenden Handlungs- und Entscheidungsspielräumen. Es entsteht, darüber ist sich die Verwaltungsforschung einig, vielfach eine neue Form der Leistungsbereitschaft, in welcher der Wunsch nach arbeitsinhaltlichen Bezügen, ganzheitlichen und problemorientierten Anforderungen sowie sozialen Kommunikations- und Interaktionschancen in eher kleinen, teamartig-professionellen Organisationsstrukturen mit Entscheidungsrechten aller Mitglieder gegenüber instrumentellen Aspekten wie Status- und Einkommenszuwachs an Bedeutung zunimmt.

Hinzu treten kollektive Forderungen der gewerkschaftlichen Interessenvertretungen nach Veränderungen der Dienstleistungsarbeit gegen neokonservative Tendenzen der Entstaatlichung und Privatisierung sowie gegen die negativen Folgen der weitgehend allein auf Personalkostenreduzierung bezogenen Rationalisierungsmaßnahmen. Angestrebt wird eine Synthese zwischen den ständig wachsenden Ansprüchen der Allgemeinheit nach mehr und besseren Dienstleistungen und den berechtigten Interessen der Beschäftigten im öffentlichen Dienst nach besseren beruflichen und sozialen Regelungen. Die Annahme einer weitgehenden Interessenidentität wird aus dem Zusammenhang zwischen der Qualität der Arbeitsbedingungen und der Motivation der Bediensteten sowie der Qualität öffentlicher Dienstleistungen begründet. Orientiert sich das Verwaltungsmanagement der Sozialleistungsträger nicht um, riskiert es weitere Ein-

---

[8] Zur Anpassungs- und Innovationsfähigkeit hierarchischer Organisationen vgl. Jäger u.a. 1996 und Oppen 1991.

schränkungen der Funktionsfähigkeit der Organisation als Folge sinkender Arbeitszufriedenheit und -motivation.[9]

Vor diesem Hintergrund überrascht die Aufmerksamkeit nicht, die der Qualität der Personalarbeit nun verstärkt zukommt. Sollen strategische Ziele wie Klienten- und Dienstleistungs-Orientierung, Steigerung der Leistungsfähigkeit oder Qualitätsmanagement verwirklicht werden, erscheint es aus der Organisationsperspektive nicht länger hinreichend, das Personal lediglich zu verwalten. Es müssen Wege gesucht werden, das Mitarbeiterpotential der Landesversicherungsanstalten mit den sich wandelnden Bedingungen in Einklang zu bringen. In diesem Zusammenhang sind in systemischer Verknüpfung *personale* (beispielsweise Weiterbildung, Qualifizierung), *interpersonale* (z. B. Team-Entwicklung) und *apersonale* Aspekte (beispielsweise Organisationsentwicklung) zu berücksichtigen.[10] Gleichwohl geht es hier nicht um eine Übertragung privatwirtschaftlicher Konzepte auf die Arbeit in den Landesversicherungsanstalten; der Blick ist vielmehr auf Beispiele innerhalb des öffentlichen Sektors zu richten, zumal ohne ein umfassendes und an den sozialpolitischen Zielen öffentlicher Dienstleistungsverwaltungen ausgerichtetes Qualitätsverständnis die Übertragung von Managementtechniken privatwirtschaftlicher Herkunft zur höchst effizienten und kostengünstigen Produktion minderwertige, inadäquate oder unwirksame Leistungen nach sich ziehen kann.[11] Erfahrungen mit Personalentwicklungskonzepten liegen für verschiedene Verwaltungsbereiche wie Kommunal- und Landesverwaltungen, Krankenkassen sowie einzelne Landesversicherungsanstalten vor.

---

[9] Vgl. Oppen 1991, S. 34 ff.

[10] Vgl. Neuberger 1994, S. 12f.

[11] Vgl. Oppen 1995, S. 10.

1 Einleitung

Die Personalverwaltung im öffentlichen Bereich befindet sich im Umbruch. Neben die üblichen Funktionen des Personalwesens wie Personalbedarfsermittlung, Personalbeschaffung, Einsatzregelung des Personals oder Personalerhaltungsmaßnahmen (Lohnabrechnung, Urlaubsregelung etc.) tritt in einigen Bereichen der öffentlichen Verwaltung - so in etlichen Kommunalverwaltungen, einigen Landesverwaltungen oder auch bei den Trägern der gesetzlichen Krankenversicherung - ein Bündel von miteinander vernetzten Maßnahmen zur qualitativen Anpassung des Arbeitsvermögens der Beschäftigten an die Arbeitsanforderungen, welche unter dem Stichwort *'Personalentwicklung'* zusammengefaßt werden.

Das *Ziel* der vorliegenden Studie liegt in der Auseinandersetzung mit folgenden Hauptfragen:

(1) *Auf welche Weise und in welchem Umfang erfaßt dieser Umbruch auch die Verwaltungen der Landesversicherungsanstalten?*

(2) *Welche Folgen verbinden sich mit diesem Prozeß für die Organisation und ihre Mitarbeiter?*

(3) *Welche Einschätzung der 'Verwaltungsreform durch Personalentwicklung' erscheint gegenwärtig angemessen?*

Einige Bemerkungen zum methodischen Vorgehen. Zur Operationalisierung des *ersten Teilziels* dienten zunächst mehrere Leitfaden-Interviews mit Trainern in der Bildungsarbeit beim Verband Deutscher Rentenversicherungsträger. Auf dieser Grundlage und wesentlich anhand von Veröffentlichungen zur konzeptionell orientierten qualitativen Personalarbeit in LVA-internen Zeitschriften der neunziger Jahre wurden jene Organisationen ausgewählt, in denen die Diskussion am weitesten fortgeschritten schien.[12] Es folgte eine Reihe von leitfaden-orientierten Telefoninterviews längerer Dauer (bis zu 1,5 Stunden) mit Referentinnen und Referenten aus dem Personalbereich.[13] In Einschätzung des unterschiedlichen Stands der Diskussion und in Abwägung der Zugangsmöglichkeiten auf empirisches Material boten sich schließlich fünf Landesversicherungsanstalten zur näheren Untersuchung an. Diese Eingrenzung beruht auf folgenden Gründen:

- Eine vergleichende Darstellung der Umbruchssituation in den Personalverwaltungen aller 23 Landesversicherungsanstalten erschien aus inhaltlicher Sicht bei einem ausge-

---

[12] Dieses Vorgehen erscheint uns u.a. aus dem Grunde sinnvoll, weil ein Anspruch qualitativer Personalarbeit die Einbeziehung der Beschäftigten in den Reformprozeß darstellt. Information ist eine frühe Form von Partizipation.

[13] Zu den Methoden der Datengewinnung s. auch im folgenden.

prägt unterschiedlichen Diskussionsniveau innerhalb der einzelnen Organisationen nicht sinnvoll. Insofern hätte eine Totalerhebung keinen Erkenntnisfortschritt über das jetzt gewonnene Niveau hinaus erbracht.

– Zwar setzen alle Anstalten einzelne Instrumente qualitativer Personalarbeit ein wie Aus-, Fort- und Weiterbildung oder Personalbeurteilung. Das Neue des Wandels und das für eine Untersuchung Interessante liegt jedoch in einer Verlagerung des Schwerpunkts weg von der reaktiven Personalverwaltung hin zu einer proaktiven und strategisch vorgehenden Personalgestaltung sowie in der Vernetzung der einzelnen Handlungs- und Gestaltungsinstrumente unter einer die gesamte Organisation erfassenden Konzeption. Der Anspruch, dieses Neue zu wollen, ließ sich besonders in den Veröffentlichungen der erwähnten fünf Anstalten erkennen. Es ist jedoch anzunehmen, daß in der Folge des "Berger-Gutachtens" weitere Anstalten die Einführung von Personalentwicklung planen.

– Die hier untersuchten Landesversicherungsanstalten sind Rentenversicherungsträger, die bereits über langfährige Erfahrungen mit Personalentwicklung verfügen (LVA A) oder die erst in jüngerer Zeit (etwa seit 1995) Personalentwicklung auf den Weg gebracht haben (Anstalten B,C,D und E). Die LVA D erscheint von der Zahl der dort Beschäftigten aus betrachtet besonders bedeutsam; die LVAen C und E spiegeln die spezifische Situation der Personalentwicklung in den Landesversicherungsanstalten auf dem Gebiet der neuen Bundesländer wider.

Das weitere Vorgehen wurde nun entsprechend dieser unterschiedlichen Ausgangslage der jeweiligen Landesversicherunganstalt angepaßt. Nicht zuletzt hing die Entscheidung auch davon ab, welches empirische Material bereits die Hauszeitschriften und Geschäftsberichte der Anstalten zur Verfügung stellten. Die Bündelung auf die zentralen Aspekte der Untersuchung geschah vor allem über die zahlreichen Telefoninterviews hinaus mit Hilfe der teilstandardisierten schriftlichen Befragung sachkundiger Repräsentanten der verschiedenen Personalabteilungen.

Was das *zweite Teilziel* angeht, greifen wir auf die empirisch gewonnenen Informationen und auf sekundäranalytisch ausgewertete Veröffentlichungen zur Personalentwicklung in der öffentlichen Verwaltung zurück. Dieses methodenpluralistische Vorgehen, das im wesentlichen aus der Inhaltsanalyse von Texten, Leitfadeninterviews mit Experten, Telefoninterviews, schriftlicher Befragung bestand, zudem auch eine teilnehmende Beobachtung über einen längeren Zeitraum besonders in einer weiteren Landesversicherungsanstalt einschloß und an einem "multi case-multi method Ansatz" orientiert ist, erscheint uns zur Erfassung der komplexen und bisher kaum erforschten Prozesse der Veränderung der Personalarbeit in den Landesversicherungsanstalten als durchaus zweckmäßig.[14]

---

[14]   Zur Anwendung dieses Ansatzes vgl. auch Oppen 1991, S. 56.

Freilich kann die Untersuchung keinen Anspruch auf einen systematischen Fallstudienvergleich erheben; der komplexe und, wie sich bald herausstellte, zudem reichlich sensible Untersuchungsgegenstand mit entsprechend begrenzten Möglichkeiten empirischer Forschung läßt die Einlösung eines Anspruchs dieser Qualität gegenwärtig kaum zu. Dennoch verdeutlicht die Gegenüberstellung von unterschiedlichen Verwaltungsbereichen und Körperschaften, daß Personalentwicklung mit differierenden Zielsetzungen, Erwartungen, Konzepten und Konsequenzen praktiziert bzw. erlebt wird. Diese Prozesse zu erkennen und darzulegen, ist ein wichtiges Anliegen der Studie mit folgendem Aufbau:

Einer Annäherung an den Gegenstand der Studie, die Landesversicherunganstalten, und an den qualitativen Aspekt der Veränderung von Personalarbeit durch Personalentwicklung in Kap. 2 durch begriffliche Klärung und Abgrenzung sowie Beschreibung eines sozialwissenschaftlichen Zugangs zur Personalentwicklung folgt in Kap. 3 die Auseinandersetzung mit den gesellschaftlichen Bedingungen einer Personalentwicklung in der öffentlichen Verwaltung. Hier geht es um die Anpassungsleistungen der Sozialverwaltungen an neue Konstellationen und Lagen, die der gesellschaftliche Strukturwandel hervorbringt. Die Problematisierung der Folgen von Personalentwicklung - als denkbare Alternative zu bisherigen Strategien der Verwaltungsreform - setzt die Kenntnis der mit PE verbundenen konzeptionellen Vorstellungen und mithin die Beschreibung der Vorstellungen von Strukturen und Prozessen, Instrumenten und Zielsetzungen voraus. Dies geschieht in Kap. 4. Daran schließt in Kap. 5 die Darstellung der Personalentwicklung in ausgewählten Bereichen der Verwaltungspraxis an. Auf diese Weise werden Besonderheiten und Gemeinsamkeiten unterschiedlicher Verwaltungsbereiche erkennbar. Das Kap. 6 befaßt sich mit konkreten Ausformungen der Personalentwicklung in fünf Landesversicherungsanstalten, wohingegen das Kap. 7 das Spezifische der Umbruchsituation in den untersuchten Organisationen im Vergleich zu anderen Verwaltungsbereichen herausarbeitet. Hier sind wir zudem um eine Einschätzung zu den Konsequenzen der Personalentwicklung für die Verwaltung und ihre Mitarbeiter bemüht, schließen eine soziologische Reflexion in Anknüpfung an Ausgangsprobleme an.

2   Annäherung an den Untersuchungsgegenstand

2.1   Landesversicherungsanstalten als Teil der öffentlichen Verwaltung

Wenn im folgenden von *öffentlicher* und nicht von staatlicher Verwaltung oder staatlicher Bürokratie die Rede ist, so liegt diese Sprachregelung in dem Sachverhalt begründet, daß nicht die gesamte öffentliche Verwaltung im engeren Sinne 'staatlich' wie die Landes- oder Bundesverwaltung ist; gleichwohl werden öffentliche Aufgaben erfüllt.[15] Zudem entspricht es unserer Absicht, die konnotativ negative Bedeutung von Bürokratie hinsichtlich des Aufbaus und der Funktionsweise der Verwaltung zu vermeiden. In der sozialwissenschaftlichen Terminologie assoziiert der Begriff 'Bürokratie' als Strukturprinzip von Organisationen folgende Merkmale:

1) Eine detailliert bestimmte und festgelegte Autoritätshierarchie;

2) ein festes System vertikaler Kommunikationslinien (Dienstwege), die eingehalten werden müssen;

3) eine geregelte Arbeitsteilung, die auf Spezialisierung beruht;

4) ein System von Regeln und Richtlinien, das die Rechte und Pflichten aller Organisationsmitglieder festlegt;

5) ein System von genau definierten Verfahrensweisen für die Erfüllung von Aufgaben.[16]

In diesem Sinne kann jede Organisation mehr oder weniger bürokratisch sein.

Der Zweck öffentlicher Dienstleistungen allerdings korrespondiert nicht mit der Intention, über die Befriedigung individueller Bedürfnisse Gewinne zu erzielen, Marktsegmente zu erobern und im Qualitätswettbewerb zu bestehen; dieser Sachverhalt macht die Übertragung privatwirtschaftlicher Managementkonzepte auf die öffentliche Verwaltung grundlegend problematisch.

" Bei der Produktion und Verteilung öffentlicher Güter und Dienstleistungen sind Ziele zu beachten, die weit über die Einhaltung von einzelbetrieblichen Wirtschaftlichkeits- und individuellen Qualitätskriterien hinausreichen: das normative Grundmuster staatlicher Aufgabenwahrnehmung muß den Prinzipien

– demokratischer Legitimität,

---

[15]   Die zentralen Aufgaben der öffentlichen Verwaltung resultieren nach Mayntz aus fünf Staatsfunktionen: Äußere Sicherheit, Innere Ordnung, Sicherung der Handlungsfähigkeit des politisch-administrativen Systems, Versorgungs- und Dienstleistungen, Steuerung der gesellschaftlichen Entwicklung auf bestimmte Ziele hin. Vgl. Mayntz 1982, S. 44. Die gesetzliche Rentenversicherung ist dem vierten Punkt zuzordnen; diese Staatsfunktion dient der Befriedigung kollektiver Bedürfnisse über die innere und äußere Sicherheit hinaus.

[16]   Vgl. Mayntz 1982, S. 110.

– rechtsstaatlicher Legalität und

– sozialstaatlicher Effektivität
(hinzuzufügen aus Autorensicht wäre ökologische Verträglichkeit)

gerecht werden. Für das Management öffentlicher Einrichtungen ist somit nicht der Markt der zentrale Bezugspunkt aller Aktivitäten; vielmehr besteht das komplexe Ziel in der Beeinflussung gesellschaftlicher Entwicklungsprozesse im Rahmen vielfältiger Interaktionsbeziehungen mit Akteuren und Netzwerken des politischen und gesellschaftlichen Umfeldes. Hierauf ist das gesamte Regulierungsgefüge - rechtliche Normen und Wertorientierungen, Ressourcen und Verfahren - der Produktion und Verteilung öffentlicher Leistungen zugeschnitten."[17]

Zu den Merkmalen privater, auf Personen bezogener Dienstleistungen wie Immaterialität, Nichtseparierbarkeit, Koproduktion und Nicht-Standardisierbarkeit treten bei öffentlichen Sozialverwaltungen weitere Sonderbedingungen, Einschränkungen sowie zusätzliche Erfordernisse hinzu, die auch den öffentlichen Charakter der Dienstleistungserbringung der Landesversicherungsanstalten verdeutlichen:

1. Eine Vielzahl von Dienstleistungen sind auf der einzelorganisatorischen Ebene nur bedingt gestaltbar. Nicht Marktkräfte, sondern politische Prozesse bestimmen in erster Linie die Organisationsziele bzw. das Leistungsspektrum. Gesetzliche Vorgaben regeln weitgehend Art, Umfang, Beschaffenheit und zum Teil auch spezifische Prozeßmerkmale der Erstellung von Dienstleistungen. Die Qualitätserwartungen der Klienten können daher nur bedingt zum Maßstab gemacht werden (so steht es der einzelnen Landesversicherungsanstalt beispielsweise nicht frei, weitere Rentenarten anzubieten).

2. Die Position der Kunden einer öffentlichen Dienstleistungsorganisation ist nicht vergleichbar mit derjenigen marktvermittelter Serviceangebote:

– In vielen Fällen können sie sich nicht freiwillig für die Inanspruchnahme oder den Kauf einer Dienstleistung entscheiden.

– Aus unterschiedlichen Gründen können sie hierzu gezwungen, hierauf angewiesen oder hiervon ausgeschlossen sein.

– Die Leistung kann verweigert werden, wenn sie den gesetzlich fixierten Parametern der Leistungsberechtigung oder Bedürftigkeit nicht entsprechen.

– Bei vielen öffentlichen Leistungen besteht keine Wahlmöglichkeit und damit auch keine Vergleichsmöglichkeit hinsichtlich der Qualität aufgrund der Monopolstellung vieler öffentlicher Anbieter (dieser Umstand trifft die Position des "Kunden" einer Landesversicherungsanstalt, der eine Erwerbsunfähigkeitsrente nicht freiwillig "kauft", auf sie aus gesundheitlichen Gründen angewiesen ist und die ihm verweigert werden

---

[17]   Oppen 1995, S. 28.

kann, wenn dies in einem öffentlich-rechtlichen Verfahren festgestellt wird, wobei er keine Möglichkeit hat, bei einem anderen Anbieter auf dem Markt "einzukaufen").

3. Die gleichzeitige Bezugnahme auf die Klienten und die Allgemeinheit unterscheidet die Orientierung öffentlicher gegenüber privatwirtschaftlichen Dienstleistern. Die Evaluation der Dienstleistungsqualität kann nicht allein vom Nutzer vorgenommen werden (vgl. das Interesse der Öffentlichkeit an einer Verteilungsgerechtigkeit öffentlicher Mittel).

4. Öffentliche Dienstleistungsproduzenten haben politisch limitierte Ressourcen und müssen von daher Entscheidungen zwischen oft widersprüchlichen Anforderungen treffen (dieser Sachverhalt wird an der gegenwärtigen Diskussion um die Finanzierung der Rentenversicherung deutlich).

5. Vor allem im Bereich der sozialen Dienstleistungen wird das Produkt nicht „in einem Stück" hergestellt und an den Konsumenten vermittelt. Oft sind unterschiedliche Kostenträger und Erbringer verschiedener Teilleistungen beteiligt (Beispiel Rehabilitations-Maßnahme: Kostenträger Landesversicherungsanstalt; Leistungserbringer Vertragsklinik sowie behandelnder Arzt und weitere Beteiligte).[18]

2.1.1 Einrichtung der Landesversicherungsanstalten

"Historisch könnte man sagen, daß er (der Sozialstaat) väterlicherseits von den Privilegien einer juristisch gebildeten Beamtenschaft und mütterlicherseits von den gezwungen-vorsorglichen Einrichtungen der Selbsthilfe der gewerblich-industriellen Arbeitgeber und Arbeitnehmer (z.B. *Harkort*) abstammt, nach der Auflösung der ständischen Gesellschaft."[19] Braun verweist hier auf zwei bis heute für das deutsche soziale Sicherungssystem typische Komponenten: soziale Selbstverwaltung mit wohlfahrtsstaatlicher Rahmengesetzgebung. Im 19. Jahrhundert, besonders im Kaiserreich ab 1871, kam es zu Wachstum und Differenzierung der öffentlichen Verwaltung und durch Bismarcks Sozialpolitik zur Einführung der Sozialverwaltung für die Krankenversicherung (1883), der Unfallversicherung (1884) sowie der Invaliditäts- und Altersversicherung (1889) als "peculium für Arbeiter" (Bismarck). Sie entstand weniger aus humaner Überzeugung als aus politischen Überlegungen zur Rettung des innerstaatlichen Friedens.[20] Den vor mehr als hundert Jahren geschaffenen sowie auch weiteren sozialen Sicherungs- und Versicherungseinrichtungen obliegt die Aufgabe, bis heute das kollektive Gut mit dem Namen 'soziale Sicherheit' zu gewährleisten angesichts grundlegender natur- und kulturbedingter Risiken moderner Gesellschaften, die durch

---

[18] Vgl. ebd., S. 28 ff.

[19] Braun 1995, S. 584f.

[20] Vgl. Blüm 1995, S. 27.

die Stichworte wie Alter, Krankheit, Invalidität/Pflege und Arbeitslosigkeit gekennzeichnet werden können.[21]

Die Institutionen der sozialen Sicherung gliedern sich nicht „final", also nach bestimmten Leistungsarten (z.b. Rente), sondern „kausal" nach dem juristischen Grund der Leistung (z.b. Alter). Die Rentenversicherung ist im Verbund mit anderen gesetzlichen Sozialversicherungen Teil der staatlichen Versorgungs- und Dienstleistungsfunktion. Diese wird von den Institutionen des "mittelbaren Staates" wahrgenommen, welche sich von jenen des "unmittelbaren Staates" u.a. dadurch unterscheiden, durch Beiträge statt durch Steuern finanziert und durch die Sozialparteien (also durch die Versicherten- und Arbeitgebervertreter) selbst verwaltet zu sein. Mit diesen Merkmalen läßt sich das Besondere der Sozialverwaltung und mithin der gesetzlichen Rentenversicherung innerhalb des Systems öffentlicher Verwaltungen kennzeichnen. Können nämlich öffentliche Verwaltungen mit Luhmann als soziale Systeme organisierten Handelns charakterisiert werden, deren Handeln (an zumeist höheren Orts getroffene Entscheidungen) gebunden ist[22] - ein Kriterium, das sie fundamental von privaten Organisationen unterscheidet - , so gilt für Sozialverwaltungen, daß ihnen in der Selbstverwaltung ein Bereich (relativer) Autonomie zukommt, der staatlicher Einflußnahme entzogen ist.

Die Funktionsteilung zwischen dem Staat im engeren Sinne und den Sozialversicherungsträgern läßt sich vereinfacht wie folgt skizzieren:

Der Zentralstaat bestimmt durch Gesetz, Umfang, Höhe und berechtigten Personenkreis die Ansprüche auf Geld-, Dienst- und Sachleistungen (staatliche Rahmengesetzgebung). Die Aufgabe - und auch der Bereich der relativen Autonomie - der Sozialversicherungsträger (soziale Selbstverwaltung) liegt auf der Vermittlung dieser Leistungen und - was die Dienst- und Sachleistungen angeht - auf deren Organisation unter allerdings stark verrechtlichten Bedingungen.[23] Innerhalb dieses Rahmens verfügen Sozialverwaltungen - als mittelbare Staatsverwaltungen - freilich im allgemeinen über ein von staatlicher Einflußnahme relativ unabhängiges Management - ein Umstand, der gerade hinsichtlich der Organisation der Personalverwaltung Handlungsspielräume eröffnet.

---

[21]   Vgl. Braun, a.a.O.

[22]   Vgl. Jäger u.a. 1996.

[23]   Vgl. Kühn 1989, S. 33 ff.

2.1.2   Externe Aspekte

Zur "Umwelt" der Landesversicherungsanstalten zählen u.a. der öffentliche Bereich der Politik und des Staates mit Gesetzen und Vorschriften sowie der Staatsbürger, die Versicherten und Rentner. Die wichtigsten Außenbeziehungen umfassen die staatlichen Aufsichtsbehörden (Bundes- oder Landesministerien) sowie die Beziehungen zum Postrentendienst der Deutschen Post AG, zu anderen Trägern der gesetzlichen Rentenversicherung bzw. zu den Klienten.

Wesentliche Rechtsgrundlage für die Rentenversicherung ist das 6. Buch des Sozialgesetzbuches, in dem sich u.a. Vorschriften über den versicherten Personenkreis und die Leistungen befinden.

Was das Verhältnis der Gesamtbevölkerung zur Rentenversicherung bzw. zu wohlfahrtsstaatlichen Einrichtungen überhaupt angeht, wird vor allem die Akzeptanz- und Legitimationsproblematik, insbesondere unter dem Aspekt eines (behaupteten) überdimensionalen Umfangs des Wohlfahrtsstaats thematisiert. Roller hat dazu jüngst empirisch belegt, daß von einer generellen Erosion der Unterstützung des Wohlfahrtsstaats durch die Gesamtbevölkerung nicht die Rede sein kann. Die Bevölkerung der Bundesrepublik besitzt jedoch ein ausgeprägtes Problembewußtsein für die Finanzierung und die Qualität der Leistungen. Zudem sieht Roller neben der 'alten' Konfliktlinie der Arbeiter und Selbständigen, welche bei hohem Zustimmungsniveau zum Status quo keinen neuen Politisierungsprozeß aufweist, eine 'neue' Konfliktlinie entlang der 'Postmaterialisten' und Grünen. Diese gesellschaftlichen Gruppierungen äußern die eindeutig größten Unzufriedenheiten mit den intendierten Folgen des Wohlfahrtsstaates. Sie klagen eine wohlfahrtsstaatsimmanente Lösung einer Erhöhung der Leistungen (Intensität) ein und überbieten damit die traditionellen Interessenvertreter dieses Gesamtkonzepts, nämlich die Arbeiter auf der Ebene der Sozialstruktur und die SPD auf der Ebene des Parteiensystems. In der Grundsatzfrage der Residualisierung oder Privatisierung des Sozialstaates gibt es Roller zufolge aus Sicht der Bevölkerung keine "funktionalen Äquivalente" für den Staat.[24]

2.1.3   Binnenstruktur und Prozesse

2.1.3.1   Aufgaben

Wesentliche Aufgaben der Rentenversicherungsträger sind die Gewährung von Leistungen zur Rehabilitation sowie von Rentenleistungen[25] an Versicherte und deren Hinterbliebene, die Krankenversicherung der Rentner und daneben auch die Betreuung

---

[24]   Vgl. Braun 1995, S. 590f.

[25]   Gewährt werden folgende Renten: Altersrente für Frauen, Altersrente wegen Arbeitslosigkeit, Altersrente für Schwerbehinderte, Berufs- und Erwerbsunfähige, Regelaltersrente, Altersrente für langjährig Versicherte, Waisenrenten.

der Versicherten sowie ihre Aufklärung, Beratung und Information. Die Tätigkeit der Landesversicherungsanstalten kann deshalb vorwiegend der Vollzugsverwaltung, genauer der Leistungsverwaltung zugerechnet werden.

2.1.3.2 Finanzierung

In der Rentenversicherung schrieben die gesetzlichen Vorschriften bis 1957 ein Anwartschaftsdeckungsverfahren mit einer großen Kapitalansammlung vor. Nachdem große Vermögen in der Inflation von 1923 und der Währungsreform von 1948 verlorengegangen waren, wurde zur Finanzierung ein Abschnittsdeckungsverfahren mit einem zehnjährigen Deckungsabschnitt eingeführt. Im Jahr 1969 wurde ein neues Finanzierungsverfahren, das Umlageverfahren mit einer Liquiditätsreserve als Schwankungsreserve entwickelt. Nach dem Verfahren seit der Rentenreform von 1992 sind die für die Ausgaben und Einnahmen maßgebenden Größen, nämlich Rentenanpassung, Beitragssatz und Bundeszuschuß, selbstregulierend miteinander verbunden. Dieser Selbstregulierungsmechanismus setzt ein, sobald die Schwankungsreserve den Mindestbetrag von einer Monatsausgabe zum Jahresende zu unterschreiten droht. Wesentliche Einnahmequelle ist der in der Regel von Arbeitgeber und Arbeitnehmer je zur Hälfte getragene Beitrag. Er wird aus dem Beitragssatz und den beitragspflichtigen Einnahmen ermittelt. Für das Jahr 1997 beträgt der Beitragssatz in der Rentenversicherung der Arbeiter und der Angestellten 20,3 % der beitragspflichtigen Einnahmen, möglicherweise mit steigender Tendenz in den folgenden Jahren. Seit Einführung der Rentenversicherung stellt der Staatszuschuß eine weitere Finanzierungsquelle dar. Im Jahr 1992 wurde der Bundeszuschuß auf 19,5 % der Rentenausgaben angehoben und auf diesem Niveau stabilisiert. Langfristig wird dieser Anteil entsprechend der Entwicklung des Beitragssatzes steigen.

Innerhalb der Rentenversicherung ist ein Finanzausgleich von der Rentenversicherung der Angestellten zur Arbeiterrentenversicherung zu erbringen, wenn die Schwankungsreserve der Träger der Rentenversicherung der Arbeiter insgesamt am Ende eines Jahres die durchschnittlichen Aufwendungen für einen halben Kalendermonat unter- und in der Angestelltenversicherung übersteigt. Durch die Verschiebung der Versichertenstruktur hin zu einer größeren Zahl von Angestellten wird die Bedeutung dieses Finanzausgleiches immer mehr zunehmen.[26] Die Träger der Arbeiterrentenversicherung verwalten finanzielle Mittel in Höhe von ca. 180 Mrd. DM.[27]

Von einem Haushaltsvolumen von ca. 10,4 Milliarden DM entfielen beispielsweise bei einer Landesversicherungsanstalt im alten Bundesgebiet auf der Einnahmenseite ca. 66,5% auf Beitragseinnahmen, 25% auf Bundesmittel, 6% auf den Finanzausgleich und der Rest von 2,5% auf Vermögenserträge, Erstattungen und sonstige Einnahmen.

---

[26]   Vgl Bundesministerium für Arbeit und Sozialordnung 1995, S. 267 ff..

[27]   Vgl. LVA Baden, S.31.

Dem entsprachen Ausgaben für Renten in Höhe von 87% des Haushaltsvolumens, für die Krankenversicherung der Rentner von 5,5%, Leistungen zur Rehabilitation von 4%, Verwaltungs- und Verfahrenskosten (hierzu zählen auch die Personalkosten) von 2% sowie Investitions- und sonstige Aufwendungen von 1,5%.[28]

2.1.3.3 Organisation

Im Jahr 1994 waren 35,4 Mio. Personen in der gesetzlichen Rentenversicherung versichert.[29] Unter Wahrung ihrer rechtlichen Selbständigkeit, regionalen Zuständigkeit und Personalhoheit sind die gegenwärtig 23 Landesversicherungsanstalten zusammen mit der Bundesversicherungsanstalt für Angestellte (BfA), der Bahnversicherungsanstalt, der Bundesknappschaft und der Seekasse im Verband Deutscher Rentenversicherungsträger (VDR), einem eingetragenen Verein mit Sitz in Frankfurt, zusammengeschlossen.[30] Der VDR ist einerseits Koordinationsstelle hinsichtlich einer einheitlichen Interpretation des Rentenrechts, auf der anderen Seite nimmt er die gemeinsamen Angelegenheiten der Deutschen Rentenversicherungsträger gegenüber dem Bund und dem Gesetzgeber wahr.

Die Träger der Rentenversicherung sind Selbstverwaltungskörperschaften des öffentlichen Rechts; sie unterstehen der staatlichen Aufsicht. Die Vertreterversammlung sowie der Vorstand sind je zur Hälfte mit Vertretern der Versicherten und der Arbeitgeber besetzt.[31] Die Vertreterversammlung wird alle sechs Jahre aus den Mitgliedern ihrer jeweiligen Gruppe gewählt. Wo nur eine Liste kandidiert, findet eine sog. Friedenswahl statt. Die binnenstrukturelle Leitungsfunktion in den Landesversicherungsanstalten verteilt sich auf die Vertreterversammlung, den Vorstand und den Geschäftsführer (bzw. die Geschäftsführung). Die Kompetenz der Vertreterversammlung liegt besonders in der Verabschiedung des jährlichen Haushalts, in der Beschlußfassung von Satzung, Dienstordnung und Stellenplan sowie in der Wahl des Vorstandes und des Geschäftsführers (auf Vorschlag des Vorstandes). Der Vorstand ist das Exekutivorgan der Selbstverwaltung, mit gleicher Amtszeit. Der Geschäftsführer bzw. die Geschäftsführung (bei bis zu drei Geschäftsführern) führt die laufenden Verwaltungsgeschäfte und

---

[28]   Aus: Nachrichten der LVA Baden, 1/1996, S. 52, Zahlen gerundet.

[29]   Daten aus: VDR 1996.

[30]   Die Zuständigkeit der einzelnen Rentenversicherungsträger ergibt sich aus § 23 Abs. 2 SGB I: „...1.in der Rentenversicherung der Arbeiter die Landesversicherungsanstalten, die Seekasse und die Bahnversicherungsanstalt, 2. in der Rentenversicherung der Angestellten die Bundesversicherungsanstalt für Angestellte, 3. in der knappschaftlichen Rentenversicherung die Bundesknappschaft, 4. in der Altershilfe für Landwirte die landwirtschaftlichen Alterskassen."

[31]   Vgl. Bundesministerium für Arbeit und Sozialordnung 1995, S. 266.

vertritt die Sozialversicherung in gerichtlichen und außergerichtlichen Geschäften nach außen.[32]

Auf der Ebene der einzelnen Behörde gliedert sich eine Landesversicherungsanstalt in der Regel horizontal in die Hauptverwaltung mit Außenstellen. Außenstellen sind z.b. die Auskunfts- und Beratungsstellen, ärztliche Dienststellen oder Kliniken. Die Organisation in vertikaler Hinsicht spiegelt sich im hierarchisch gegliederten Stellenplan der Landesversicherungsanstalt wider. An der Spitze steht die Geschäftsführung/der Geschäftsführer, der/dem Abteilungen unterstellt sind. Die nach der Zahl der Stellen größte ist die üblicherweise integrierte Versicherungs- und Rentenabteilung. Die Abteilungen gliedern sich in Referate, diese in Sachgebiete und diese wiederum in Abschnitte und Arbeitsgruppen. Dieser traditionelle Aufbau einer Landesversicherungsanstalt entspricht weitgehend den oben aufgeführten Strukturprinzipien einer bürokratischen Organisation:

1. Der Stellenplan einer LVA gibt eine genau festgelegte Autoritätshierarchie wider, der Weisungsbefugnisse entsprechen;

2. die Kommunikationslinien sind vertikal ausgerichtet. Die Kommunikation zwischen zwei Untereinheiten derselben hierarchischen Ebene hat über die gemeinsame vorgesetzte Stelle zu erfolgen;

3. die Arbeitsteilung beruht auf Spezialisierung, was in der Organisation der Sachbearbeitung der Rentengewährung augenfällig wird (in der erwähnten LVA bearbeitet beispielsweise ein sog. Gruppenleiter u. a. die Rentenanträge eines Viertels eines Geburtstags (die Anträge des 2. Februar, des 2. Mai, des 2. August, des 2. November);

4. ein System von Regeln und Richtlinien regelt die Rechte und Pflichten der Organisationsangehörigen. Diese ergeben sich z. B. aus Gesetzen, Tarifverträgen, Dienstvereinbarungen und -anweisungen sowie Stellenbeschreibungen;

5. die Erfüllung der Aufgaben ist bereits gesetzlich fixiert, und der Vorgang einer Rentengewährung ist in hohem Maße programmiert.

2.1.3.4 Personal

Die zu verwaltende Beschäftigtenzahl ist je nach Anstalt unterschiedlich. Sie beträgt ungefähr zwischen unter 500 und über 5000 Beschäftigten. Insgesamt sind etwa 80.000 Beschäftigte in der gesetzlichen Rentenversicherung tätig sein, davon ca. 40.000 in der Arbeiterrentenversicherung.[33] Das Personal in den Landesversicherungsanstalten ist

---

[32] Vgl. Kühn 1989, S.36f.

[33] Daten aus VDR 1995, S. I-III sowie aus dem Geschäftsbericht der LVA Baden des Jahres 1992. Die Beschäftigtenzahl aus: LVA Württemberg, Beilage des Personalrats zum Blickpunkt Freiberg, 3/1995, S. 19.

vom Dualismus der Beschäftigungsverhältnisse geprägt. Während die Statusgruppe der Beamten in einem öffentlich-rechtlichen Dienst- und Treueverhältnis steht, befinden sich die Angestellten, Arbeiter und Auszubildenden in privatrechtlichen Arbeitsverhältnissen. Von den 213.624 bei allen Sozialversicherungsträgern (Kranken-, Unfall- und Rentenversicherung) Beschäftigten waren im Jahre 1992 ca. 7 % Beamte, 8 % Arbeiter und 85 % Angestellte.[34] Bei einer LVA im alten Bundesgebiet mit ca. 2900 Beschäftigten waren am 01.11.95 ca. 12 % Beamte, 15 % Arbeiter und 73 % Angestellte beschäftigt. [35]

Die Aufgaben der administrativen Personalarbeit bestehen nach Kastner im wesentlichen aus:

– Datenverwaltung,

– Personalverwaltung,

– Personalstatistik,

– Entgeltabrechnung,

– Sozialverwaltung.

Die administrative Personalarbeit orientiert sich im wesentlichen an:

– Gesetzen und behördliche Veranlassungen,

– Tarifverträgen und Betriebsvereinbarungen,

– Verbänden und Sozialversicherungsträgern,

– an innerbetrieblichen Bedürfnissen des Managements, der Personalleiter sowie der einzelnen Abteilungsleitungen und schließlich

– an Anforderungen und Wünschen der Mitarbeiter.[36]

Bei der erwähnten LVA erfolgt die Personalverwaltung zentral.[37] Sie gliedert sich in die Kernbereiche Personalwesen, Hauptbüro, Personalabrechnung/DV-Verbindungsstelle sowie Personalplanung, Personalsteuerung/Aus- und Fortbildung.

Zu den Hauptaufgaben des Personalwesens gehört die reaktive Umsetzung personenbezogener Veränderungen in Orientierung an den erwähnten Vorgaben aus Gesetzen, Tarifverträgen etc., demnach die Veranlassung der Einstellung neuer Mitarbeiter, Anweisung der Bezüge, Personalaktenführung, Vorbereitung von Eingruppierungen, das

---

[34] Zahlen errechnet aus Beck 1995, S. 303.

[35] Eigene Berechnungen.

[36] Vgl. Kastner, 1990, S. 187 ff.

[37] Dieses gilt im Prinzip auch noch für externe Stellen wie Kliniken, ärztliche Dienststellen sowie Auskunfts- und Beratungsstellen. Allerdings machen sich Verselbständigungen der Klinikverwaltungen zunehmend bemerkbar.

Abwickeln von Beurlaubungen, die Verwaltung von Arbeitsunfähigkeiten, das Gewähren von Beihilfen im Krankheits- und Todesfalle, Maßnahmen bei Leistungsstörungen und bei der Beendigung des Beschäftigungsverhältnisses. Die Personalsachbearbeitung verwendet ein maschinelles Gehaltsprogramm mit Dialogmöglichkeit zu einem Zentralrechner, das durch einen Programmierkreis mehrerer Landesversicherungsanstalten zur Verfügung gestellt und gepflegt wird. Die DV-Verbindungsstelle fungiert als Bindeglied zu diesem Programmierkreis und zur DV-Abteilung im Hause. Sie ist für das Schaffen der programmtechnischen Voraussetzungen bei der Umsetzung von Gesetzes- (z.B. Steuerrecht, Kindergeldrecht) und Tarifänderungen verantwortlich. Die konkrete Gehaltszahlung erfolgt über die Personalabrechnungsstelle. Das Hauptbüro hat in Bezug auf die Personalverwaltung eine Auffangfunktion für selten auftretende Vorgänge, Spezialbereiche wie Nebentätigkeiten oder die Verwaltung von Schwerbehindertenangelegenheiten.

Die zentrale Personalplanung und -steuerung ist für die Zuweisung von Personal an die Abteilungen zuständig. Die Deckung des Bedarfs geschieht einerseits durch innerbetriebliche Ausbildung (v.a. Sozialversicherungsfachangestellte und Diplom-Verwaltungswirte FH) und Fortbildung, aber auch durch das Anwerben von externen Kräften. Der Deckung des qualitativen Personalbedarfs dienen interne und externe berufliche Bildungsveranstaltungen. Bei den Beschäftigten in der Massensachbearbeitung einer Versicherungs- und Rentenabteilung sind Rechtskenntnisse und Anwenderkenntnisse in der Datenverarbeitung elementar notwendig. In ihrer Untersuchung der Dienstleistungsqualität bei Krankenkassen und Rentenversicherungsträgern stellt Oppen jedoch die Frage, ob in der Sachbearbeitung bei der Rentenversicherung darüber hinaus gehende Kenntnisse zur Bewältigung der Aufgaben erforderlich sind. Wäre dem nicht so, dürfte dieser Sachverhalt Konsequenzen für die Qualifizierungsstrategien des Managements der Rentenversicherungsträger nach sich ziehen.

Die Leistungsgewährung in der Rentenversicherung hat durch eine weitgehende Vorstrukturierung seitens des Gesetzgebers einen hohen Programmierungsgrad der Entscheidungsprozesse, ein Tatbestand, der autonome Handlungsspielräume der Sachbearbeitung einengt, diese Spielräume allerdings auch generell nicht erforderlich macht. Hinzu kommt, daß durch die Aufbauorganisation, das Kompetenzgefüge, die Ablaufgestaltung und die Verteilung von Entscheidungs- und Weisungsbefugnissen ein bestimmtes Muster der Problembearbeitung festgelegt werden kann. Bei arbeitsteiliger Organisation ist es möglich, grundsätzlich detailliert vorzugeben, welche Ausschnitte eines Problems ein Sachbearbeiter unter Hinzuziehung welcher rechtlicher Vorschriften und Arbeitsanweisungen, welcher Sachinformationen bis zu welchem Teilergebnis hin bearbeiten darf bzw. muß und welcher Bearbeitungsgang in der Regel auf der nächst höheren Hierarchieebene zu erfolgen hat. Zumindest auf den Hierarchieebenen, auf denen Entscheidungen nur vorbereitet werden, könnte Qualifikation mithin „gespart" werden.[38]

"Eine solche Perspektive übersieht allerdings mindestens drei Aspekte. Zunächst ist (noch) nicht alles Verwaltungshandeln exakt durch den Normgeber festgelegt. Durch interpretationsbedürftige Formulierungen (unbestimmte Rechtsbegriffe, Ermessen) sind den Bearbeitern in Grenzen Spielräume zugestanden, deren Ausfüllung erst die Lösung des jeweiligen Problems ermöglicht. Durch administrative Ausführungsvorschriften kann nur begrenzt eine Routinisierung solcher Bearbeitungsvorgänge durch eine Systematisierung von Interpretationsmöglichkeiten nach Problemtypen erreicht werden, unter die sich aber nicht jeder praktisch auftretende Einzelfall widerspruchsfrei einordnen läßt. Weiterhin geht es aber auch bei strikt geregelten Sachverhalten (nicht auslegungsfähige Vorschriften) nicht nur darum, daß der Bearbeiter Sachverhalte, wie sie vom Klienten vorgetragen werden, unter Rückgriff auf seine Kenntnisse unter die entsprechenden Normen und Vorschriften subsumiert. Vielmehr liegt der zentrale Schwerpunkt der Arbeit gerade in der Sachermittlung, d. h. in der Erarbeitung aller für die Anspruchsgewährung oder -ablehnung relevanten Tatbestände, in der Regel in Interaktion mit den Klienten. Und nicht zuletzt sollte der Sachbearbeiter dem Klienten die nötigen Verfahrensregelungen, rechtlichen Hintergründe und das Zustandekommen von Bewilligungen oder Ablehnungen von Ansprüchen erklären bzw. begründen können."[39]

Gerade die spezifische Klientengruppe der Landesversicherungsanstalten, die häufig sozial benachteiligten Verhältnissen entstammt, dürfte in besonderem Maße auf eine unterstützende Begleitung durch die Sachbearbeitung angewiesen sein, um ihre Ansprüche in dem komplexen Antragsverfahren realisieren zu können; dieser Umstand wiederum erfordert entsprechende Qualifikationen auch hinsichtlich sozialer Kompetenzen.

2.1.3.5 Informations- und Kommunikationstechnik

Im Zuge der Rentenreform kamen ab dem Jahr 1957 Datenverarbeitungs-Anlagen zur Rentenberechnung nach der Rentenformel und zur Bescheiderteilung zum Einsatz. Im Jahr 1964 hielt die sog. dritte Computergeneration Einzug in die gesetzliche Rentenversicherung. In jenem Jahr wurde auch die Verwendung eines einheitlichen Kennzeichens im Bereich der GRV durch Verwaltungsvorschrift geregelt, ein Vorgang, der das Wiederauffinden einmal erhobener, erfaßter oder gespeicherter Daten ermöglichte. In der Folgezeit bis etwa zum Jahr 1972 erhielten die Versicherten eine Versicherungs-

---

[38] Dazu schon frühzeitig Mayntz 1982, S. 226 ff., jüngst Oppen 1991, S. 111f.

[39] Oppen 1991, S. 112.

nummer, also ein eindeutiges und unverwechselbares Identifikationsmerkmal. Sie ist das Aktenzeichen und das Sortiermerkmal für das für jeden Versicherten geführte maschinelle Versicherungskonto, das alle relevanten Daten für eine spätere Leistungsberechnung und danach die Leistungsdaten enthält. Mit Hilfe des Versicherungskontos ist es im Rentenfalle möglich, ohne größere weitere Recherchen die Rente vollautomatisch zu berechnen, Rentenbescheide automatisch zu erstellen und die Zahlungen automatisch anzuweisen. Die Einrichtung von Versicherungskonten als Folge der Verordnung vom Dezember 1967 stärkte die Bedeutung der Datenverarbeitung in der gesetzlichen Rentenversicherung enorm. Millionen Daten und Informationen mußten nun elektronisch gespeichert und der ständige Zugriff gesichert werden. Das gegliederte System der 27 Rentenversicherungsträger und internationale Beziehungen erfordern den Datenaustausch.

Im Jahre 1975 wurde die „Datenstelle der deutschen Rentenversicherung (DSRV)" in Würzburg eingerichtet, zu deren wichtigsten Aufgaben die Aufdeckung und Verhinderung von Doppel- und Mehrfachvergaben von Versicherungsnummern sowie die Herstellung von Querverbindungen innerhalb der deutschen gesetzlichen Rentenversicherung zählen. Die DSRV fungiert als die deutsche 'zentrale Stelle' für internationalen Datentransfer in Europa. Zur Durchführung ihrer Aufgaben verfügt die Datenstelle über einen Stammsatz für jeden Versicherten. Daten werden v.a. ausgetauscht zwischen den einzelnen Rentenversicherungsträgern sowie mit der Krankenversicherung, der Bundesanstalt für Arbeit, den sog. bezeichneten Stellen anderer Staaten, der Post, mit Meldebehörden und Druckereien. Der gesamte Austausch von Versicherungsdaten innerhalb der GRV erfolgt mittels Datensätzen auf elektronischem Weg über ein Standleitungsnetz. Dieses dient daneben auch zur elektronischen Weiterleitung von Programmänderungen, von Statistiken und Klinikdaten.

Die Sachbearbeitung zumindest der Bereiche Beitrag, Rehabilitation und Rente wird seit den 80er Jahren durch den sog. Sachbearbeiter-Dialog geprägt (dargestellt am Beispiel des Integrierten Verfahrens beim VDR-Programmierkreis, dem im Jahr 1996 19 Versicherungsträger sowie der Verband Deutscher Rentenversicherungsträger (VDR) angehörten; vgl. VDR 1996: VDR-Programmierkreis, VDR-Programmsystem Kurzinformation).

„Das VDR-Programmsystem ermöglicht dem Sachbearbeiter, daß er grundsätzlich alle Arbeiten, die im Zusammenhang mit dem maschinell geführten Versicherungskonto entstehen, am Bildschirmgerät erledigen kann" (VDR 1996, S. 12).

Im Sachbearbeiter-Dialog können beispielsweise Transaktionen zur Bearbeitung des Kontenbestandes, zur Erfassung von bargeldlos entrichteten Beiträgen, zum Ermitteln und Vergeben der Versicherungsnummern, zum Erfassen manueller Zahlungsaufträge oder zur Stammsatzauskunft ausgewählt werden. Innerhalb der Transaktionen steuern Arbeitsaufträge die Sachbearbeitung. Aufträge können erteilt werden

- zur Erfassung von Daten,

- zum Erstellen von Vordrucken und Briefen,

24

- zum Berechnen (Rentenauskunft, Versicherungsverlauf, Lückenprüfung),

- zur Anzeige (Kontospiegel, Konto, INFO-Satz),

- zur Druckerstellung,

- zur Fehlerprüfung (vgl. VDR 1996, S. 14f.).

Die Weiterentwicklung des VDR-Programmsystems betrifft wesentlich den Ersatz der zeilenorientierten Benutzeroberfläche durch eine grafische, nach einem für die deutsche Rentenversicherung einheitlichen Style-Guide, die Einführung einer Client/Server-Architektur, die Einführung der Objektorientierung als Software-Entwicklungsmethodik der Zukunft (vgl. ebd., S. 22).

Das Datensichtgerät wird zunehmend durch den Personalcomputer ersetzt. Für die Sachbearbeiter/-innen bedeutet in Zukunft die Arbeit mit dem PC: die Anwendung entspricht der vertrauten Windows-Oberfläche. Hierzu gehört der Maus-Klick ebenso wie das Öffnen von Fenstern oder die Unterstützung mit Hilfefunktionen in der Versicherungskontenführung, Text- oder Formularbearbeitung oder der Zugriff auf interne und externe Informationen sowie die Versendung von Nachrichten über Fax und Mail (s. auch die Ausführungen zu den Zielvorstellungen über den Einsatz der Informationstechnologie bei einer Landesversicherungsanstalt, die nicht dem VDR-Programmierkreis angehört, in Kap. 6).

2.2 Personalverwaltung im Umbruch

Die in jüngerer Zeit in der Fachliteratur thematisierten Veränderungen im Bereich des Personalmanagements öffentlicher Verwaltungen beziehen sich vorwiegend auf Veränderungen qualitativer Art. Die rein administrativen Belange der Personalarbeit werden zunehmend als selbstverständlich vorausgesetzt. Personalarbeit in öffentlichen Verwaltungen wandelt sich entsprechend einer Darstellung Kobis wie folgt:

verwaltend	===>	gestaltend/beratend
reaktiv	===>	aktiv
kurzfristig	===>	langfristig
punktuell	===>	strategisch
quantitativ	===>	qualitativ
Gleichbehandlung	===>	Individualisierung.[40]

---

[40]   Kobi 1994, S. 34.

In unserer Studie werden die mit diesen Veränderungen verbundenen konzeptionellen Vorstellungen einer Personalentwicklung in der öffentlichen Verwaltung und ihre Wirkungen in der Verwaltungspraxis untersucht. Auf die quantitativen Aspekte der Personalplanung und Personalbedarfsberechnung gehen wir daher lediglich am Rande ein.

2.2.1 Begriff und Begreifen von Personalentwicklung

In der Literatur herrscht kein einheitliches Verständnis dessen vor, was 'Personalentwicklung' beinhaltet. Es findet sich eine Fülle sehr unterschiedlicher Inhaltsbestimmungen, und es liegt nicht in unserer Absicht, diese Bandbreite durch eigene definitorische Versuche zu erweitern. Gleichwohl sind Begriffe zentral, so auch hier: Begriffe dienen dem Begreifen von Wirklichkeit, wie sie von bestimmten Menschen mit bestimmten Begriffen, zu einer bestimmten Zeit, in einer bestimmten Gesellschaft, aus bestimmten Perspektiven, mit bestimmten Orientierungen wahrgenommen und eingerichtet wird.[41] Entsprechend erweist sich 'Personalentwicklung' im üblichen Gebrauch der Privatwirtschaft nicht selbstverständlich deckungsgleich mit Verwendungen auf Seiten der öffentlichen Verwaltung, und Arbeitgeber werden andere Wahrnehmungen besitzen als Arbeitnehmer oder Gewerkschaften.

Das Wort „Personalentwicklung" (PE) setzt sich aus zwei Bestandteilen zusammen; dabei stellt der Wortteil „Personal" einen Sammel- oder Summenbegriff, ein Kollektivsingular, ein kollektives Neutrum dar. Synonyme für Personal wären dann Worte wie Belegschaft, personelle Kapazität, der menschliche Faktor oder auch das Arbeitsvermögen. Personal umfaßt Neuberger zufolge neben personalen demnach auch interpersonale und apersonale Aspekte. Der Personalstatus verweist auf eine spezifische Produktionsweise; die Arbeitenden befinden sich in einer (lohn)abhängigen Position.[42] Sinnverwandt mit „Entwickeln" sind beispielsweise Anpassen, Einpassen, Transformieren, aber auch Qualifizieren, Lernen oder Reorganisieren. Wiendieck weist auf den positiven Klang hin, der mit diesem Begriff verbunden ist. "Er vereinigt „Wandel" mit „Wert". Veränderungen mögen negativ sein, Entwicklungen sind gut."[43]

Blendet man (für die Begriffsklärung) die konnotative Bedeutung aus, meint Personalentwicklung demnach eine *Anpassung des Arbeitsvermögens*. Dabei kann es sich sowohl um eine Veränderung des Arbeitsvermögens einer Einzelperson (z.B. nach einer qualifizierenden Weiterbildung), aber auch von mehreren Personen in einer ganz be-

---

[41] Vgl. die Annäherungen von Türk an den Begriff der 'Organisation', Türk 1989, S. 13. Genauso wenig wie es bei Türk darum geht, zu untersuchen, was denn nun 'Organisation' eigentlich ist, kann es hier das Ziel sein festzulegen, was denn nun eigentlich 'Personalentwicklung' beinhaltet. Wie Organisation ist Personalentwicklung wahrnehmungs-, personen-, kontext- etc. abhängig.

[42] Vgl. Türk 1989, S. 42.

[43] Wiendieck 1993, S. 205.

stimmten interpersonalen Situation handeln (z.B. nach Einführung des kooperativen Führungsstils). Schließlich geht es bei Personalentwicklung auch um das Verändern des Arbeitsvermögens der Organisation durch das Beeinflussen der apersonalen Arbeitsbedingungen. So können die Leistungen von Vorgesetzten und Mitarbeitern durch eine schlechte Arbeitsorganisation, permanenten Zeitdruck oder ein leistungsfeindliches Lohnsystem in Frage gestellt sein. Die Vorstellungen über Veränderungen des Arbeitsvermögens reichen von rationaler Planung über (zwangsläufige) Entwicklungen bis zu systemischer Selbstregulation.[44]

Der Begriff Personalentwicklung wurde in der Privatwirtschaft geprägt. Mitte der siebziger Jahre erreichte er die Stichwortebene in der Literatur. Nach 1980 erschienen zahlreiche Monographien zum Bereich PE. Eine für den öffentlichen Bereich relativ frühe Definition findet sich bei Reichard 1982:

"Personalentwicklung ist im Rahmen der personalstrukturellen Ansatzpunkte der Verwaltungsführung ein Konzept zur Befähigung, Beurteilung und Förderung von Mitarbeitern. Es handelt sich dabei um die systematische Zusammenfassung aller diesbezüglichen Maßnahmen in einer Organisation, die in eine tragfähige und umfassende Managementkonzeption eingebettet sind. Mit Personalentwicklung soll erreicht werden, daß sich die persönlichen Entwicklungsziele der Mitarbeiter und die Verwaltungsziele stärker aufeinander ausrichten, daß Lern- und Problemlösungsfähigkeit der Mitarbeiter gesteigert, daß Zugehörigkeits- und Entfaltungsmotive der Mitarbeiter befriedigt und daß fähige Mitarbeiter auch qualifikationsgerecht eingesetzt werden."[45]

Klages 1991 legt folgendes Begriffsverständnis fest: "Personalentwicklung wird .. grundsätzlich als die Summe und das Zusammenwirken aller derjenigen Maßnahmen verstanden, die sowohl zur *Qualifizierung*, wie auch zur *beruflichen Förderung* und zur *Motivierung von Beschäftigten* geeignet sind."[46]

Nach Bsirske 1993 kann man Personalentwicklung als "Summe aller betrieblichen Maßnahmen zur Deckung des qualitativen Personalbedarfs unter Berücksichtigung der persönlichen Interessen der Mitarbeiter" betrachten.[47]

Entspechend der Definition der KGSt 1994 sind Personalentwicklung systematisch gestaltete Prozesse, die es ermöglichen, das Leistungs- und Lernpotential von MitarbeiterInnen zu erkennen, zu erhalten und in Abstimmung mit dem Verwaltungsbedarf verwendungs- und entwicklungsbezogen zu fördern. Personalentwicklung soll dazu beitragen, durch Lernprozesse auf allen Hierarchieebenen eine Veränderung des Den-

---

[44]   Vgl. Neuberger 1994, Kap. 1.

[45]   Reichard 1982, S. 431.

[46]   Klages 1991, S. 1149 f.

[47]   Bsirske 1993, S. 6.

kens, der Einstellungen und Verhaltensweisen und damit der gesamten Verwaltungs-kultur zu bewirken.[48]

Nach Kühnlein/Wohlfahrt 1995 ist Personalentwicklung "... zu verstehen als ein über-greifend, vorausschauend und langfristig angelegter Prozeß, in welchem die zukünftige Entwicklung der Verwaltung (Organisationsentwicklung) und die Qualifikations- und Leistungspotentiale der Mitarbeiter/innen systematisch aufeinander bezogen wer-den".[49]

Neuberger definiert PE als die Anpassung des Personals an den Leistungs- und Kapi-talverwertungsprozeß.[50]

Daneben offeriert die Literatur weitere Definitionen. Zum Teil sind sie enger als die beschriebenen gefaßt; sie heben beispielsweise einzelne Aspekte der PE, wie den der Qualifizierung von Mitarbeitern hervor. Zum anderen Teil wird PE in erster Linie als die Entwicklung des einzelnen Mitarbeiters verstanden oder lediglich aus Unterneh-menssicht beschrieben.[51] Entwicklung beinhaltet zumeist lediglich einen rational ge-planten Veränderungsprozeß.[52]

In der neueren Diskussion um Personalentwicklung in der öffentlichen Verwaltung wird PE nicht zu "eng" definiert, damit sie zur Bezeichnung eines übergeordneten oder quer gelagerten Sachverhalts dienen kann. Sie betrifft dann alle Ebenen der Verwal-tung, ist nicht allein Aufgabe der Verwaltungsabteilung, vielmehr auch der Vorgesetz-ten vor Ort und erfaßt unterschiedliche Gruppen der Mitarbeiter. Einschränkend wird der Begriff aber insbesondere dort angewandt, wo einer Verkoppelung verschiedenar-tiger Zielperspektiven der Personalarbeit und dem Wirkungsverbund der ihnen zuge-ordneten Maßnahmen Rechnung getragen wird. "Mit anderen Worten müssen die ein-zelnen Elemente der Personalentwicklung auf eine systemische (das heißt also nicht nur „systematische") Weise miteinander „vernetzt" sein, um funktionstüchtig zu sein."[53]

Wird mit PE das doppelte Ziel verbunden, sowohl den Bedarf an qualifizierter, kompe-tenter und motivierter Arbeitskraft zu decken als auch die berufs- und karrierebezoge-nen Bedürfnisse der Mitarbeiter zu befriedigen, so können sich in ihr die Interessen von Verwaltung, Beschäftigten und Interessenvertretung überlappen. Dies gilt beson-

---

[48]   Vgl. KGSt 1994 (2), S. 7 und 9.

[49]   Kühnlein/Wohlfahrt 1994, S. 39.

[50]   Vgl. Neuberger a.a.O., S. 302.

[51]   Neuberger 1994 zählt allein 17 Definitionen auf (S. 4f.).

[52]   ders., S. 1.

[53]   Klages 1992, S. 206. Siehe auch die 'breite' Defintion von Schuler, der Personalentwicklung als die „Gesamtheit der Maßnahmen in Leistungsorganisationen zur Förderung der berufsbezogenen Qualifikationen der Beschäftigten" definiert, zitiert bei Wiendieck, a.a.O., S. 209.

ders, wenn die Mitarbeiterorientierung nicht nur instrumentellen Charakter hat, sondern als eigenständige Zielgröße verstanden wird. Schlüsselbegriffe sind dann Motivation, Qualifikation und Partizipation.[54]

2.2.2 Abgrenzungen

1. *Personalentwicklung (PE) und Organisationsentwicklung (OE)*

"Organisationsentwicklung steht als Sammelbegriff für geplante und gezielte Veränderung von Organisationen durch den Einsatz von verhaltenswissenschaftlichen Methoden. ... In Theorie und Praxis besteht ... durchweg Konsens darüber, daß zwischen PE und OE enge Beziehungen bestehen. Die Abgrenzung ist davon abhängig, ob prozessuale oder strukturelle Aspekte im Vordergrund stehen. Personalentwicklung als Organisationsentwicklung betont die Bedeutung, die Wissen und Können bei der Lösung komplexer Probleme zukommt. Personalentwicklung ist Voraussetzung von Organisationsentwicklung. Personalentwicklung durch Organisationsentwicklung betont die lernende Auseinandersetzung mit Problemen und den daraus resultierenden Lernertrag. Personalentwicklung ist Ergebnis von Organisationsentwicklung."[55]

Neben dem verbreiteten normativ-umerziehenden, sozialpsychologisch fundierten Grundverständnis von OE verweist Neuberger 1994 auf den rational-empirischen und den machtpolitisch-zwangsorientierten Ansatz. Der rational-empirische Ansatz hat versucht, den Glauben an die technische Machbarkeit und Optimierbarkeit von sozialen Systemen nach dem Muster Entwurf - Realisierung - Kontrolle ingenieursmäßig sachlich-bürokratisch umzusetzen. Hierher gehört die "wissenschaftliche Betriebsführung" taylorscher Prägung. Im machtpolitisch - zwangsorientierten Ansatz wird das betriebliche Geschehen als politische Arena betrachtet, in der sich jene Akteure durchsetzen, die es verstehen, Machtpotentiale aufzubauen und Widerstände zu brechen oder zu umgehen. Es wird u. a. versucht, durch Einflußnahme auf übergeordnete Zielsetzungen, Entscheidungen über die Verteilung knapper Ressourcen, Veränderungen von Zuständigkeiten und Arbeitsinhalten übergreifende Bedingungen zu schaffen, auf die sich die Mitglieder der Organisation in ihren Planungen, (Inter-)Aktionen und Ansprüchen einstellen müssen - und auf diese Weise die Organisation entwickeln.[56]

---

[54] Vgl. Bsirske 1993, S. 6f. Auf den Aspekt der Beschäftigtenbeteiligung als Produktivitätspotential bei der Umgestaltung von Verwaltungen verweisen Wiechmann/Kißler 1993, S. 107 ff.

[55] Becker 1993, S. 17.

[56] Dieser Zusammenhang ist theoretisch überzeugend aufgearbeitet bei Türk 1995, empirisch für Teile der Verwaltungsarbeit belegt bei Jäger u.a. 1996.

2. *Personalentwicklung und administrative Personalarbei*

Kastner (1990) bezeichnet PE als qualitative Personalarbeit und grenzt sie von der quantitativen Variante ab. Letztere bezieht sich grundsätzlich auf administrative Tätigkeiten, die die Funktionsfähigkeit der verschiedenen Organisationsbereiche hinsichtlich des Personals sichern, kontrollieren, prüfen und dokumentieren sollen. Als Grundfunktion der Organisation hat die administrative Personalarbeit keinen direkten Bezug zur Leistungserstellung bzw. Leistungsverwertung. Bei administrativer Personalarbeit geht es um personbezogene Informationsverarbeitung zum Zwecke der Verwaltung. Die Informationsverarbeitung bei der PE dient dagegen in erster Linie der Optimierung von Arbeitsprozessen und der Fähigkeitsstrukturen der Mitarbeiter, weshalb hier durchaus ein direkter Bezug zur Leistungserstellung und Leistungsbewertung gegeben ist. Zwischen quantitativer und qualitativer Personalarbeit bestehen Verbindungen. Die Verwaltung hat instrumentellen Charakter und dient der inhaltlichen Arbeit der PE. Die in der administrativen Personalarbeit erhaltenen, gespeicherten und aggregierten Daten dienen als Fundament der PE. Die PE wiederum hat Einfluß auf die Art der Informationssuche und -verdichtung. Aus der PE-Arbeit selbst, z.b. aus dem Fördergespräch, gewinnt man auch Informationen für die quantitative Personalplanung.[57] Die KGSt ordnet PE in ihrer Personalmanagement-Konzeption einem von neun Feldern zu:

1. Personalbestandsanalyse,

2. Personalbedarfsbestimmung (Stellenbemessung),

3. Personalbeschaffung,

4. Personalentwicklung,

5. Personalfreisetzung,

6. Personalveränderung,

7. Personaleinsatz,

8. Personalführung,

9. Personalkostenmanagement[58]

2.2.3 Wissenschaftliche Ansätze zur Personalentwicklung

Personalentwicklung stellt einen Untersuchungsgegenstand unterschiedlicher wissenschaftlicher Disziplinen wie der Betriebswirtschaftslehre, Betriebspädagogik, Verwal-

---

[57] Vgl. Kastner 1990, S. 187 ff.

[58] KGSt 1994 (1), S. 12.

30

tungswissenschaft und der Sozialwissenschaften dar. Wissenschaftliche Modellvorstellungen zur Personalentwicklung[59] lassen sich kurzgefaßt wie folgt skizzieren.

a. *Kontingenz-Theorie*

Dieser Ansatz (z.B. nach Thom) geht davon aus, daß ein innerorganisatorischer Sachverhalt von externen situativen Determinanten abhängt. Dazu folgende Darstellung:

Außerbetriebliche

Bedingungsgrößen

$\Downarrow$

Betriebliche		**Aktionsparameter**		**Personelle**
Bedingungsgrößen	$\Rightarrow$	**der Unternehmens-**	$\Leftarrow$	**Bedingungs-**
		führung		**Größen**

$\Downarrow$

PE-Maßnahmen

b. *Job-Man-Fit-Ansatz nach Conradi*

Dieses Konzept geht von zwei Begriffen aus: Qualifikation und Position. Personalentwicklung ist nach diesem Verständnis die systematische, positions- und laufbahnorientierte "Verbesserung der Qualifikation der Mitarbeiter". Conradi klammert damit vom Ansatz her inter- und apersonale Veränderungen aus. Personalentwicklung findet statt als PE

– into - the - job (z.B. Einführung neuer Mitarbeiter),

– on - the - job (z.B. training - on - the - job, also am Arbeitsplatz),

---

[59] Hier in Anlehnung an Neuberger 1994, S. 57 ff.

- near - the - job (z.B. Lernstatt),
- off - the - job (z.B. traditionelle Weiterbildung),
- to - another - job (z.B. laufbahnorientierte Karriereprogramme),
- out - of - the - job- (z.B. Ruhestandsvorbereitungsprogramme).

c. Prozeß-Modelle

c.a PE als rationales Problemlösen

Personalentwicklung ist nach diesem Verständnis ein rational gestaltbarer Prozeß. Dieses Verständnis ist in der Literatur weit verbreitet. Allerdings beschränken sich die Autoren zum überwiegenden Teil auf Teilaspekte von PE: So wird etwa der Aspekt „Qualifikation von Personen" betont. Dazu diese Darstellung:[60]

Perspektive: "personal"	Perspektive: "interpersonal"	Perspektive:"apersonal"
⇓	⇓	⇓

1. Laufende Selbstbeobachtung

Fokus: die Person	Fokus: die unmitt. Arb.einheit	Fokus: die Organisation
Paradigma: Subjektivität	Paradigma: Intersubjektivität	Paradigma: Objektivität

2. Registrierung von Zusammenhängen/Abhängigkeiten (Chancen u. Störungen)

Sensibilisierung und Energetisierung in allen drei Perspektiven

3. Situationsanalyse und Problemdefinition (jeweils: Material-, Ursachen-, Konflikt-; Zielanalyse)

Einschätzung	Einschätzung	Einschätzung
von Fähigkeiten, Bedürfnissen, Identität der Person	von Beziehungen und Identität der unmittelbaren Sozialbeziehungen	von Rollen, Strukturen, Identität der Organisation

---

[60] In Anlehnung an ebd.

Perspektive: "personal"	Perspektive: "interpersonal"	Perspektive:"apersonal"
⇓	⇓	⇓

4. Finden/Festlegen/Vereinbaren/Durchsetzen von Zielen und Erfolgskriterien

Gestaltungsziele (kogn.,	Gestaltungsziele	Gestaltungsziele
affekt., pragmat., identi-	(Beziehungen,	(Strukturen, Bedin-
tätsbezog., moral.)	Klima etc.)	gungen, etc.)

5. (Strategische) Entscheidung für die Modifikation personaler, interpersonaler und apersonaler Bedingungen (statt z.B. Selektion, Allokation)

6. Maßnahmen- und Organisationsplanung (on, near, off the job)

Curricula, Methoden, Verantwortlichkeiten, Dokumentation, Konsequenzenmanagement

7. Durchführung

Auswahl von Teilnehmern u. Trainern, Logistik (Orte, Zeiten, Einladung, Begrüßung, Apparate, Unterlagen), Dramaturgie, Handling von Krisen, Abschluß ...

8. Transfer (Übertragung vom "Lernfeld" ins "Funktionsfeld")

Bedingungen, Widerstände, Blockaden, Promotoren ...

z.B. Selbstverpflichtung   z.B Verträge, Rollenspiele z.B. Anreize, Sanktionen

9. Evaluation, Controlling als Querschnittsfunktion, die alle Phasen (1.-8.) des Problemlösungsprozesses erfaßt, abbildet und bewertet.

c.b *PE als evolutionäre Entwicklung*

Personalentwicklung wird hier im Sinne eines vorgegebenen Phasenverlaufs als Reifeprozeß unausweichlich vorgezeichneter Phasen des Gestaltwandels beschrieben. In Bezug auf die drei Perspektiven von Personal ergibt sich dann:

– Person: In Anlehnung an die Lebensphasen geht der Ansatz von Berufsphasen aus. So sind bei neueren Mitarbeitern andere PE-Maßnahmen erforderlich als bei erfahrenen Praktikern.

– Gruppen: PE muß sozio-emotionale Gruppenprozesse berücksichtigen.

– Organisation: Die Anforderungen an eine PE ergeben sich aus dem Stadium, in dem sich eine Organisation befindet: Gründungsphase, Differenzierungsphase oder Integrationsphase.

c.c Entwicklung als systemische Selbstregulation

Personalentwicklung ist eingebettet in ein Netzwerk von Einflußgrößen. Eine gegebene PE-Konzeption wird ständig durch die Einflüsse gestört und muß sich selbst hinsichtlich der Qualität und Inhalte verändern. Sie besteht aus einer 'Stückwerkstechnologie', die pragmatisch überraschende Chancen nutzt und sich offenhält für unvorhergesehene Konstellationen. PE kann Entwicklungsimpulse geben, den Entwicklungsverlauf jedoch nicht im Detail planen.

Eine sozialwissenschaftliche Untersuchung der Personalwirtschaft sollte interdisziplinär angelegt sein und in mehreren Dimensionen durchgeführt werden.[61] Das bedeutet, fachübergreifend Forschungsschwerpunkte und -richtungen miteinder zu verbinden und Erkenntnisse unterschiedlicher Disziplinen beim Beschreiben, Erklären und Beurteilen sozialer Phänomene[62] zu nutzen. Die vorliegende Untersuchung orientiert sich daher angesichts des zunehmenden, durch gesellschaftliche Komplexität und soziale Dynamik bedingten Problemdrucks bei der Erstellung und Vermittlung öffentlicher Leistungen vor allem an den vielfältigen Relationen zwischen Gesellschaft, Organisation und Individuum. Diese komplexen Beziehungen und Verflechtungen könnten eine Änderung bisheriger personalwirtschaftlicher Strategien bewirken; hier stehen besonders jene Reformstrategien im Mittelpunkt der Analyse, die sich mit dem Begriff Personalentwicklung in Verbindung bringen lassen. Um die durch PE bedingten Veränderungen in personaler, interpersonaler und apersonaler Perspektive beurteilen zu können, erscheint es unumgänglich, die konzeptionellen Vorstellungen, die sich mit PE verbinden, und die Erfahrungen mit PE in verschiedenen Verwaltungsbereichen zu beschreiben, zu vergleichen und auf der Basis der konzeptionellen Vorstellungen zu erklären.

---

[61] Vgl. Mayntz 1982, S. 2 zur Problematik der Abgrenzung unterschiedlicher wissenschaftlicher Herangehensweisen im Rahmen einer sozialwissenschaftlichen Untersuchung der öffentlichen Verwaltung. Zur Notwendigkeit einer mehrdimensionalen Analyse der öffentlichen Verwaltung siehe auch Schimank 1994, S. 244 ff.

[62] Vgl. Müller, in: DIE ZEIT Nr. 12 vom 15. März 1996. Müller bezeichnet Beschreibung, Erklärung und Beurteilung als die „Aufgaben, denen sich die Soziologie verschreibt." Zum folgenden vgl. auch Pankoke/Nokielski 1977, S. 114 ff.

3 Gesellschaftlicher Strukturwandel und sein Einfluß auf die Arbeit in der öffentlichen Verwaltung

3.1 Klientenbezogene Aspekte

Folgende Entwicklungstrends gesellschaftlichen Umbruchs und ihre Auswirkungen auf Sozialverwaltungen zeichnen sich aus unserer Sicht in Übereinstimmung mit Oppen gegenwärtig ab :

– Demographische Entwicklungen hin zu einem steigenden Anteil der Älteren an der Gesamtbevölkerung, die mit ihren oft sehr komplexen sozialen Problemlagen in besonderem Maße auf die verschiedenen Zweige des sozialen Sicherungssystems angewiesen sind;

– Wandel der Familienstrukturen, gekennzeichnet durch das Anwachsen der Ein-Personen-Haushalte, der Alleinerziehenden, die immer weniger auf Dauer gestellten Partnerbeziehungen und die steigende Arbeitsmarktpartizipation bzw. die weiter zunehmende Erwerbsansprüche der Frauen; Effekte hiervon sind unter anderem die Reduktion familialer Hilfesysteme oder besser der unbezahlten „Versorgungsfunktion" der familienorientierten Frauen, aber auch des Potentials an ehrenamtlicher und Laienhilfe und die damit verbundenen neuen oder zumindest erweiterten Anforderungen an Sicherungssysteme;

– mit dem industriellen Wandel verbundene Verschiebungen in der Erwerbsbevölkerung hin zu einem wachsenden Anteil von Angestellten, mit der Folge der Veränderung von Ansprüchen und Problemlagen wie auch von Zuständigkeitsverschiebungen im System der sozialen Sicherung;

– mit der stabilen Massenarbeitslosigkeit und der gleichzeitigen Zunahme sog. ungeschützter Beschäftigungsverhältnisse drohende Spaltung der Gesellschaft, mit einem wachsenden Anteil sozial ungesicherter oder nur phasenweise abgesicherter Personengruppen, die mit hoher Frequenz zur Klientel sozialpolitischer Institutionen werden;

– Vollendung des EG-Binnenmarktes und die gegenwärtigen Entwicklungen in Osteuropa; die daraus entstehenden Anforderungen an das System der sozialen Sicherung nicht nur hinsichtlich zu regelnder Ansprüche auf Transferleistungen, sondern auch in bezug auf die entstehenden Informations- und Beratungsbedarfe sind in ihrer Entwicklung kaum abzuschätzen.[63]

In Konsequenz dieser Einschätzung wird die Bedeutung sozialer Einrichtungen weiter zunehmen und somit auch der Bedarf an qualifizierter Betreuung. Dieser Bürgerorientierung steht nun bislang in weiten Teilen der öffentlichen Verwaltung ein am Beamtenethos orientiertes, bürokratisches Verwaltungshandeln gegenüber, das den Bür-

---

[63]   Vgl. Oppen 1991, S. 31.

ger/Klienten/Kunden überhaupt nicht wahrzunehmen scheint.[64] Der Zusammenhang erklärt sich vornehmlich aus der Treuepflicht des Beamten gegenüber seinem Dienstherrn, nicht gegenüber Kunden. Zudem kann das Vermeiden von Bürgerorientierung für die Leitungen der Verwaltungen und die Sachbearbeiter mit Klientenkontakt eine "latente Funktion" erfüllen.

Klages nennt hierfür rationale und nicht-rationale Motive und solche, die sich bei den Leitungsebenen bzw. den Sachbearbeitern ausbilden. Als rationales Motiv auf Seiten der Leitung lassen sich die Kosten der Bürgerorientierung bei chronisch leeren Kassen der Verwaltungen identifizieren, mit der Folge interner Anordnungen zu striktem Sparverhalten bei der Gewährung von Sozialleistungen. Für die SachbearbeitInnen ist es wiederum "rational", Arbeitsbelastungen zu vermeiden. Entsprechend weisen empirischen Studien eine generelle Tendenz aus, nur sehr zurückhaltend auf das Besondere an "schwierigen Fällen" einzugehen, verbunden mit einer starken Neigung zur Typisierung. Schwierige Fälle, die sich mit Vorschriften nur schwer in Deckung bringen lassen, bringen zusätzliche Arbeitsbelastungen, die der Sachbearbeiter "wegstecken" muß, und die er als ärgerlich empfindet. Dieser Tatbestand hängt auch mit der den Beschäftigten für die Fallerledigung zur Verfügung stehenden Zeit und mit ihrer Sicherheit im Umgang mit der Materie zusammen, letztlich auch mit dem von der Verwaltung betriebenen Aufwand zur Qualifizierung der Sachbearbeiter. Ein weiteres "rationales" Motiv zur Vermeidung von Bürgerfreundlichkeit sieht Klages darin, daß die Beschäftigten - sie wollen schließlich befördert werden - alles tun werden, was die Voraussetzungen für die Wahrscheinlichkeit einer Beförderung zu erhöhen verspricht. Die Untersuchung der gängigen Beurteilungsbögen ergab jedoch, daß "Bürgerfreundlichkeit" nicht beurteilt wird. Mit Blick auf die "nicht-rationalen Motive zur Bürgerfreundlichkeitsvermeidung" führen "schwierige Fälle" bei Sachbearbeitern zu einem Unsicherheitsstreß, der aus einer Überforderung auf Grund unübersichtlicher rechtlicher Bestimmungen resultiert. Dem Interesse am Dienst am Bürger steht das elementare Interesse der beruflichen Selbsterhaltung gegenüber. Streßbelastungen psychologischer Art bestehen auch darin, daß es vielen Beschäftigten schwerfällt, ihr Gegenüber einzuschätzen ('Meint es der Antragsteller ehrlich oder will er mich übers Ohr hauen?'). Unsicherheit besteht auch hinsichtlich der Folgen einer Entscheidung. Kommt der Sachbearbeiter dem Anliegen des Klienten nach, kann er sich eine Rüge seines Vorgesetzten einhandeln, verweigert er es, kann dies zu einer Beschwerde führen. Der Sachbearbeiter wird deshalb versuchen abzuschätzen, welche der beiden Alternativen wahrscheinlicher ist, sich also opportunistisch verhalten.

Die von den Klienten zunehmend geforderte und im Sinne der Aufgabenstellung von Sozialverwaltungen unumgängliche Dienstleistungsorientierung läßt sich angesichts bestehender starker Abwehr- und Vermeidungskräfte nicht durch ein Freundlichkeitstraining allein erzielen. Neben die Qualifizierung der Beschäftigten müssen Ver-

---

[64] Vgl. Klages 1993, S. 161 ff.

änderungen der Kooperationsformen sowie der organisatorischen Strukturen treten (s. Kap. 4).

3.2   Technisch-soziale Aspekte

Aus dem Alltag und dem Berufsleben ist die neue Informations- und Kommunikationstechnik (IKT) nicht mehr wegzudenken, das gilt auch für eine Verwaltungsreorganisation. Die Allgegenwart der IKT liegt in ihrer Eigenschaft begründet, aus an Papier gebundenen Datenunikaten ubiquitäre oder allgegenwärtige Daten zu produzieren.[65] Die vielfältigen Einsatzmöglichkeiten und Auswirkungen des Einsatzes Neuer Techniken in sozialpolitischen Administrationen umfassen ein breits Spektrum: "Es werden zum einen organisationsinterne Umstrukturierungen möglich, zum Beispiel eine Reintegration zuvor abgespaltener Zuarbeiten in die Sachbearbeitung, eine Umgruppierung oder Neuzuschneidung von Tätigkeitsfeldern, von Aufgaben und Zuständigkeiten auf allen Hierarchieebenen, auch im Bereich hochqualifizierter Sachbearbeitung und mittleren Managementpositionen. Zum anderen stellt der Computereinsatz ein wachsendes Potential zur Steuerung und Kontrolle von Arbeitsprozessen, komplexen Funktionszusammenhängen und Betriebsabläufen dar. Folge hiervon können veränderte Aufbau- und Ablauforganisation sowie veränderte Qualifikationsanforderungen und Belastungsformen in den Organisationen sein. Die Technikpotentiale selbst eröffnen hierbei also neue Flexibilität und Gestaltungsoptionen, die gleichermaßen entweder zur Reduzierung der bestehenden Arbeitsteiligkeit wie auch zur Beibehaltung oder gar Verschärfung der bestehenden Arbeitsteilung genutzt werden können."[66]

3.2.1   Gestaltbarkeit des Technikeinsatzes

Mit Blick auf organisatorische Innovationen und auf die Nutzung arbeitsbezogener, personeller Ressourcen im Interesse der Klienten liegen tendenziell konträre Einschätzungen vor. Gemeinsam ist ihnen jedoch die (begrenzte) Gestaltbarkeit integrierter EDV-Systeme. Der Einsatz der IKT geschieht also nicht zufällig oder aufgrund des technischen Fortschritts zwangsläufig. Er beruht vielmehr auf gesellschaftlichen Entscheidungs- und Handlungsprozessen.[67] Klages weist der Informationstechnologie eine instrumentelle Position zu. Eine "informatisierte" Verwaltung sei grundsätzlich allein unter der Bedingung einer gleichzeitig nach außen "bürgernahen" und nach innen "motivationsfähigen" Verwaltung zu erreichen, sofern auch anderen Leistungs- und

---

[65]   Vgl. Reinermann 1995, S. 92.

[66]   Oppen 1991, S. 38f.

[67]   Zum Verhältnis von Technik und Gesellschaft vgl. Jäger 1989, S. 26 ff.

Erfolgsmerkmalen als einem optimierten Informationsfluß Rechnung getragen werde.[68] Uneinigkeit besteht in der wissenschaftlichen Diskussion darüber, ob bisher vernachlässigte Klienteninteressen oder die Dienstleistungsorientierung im Zuge des Technikeinsatzes eine nennenswerte Berücksichtigung finden oder eher bestehende Defizite in den organisatorischen Arrangements und Autoritätsstrukturen verstärkt werden (Verstärker-These von Kraemer). Die von Reinermann vertretene Katalysator-These hebt demgegenüber die informationstechnisch ausgelösten Anstöße für Verwaltungsreformen hervor; die organisatorischen Gestaltungsoptionen wüchsen in die Dimension einer Aufgabenpolitik hinein und versetzten die öffentliche Verwaltung in die Lage, Spielraum für ein Qualitätswachstum freizumachen, das sich auf mehr Bürgernähe und zudem auf eine Effizienzsteigerung erstrecken werde.[69]

Hier zeigt sich: Technik ist gestaltbar und somit wählbar. Sie ist steuerbar, aber auch steuerungsbedürftig und bedarf einer Zielsetzung, zu welchem Zweck und zu wessen Nutzen sie eingesetzt wird. Und schließlich bedarf sie der Mitbestimmung vor allem der betroffenen Arbeitnehmer, damit der technische Fortschritt auch zum sozialen werden kann.[70]

Für die Rentenversicherungsträger ergaben Untersuchungen in Einrichtungen der Sozialversicherungen eine bedingte Offenheit der Entwicklungspfade. Gestalt und Qualität der Dienstleistungsorientierung hängen danach weniger von je spezifischen Hardund Software-Lösungen ab als vielmehr von organisatorischen und sozialen Gestaltungsvarianten. Zentrale Motive der Einführung eines DV-unterstützten, integrierten Rentenverfahrens liegen insbesondere in der Möglichkeit einer Rundum-Betreuung von Versicherten, in der Verkürzung der Bearbeitungsdauer von Leistungsanträgen, in der Reduzierung der Fehlerhäufigkeit sowie in zentralen Zugriffsmöglichkeiten. Insgesamt gilt, "... daß der technisch-organisatorische Wandel auf die Effizienzsteigerung in der „Massenproduktion" von Verwaltungsleistungen vor dem Hintergrund eines in der Vergangenheit erheblich gewachsenen Aufgabenvolumens durch gesetzgeberische Eingriffe zielt. Aspekte von Leistungsqualität und Versichertennähe sind in diesem Konzept reduziert auf den Versuch, gesetzlichen Anforderungen und Verpflichtungen im Sinne des allgemeinen Teils des Sozialgesetzbuches nachzukommen. ... Soweit die Qualität der Verwaltungsarbeit ins Kreuzfeuer der öffentlichen Medien gerät, wie dies im Falle der Fehlerquoten bei Verwaltungsentscheidungen der Fall war, gilt es zu beweisen, daß man die Probleme in den Griff bekommt."[71]

In jüngster Zeit werden zunehmend betriebswirtschaftliche Kosten - Nutzen - Berechnungen für den Einsatz der IKT angestellt. Die Bewertung der Nutzenaspekte wird da-

---

[68] Vgl. Klages 1993, S. 210.

[69] Vgl. Reinermann 1995, S. 90 ff.

[70] Vgl. Jäger 1989, S. 27f.

[71] Oppen 1991, S. 103.

bei von mikropolitischen Erwägungen abhängen. Kritische Stimmen verweisen in diesem Zusammenhang auf eine 'paradoxe' Produktivität: "Ja, es ist wirklich paradox: Je mehr in die Informations- und Kommunikationstechnik investiert worden ist, desto schlechter war das Verhältnis zwischen Aufwand und Ertrag" (Scharfenberg, in: Office Management, Heft 3/1997, S. 34, vgl. hierzu auch im folgenden). Das Dilemma der EDV liege darin, nicht als Instrument der Organisation, nicht als Mittel zum Zweck, vielmehr im Sinne eines eigentlichen Zweckes selbst betrachtet worden zu sein. Diese Technikfixierung unter gänzlicher Vernachlässigung organisatorischer und funktionaler Aspekte habe sich vielfach kontraproduktiv ausgewirkt.

Welchen Einfluß hat nun der technisch-organisatorische Wandel für die erforderliche Qualifizierung der Mitarbeiter? Der Computereinsatz kann offenbar zu einer Höherqualifizierung der Sachbearbeitertätigkeit bei Rentenversicherungsträgern, jedoch auch zu einer Dequalifizierung, auf jeden Fall zu einer Andersqualifizierung führen, ein Ergebnis, das gerade im Blick auf Personalentwicklungskonzeptionen von Bedeutung ist.

Unter dem Aspekt der *indirekten* Folgen zeigt sich ein Trend zu formaler Höherqualifizierung, da der Computer einen Teil der Routinetätigkeiten übernimmt. Die Teilautomatisierung bewirkt einen Anstieg des Anteils vor allem der mittleren Qualifikationssegmente.

Die *direkten* Folgen hängen offensichtlich von der Managemententscheidung über den Computer-Einsatz ab. Im untersuchten Fall entschied sich das Management dafür, "so viel wie möglich auf die EDV und so wenig wie möglich auf die Beschäftigten zu verteilen".[72] Die Sachbearbeitung wird einerseits in gewisser Weise gesteuert, andererseits werden Elemente der Kerntätigkeit der Sachbearbeitung, die Normanwendung, vom Computer übernommen. Die substituierenden Wirkungen des Computereinsatzes auf die Fachqualifikationen können erhebliche Modifizierungen der erstellten Verwaltungsleistungen bis hin zur Normveränderung nach sich ziehen. Die 'System-Orientierung' der Sachbearbeiter ist ein Beispiel dafür: Nicht die Folgen einer Entscheidung für den Klienten stehen im Mittelpunkt, vielmehr Überlegungen, inwieweit die Maschine die Dialogeingabe akzeptiert. Technische Lösungen gewinnen somit gegenüber inhaltlichen an Priorität.

Dieser Sachverhalt wirkt sich vermutlich auch auf das Angebot von Qualifizierungs-Konzepten an die Sachbearbeiter aus. Werden Qualifizierungsangebote für Sachbearbeiter in der Linie nicht in ausreichendem Umfang bereit gestellt, drohen theoretische und praktische Wissensbestände verloren zu gehen - aus Klientensicht und im Sinne einer rechtmäßigen Normanwendung eine bedenkliche Entwicklung, ist doch die Kenntnis der rechtlichen Hintergründe für die durch den Sachbearbeiter zu wählende Strategie der Sachaufklärung von Bedeutung. Da die Rentenversicherung in der Regel laufende Leistungen gewährt, kann eine Nichtanrechnung von Zeiten für die Rentner

---

[72] Ebd., S. 140.

zu beträchtlichen Einkommensverlusten führen. Das Verhältnis von Technikeinsatz und Qualifizierungsstrategien bei den Rentenversicherungsträgern (hier am Beispiel der BfA) ist unausgewogen: " Gegenüber den immensen technischen Investitionen verfolgt das Management bei denjenigen in das Humankapital eine rigorose Sparpolitik. Die technikbezogenen Qualifizierungsstrategien sind begrenzt auf reines Anwenderwissen, grundlegendere Systemkenntnisse konnten zumindest diejenigen nicht erwerben, die zum Zeitpunkt der Einführung der integrierten Datenverarbeitung schon im „Produktionsprozeß" standen. Eine regelmäßige Fortbildung über Aufstiegsqualifizierung hinaus im Zuge zum Beispiel der fortgesetzten rechtlichen Veränderungen findet nicht statt."[73]

3.3   Ökonomisch-soziale Aspekte

"Hauptsache effizient?" fragt Wohlfahrt im Titel eines Beitrags zur Verwaltungsreform auf kommunaler Ebene und Landesebene.[74]   Barth scheint die Antwort zu geben: "Knappe Finanzmittel - schlanke Verwaltung".[75] Stöbe hält dagegen: "Die schlanke Verwaltung - fit, aber nicht magersüchtig".[76] Die willkürlich gewählten Titel machen mehreres deutlich:

– Bei grundsätzlichem Konsens über das Erfordernis einer Verwaltungsmodernisierung lassen sich unterschiedliche Gewichtungen feststellen, und zwar entlang der vornehmlichen Orientierung auf Kostenminimierung oder auf die Gewährleistung des sozialen Fortschritts.

- Ökonomisches Verwaltungshandeln ist unabänderlich, findet seine Grenzen jedoch im Sozialen. Beide Aspekte erfordern die Veränderung der Verwaltungsarbeit.

– Verwaltungsmodernisierung muß die Kriterien Effizienzsteigerung, Sicherung der berechtigten Ansprüche von Klienten und der Mitarbeiter berücksichtigen. Kühnlein/Wohlfahrt sprechen vom Trilemma der Verwaltungen, zugleich bürgerfreundlich, mitarbeiterorientiert und wirtschaftlich effizient zu agieren.[77] Klages legt ebenfalls Prioritäten fest: "Die öffentliche Verwaltung ist in erster Linie 'für den Bürger da', nicht für ihr eigenes Personal."[78]

---

[73]   Ebd., S. 235.

[74]   Wohlfahrt 1995, S. 93.

[75]   Barth 1995, S. 41.

[76]   Stöbe 1995 (1), S. 6.

[77]   Vgl. Kühnlein/Wohlfahrt 1994, S. 8.

[78]   Klages 1993, S. 203.

Einige der Reorganisationsstrategien der Rentenversicherungsträger standen bislang unter dem Primat einer am quantitativen Output orientierten Effizienzsteigerung. Sie waren vorwiegend dem Produktionskonzept tayloristischer Prägung verhaftet, jedoch gab nicht die Technik in erster Linie Anstöße zur Reform der Verwaltung: "Vielmehr sind es die veränderten Umweltparameter und gesellschaftlichen Wandlungsprozesse, die sukzessive Tendenzen der Erosion überkommener bürokratischer Leistungserstellungsprozesse bewirken. ... Auch die institutionsübergreifende Reorganisationsstrategie der horiziontalen Integration der beiden Aufgabenbereiche Rente und Versicherung erfolgt konsequent unter binnenorganisatorischen Effizienzgesichtspunkten. ... Diese einzelwirtschaftlich personalkostenorientierte Sparrationalisierung wird - über die umfassenden Automatisierungsbestrebungen hinaus - gegenüber den Beschäftigten der BfA durch ein komplexes System von Anreizen, Kontrollen und Sanktionen durchgesetzt."[79]

3.3.1   Controlling in der öffentlichen Verwaltung

Neuere betriebswirtschaftlich orientierte Managementkonzepte fordern die Einführung von Controlling in den öffentlichen Verwaltungen. Erste Ansätze hierzu lassen sich auch bei den Landesversicherunganstalten feststellen (s. Kap. 6). Controlling bezeichnet nach Staehle "die operative Umsetzung von Strategien in Plandaten sowie deren laufende Konfrontation mit Istdaten."[80] Die Controlling-Idee geht von der Möglichkeit aus, die komplexen Abläufe in Organisationen transparent zu machen, modellhaft abzubilden und gezielt zu steuern.[81] Das Controlling kann am Beispiel der Rentenversicherung aus Kostencontrolling, Qualitätscontrolling und Effizienzcontrolling bestehen:

- **Kostencontrolling**

    - Kostenartenrechnung (Personalkosten, Sachmittel)

    - Kostenstellenrechnung (Haupt-/Hilfskostenstellen)

    - Prozeßkostenrechnung (Kosten je Verwaltungsprodukt wie

      Antrag, Auskunft, Bescheid, Archivierung)

- **Qualitätscontrolling**

    - Prozeß-/Ergebnisqualität

        - Fehlerquoten in der Sachbearbeitung

---

[79]   Oppen 1991, S. 231 ff.

[80]   Zitiert in Wiendieck 1993, S. 325.

[81]   Zur Grenze rationaler Planbarkeit von Verwaltungsinnovationen vgl. Kap. 4.2.

- Überzahlungen von Renten u.a.
- Ergebnisse der Revision
- Strukturqualität
  - Mitarbeiterqualität
  - Verbesserungsvorschläge
  - Abmahnungen
- **Effizienzcontrolling**
  - Auslastung der Datenverarbeitung
    - Transaktionskosten
    - Benutzungsdauer/-häufigkeit
    - CPU-Zeiten
  - Auslastung sonstiger Anlagen
    - Poststraße
    - Druckerei
    - Fahrbereitschaft.[82]

Controlling beruht auf unterschiedlichen Grundhaltungen (Controlling-'Philosophie'): Vertrauen oder Mißtrauen; Beteiligung der Betroffenen oder Behandlung als Objekte; Selbst-Control oder Fremdcontrol; Vergangenheits- oder Zukunftsbezug; Detail- oder Global-Controlling; Offenheit oder Heimlichkeit.[83] Das legt den Schluß unterschiedlicher Optionen in der Verwendung von Controlling (wie der Einsatz Neuer Techniken) nahe.

Controlling ist also steuerbar, aber auch steuerungsbedürftig und bedarf der Zielsetzung, zu welchem Zweck und zu wessen Nutzen es bei Mitbestimmung der abhängig Beschäftigten eingesetzt wird.

3.4   Mitarbeiterbezogene Aspekte

3.4.1   Veränderte Einstellungen gegenüber der Arbeit

Die Veränderung sozialer Lebenswelten erfaßt auch die qualitativen Lebensorientierungen der Menschen, welche wiederum Einfluß auf ihre Einstellungen zu Arbeit und

---

[82]   Ähnlich die Beschreibung des Programms Infosys der BfA.

[83]   Soziologisch betrachtet stellt Controlling also einen Aspekt der Handlungskoordinierung in Arbeitsorganisationen dar.

Beruf haben. Empirische Forschungen Pawlowskis kommen kurzgefaßt zu folgenden Ergebnissen: Erstens lasse sich in der Gesamtbevölkerung eine Tendenz zu einer „Distanz zur Arbeit" feststellen (Arbeit als Last, nachlassende Arbeitszufriedenheit, Betonung von Freizeit u. a.), zweitens stelle Arbeit dennoch nach Familie und Partnerschaft den zweitwichtigsten Lebensbereich dar und drittens wandelten sich die Ansprüche an die berufliche Erwerbstätigkeit in der Gestalt einer Wegbewegung von Orientierungen an hohem Einkommen, Karriere etc. hin zu der besonderen Wertschätzung interessanter Arbeit, vielfältiger sozialer Beziehungen, Verwirklichung eigener Ideen. Insgesamt wüchsen, insbesondere bei Personen mit höherem Qualifikationsniveau, die Ansprüche an die ausgeübte Berufstätigkeit qualitativ.[84]

Erklärungsversuche dieser veränderten Einstellungen der Bevölkerung gegenüber Arbeit und Beruf finden sich in der „Wertwandeldiskussion".[85] Noelle-Neumann sah im Jahr 1978 einen epochalen Verfall bürgerlicher Werte "... der hohe Wert von Arbeit, von Leistung; die Überzeugung, daß sich Anstrengung lohnt, Glaube an Aufstieg und Gerechtigkeit des Aufstiegs; die Bejahung von Unterschieden zwischen den Menschen und ihrer Lage..."[86] Stattdessen: " ... Arbeitsunlust, Ausweichen vor Anstrengung, ... statt langfristiger Zielplanung unmittelbare Befriedigung, Egalitätsstreben, Zweifel an der Gerechtigkeit der Belohnung, Statusfatalismus."[87] In den achtziger Jahren rückte die Diskussion von dieser an Kassandra gemahnenden Prognosen ab und ging eher von einem komplexen Wertwandel als von einem eindimensionalen Werteverfall aus. Die Hauptrichtung dieses anhaltenden Wandels läßt sich mit der Formel "von Pflicht- und Akzeptanzwerten zu Selbstentfaltungswerten" beschreiben.[88] Im Verlaufe dieses Wandels haben sich etwa folgende Typen von Menschen herausgebildet:

"Die *nonkonformen Idealisten'* mit stark ausgeprägten Selbstentfaltungswerten und schwachen Pflicht- und Akzeptanzwerten, bei denen der Wertewandel sich gewissermaßen „umsturzartig" vollzogen hat; die meist älteren *ordnungsliebenden Konventionalisten'*, die umgekehrt starke Pflicht- und Akzeptanzwerte aufweisen, bei denen der Wertewandel somit nicht oder nicht mehr „gezündet" hat; die *perspektivlosen Resignierten'*, bei denen beide Werteseiten schwach entwickelt sind und die - aus welchen Gründen auch immer - die Verlierer des Wertewandels sind; endlich letztlich die *aktiven Realisten'*, welche starke Selbstentfaltungswerte haben, bei denen also vermutlich eine Wertesynthese stattgefunden hat und die uns selbst angesichts der Unwahrscheinlichkeit einer solchen Entwicklung als die eigentliche Überraschung unserer

---

[84]   Siehe Jäger 1993, S. 110f.

[85]   Zu einem gedrängten Überblick über diese Debatte ebd.

[86]   Ebd.

[87]   Neuberger 1994, S. 76.

[88]   Vgl. Klages 1993, S. 26.

Wertewandelsanalysen erschienen."[89] Diese vier Grundtypen, durch weitere Untersuchungen bestätigt, ergänzen Ansätze zu weiteren Typenbildungen, beispielsweise der "Hedomat" (= hedonistischer Materialist).

Kritiker allerdings verweisen auf ein typologisierendes Vorgehen in der Wertwandelforschung. Dagegen ergäben Untersuchungen von Berufsanfängern bemerkenswerte Verschiebungen der zugeschriebenen Wertorientierungen schon nach einem Berufsjahr. Neuberger stellt daher die Frage, ob nicht „Werte", sondern „Einstellungen" sich verändern, die weniger zentral, weniger änderungsresistent und stärker objektbezogen sind.[90] In diesem Zusammenhang erscheint auch die Interpretation von Bolte und Voß bemerkenswert, die ebenfalls nicht von einem Wertewandel, sondern von einem Wandel der Wertverwirklichung bei unveränderter Wertbasis (Innerweltlichkeit, Individualismus, Beruf) ausgehen. Unter diesem Vorzeichen stellte der Einstellungswandel zur Erwerbsarbeit lediglich das Bemühen dar, diese Werte unter veränderten gesellschaftlichen Lebensbedingungen zu realisieren.[91] Für die Unternehmen folgt daraus, daß die Beschäftigten veränderte Erwartungen und Ansprüche an die Arbeit stellen, herausfordernde Aufgaben zunehmend hoch schätzen und menschliche Beziehungen weiter an Wertschätzung gewinnen. Als Zwischenergebnis gilt: „Die sinnlose Arbeit hat ihren Sinn verloren, nicht aber die Arbeit an sich."[92]

Die Konsequenzen des Wertwandels für die Arbeit in der öffentlichen Verwaltung zeigen sich u.a. in der Abschwächung des dienenden Aufopferungsgedanke, der in der Vergangenheit mit der Verwaltungstätigkeit verknüpft war. Neuen Erwartungen und Bereitschaften stehen jedoch zumeist nach wie vor unverändert bürokratisch-monokratische Organisationsformen gegenüber[93] - eine Konstellation, in der die friktionslose Aufgabenerfüllung gefährdet sein kann und auf diesem Weg die Fähigkeit der Organisation, öffentliche Aufgaben optimal zu erfüllen, selbst in Frage stellt. Das Management öffentlicher Verwaltungen sieht sich also der Herausforderung gegenüber, sich auf die veränderte Arbeitsmotivation der Mitarbeiter einzustellen und auf diese Weise motivierte und leistungsstarke Mitarbeiter zu gewinnen.

3.4.2 Konsequenzen für das Personalmanagement und die Beschäftigten

Wir gehen von der im hohen Maß „motivationsabhängig" gewordenen Arbeitsleistung der Bediensteten aus. "Volle Hingabe", wie sie von Beamten erwartet wird, ist nicht

---

[89]   Klages 1993, S. 33

[90]   Siehe Neuberger 1994, S. 81.

[91]   Diese Überlegung knüpft an Arbeiten von Bolte/Voß an; näher ausgeführt bei Jäger 1993, S.110 ff.

[92]   Becker 1993, S. 41.

[93]   Dazu weiters in der Untersuchung von Jäger u.a. 1996.

länger das Ergebnis reinen Pflichtgefühls. Persönliches Engagement muß infolge der Einstellungsveränderungen der Bediensteten von "Pflicht- und Akzeptanzwerten" zu Werten der "Selbstentfaltung" (mitunter auch "Selbstbehauptung") als ein Produkt des Arbeitsprozesses selbst betrachtet werden. Angesichts unterschiedlicher Motivationsbereitschaft der Bediensteten besteht die besondere Herausforderung für das Personalmanagement darin, situations- und mitarbeiteradäquate Motivationsstrategien zu entwickeln. Gelingt dies, so lasse sich Klages zufolge „eine ungewöhnliche Leistungsenergie" freisetzen; gefragt sei also eine „intelligente Potentialnutzung".[94] Zudem erwächst aus der demographischen Entwicklung (Sinken der Geburtenziffer) seit dem Beginn der 80er Jahre ein weiterer Problemdruck zur Modernisierung - zukünftig konkurriert die Verwaltung mit privaten Arbeitgebern um qualifizierte Arbeitskräfte.[95]

Die Erfolgsevaluierung personalbezogener Maßnahmen der öffentlichen Verwaltung auf Modernisierungsdefizite weist weiterhin einen beträchtlichen Handlungsbedarf aus, trotz unterschiedlich ausgefeilter Führungs- und Delegationsmodelle und allenthalben eingeführter Projektorganisation mit nicht-hierarchischen Managementformen. Selbst gegenwärtige Zufriedenheiten der Mitarbeiter täuschen nicht über Probleme mit brisanter Zukunft hinweg. "So ist aus den vorliegenden Untersuchungsergebnissen abzulesen, daß die Mehrzahl der Verwaltungsmitarbeiter den Eindruck hat, bei ihrer Tätigkeit ihre Fähigkeiten und Kenntnisse nicht voll einsetzen zu können. Weiterhin gibt es einen gewaltigen Überhang an unerfüllten Aufstiegsinteressen, eine sehr heftige Kritik am Übermaß kaum noch zu überschauender und auch oft nicht praxisgerechter Vorschriften, einen Leidensdruck angesichts allzu eng erscheinender Handlungsspielräume, eine extrem schlechte Bewertung der Leistungsgerechtigkeit der Beförderungspraxis, wie auch ungezählte Klagen angesichts unausreichender Fortbildungsmöglichkeiten."[96]

Wie aber läßt sich nun Motivation im Arbeitsprozeß "produzieren"? Der Antwort geht folgende Doppelthese voraus: a) Die Verwaltung muß (und kann) sich an einem Rahmen- oder Leitkonzept orientieren, das sich wiederum an einem "Zieltypus" des wünschenswerten Mitarbeiters ausrichtet. Klages schlägt hierfür den von ihm als „aktiven Realisten" bezeichneten Typus vor, weil der eine "organisationsfähige sozialpsychologische Realität" verkörpere. b) Es gehört zu den Personalführungs- und -entwicklungsaufgaben der Vorgesetzten auf den verschiedenen Ebenen, die Motivierungsbedingungen personenbezogen auf eine Weise auszudifferenzieren, daß eine typenspezifische Optimierung erreicht werden kann bei weiterer Orientierung an dem o.g. Zieltypus. Motivationsfördernde Bedingungen stellen vor allem dar

---

[94] Klages 1993, S. 196.

[95] Ob diese Entwicklung gegebenenfalls zu 'Sonderkonditionen' der Gesamtarbeit in der Verwaltung führt, bleibt gegenwärtig Spekulation, ist gleichwohl nicht auszuschließen.

[96] Klages 1993, S. 202.

- Geld, jedoch nur in Verbindung mit einem strikten Leistungsbezug,

- Führen durch Ziele und ähnliche managementtheorethische Ansätze,

- Controlling im Sinne eines angemessen gestalteten Gesamtinstrumentariums,

- Optimierung der Arbeitsbedingungen und der individuellen Kenntnisse und Fertigkeiten,

- immaterielle Anreize wie Lob und Anerkennung, darüber hinaus auch Sowohl-als-auch-Anreize, etwa leistungsbezogene Beförderungsaussichten,

- Tätigkeiten, die Erfolgserlebnisse zulassen, weitgehende Entscheidungs- und Verantwortungs-Dezentralisierung sowie die Ausschöpfung vorhandener Delegationsmöglichkeiten, ggfs. wiederum in Verbindung mit Führen durch Ziele,

- Tätigkeiten, die vom Mitarbeiter als interessant oder angenehm empfunden werden, evtl. auch eine den Wünschen des Mitarbeiters Rechnung tragende Arbeitsplatzzuweisung, Arbeitsgestaltung bzw.-strukturierung, kooperative Führung,

- eine leistungsbezogene Arbeitsatmosphäre, Corporate Identity. Dies kann auf der überbetrieblichen Ebene ein Dienstleistungs-Ethos des öffentlichen Dienstes, aber auch ein Zugehörigkeitsstolz zu einem bestimmten Verwaltungsbereich und auf der Ebene einzelner Organisationseinheiten kooperative Führung sein,

- Abwesenheit von Motivationsbarrieren, etwa weil vorstehende Motivationsbedingungen außer acht gelassen wurden. Hinzu kommen Konflikte wegen unklarer Zuständigkeitsregelungen oder Aufgaben- und Leistungsvorstellungen, daneben aber auch hohe Ausprägungen von "Furcht vor Mißerfolg". Gefordert sind hier die Organisations- und Koordinationsfähigkeit der Führungskräfte und ein unsicherheitsabsorbierender (d. h. wiederum kooperativer) Führungsstil.[97]

Dem vor oder im Modernisierungsprozeß stehenden Verwaltungspraktiker sind an Klages orientierte Motivationsbedingungen zumindest heuristisch wertvoll. Allerdings greift hier Neubergers Einwand gegen die Wertwandelforschung, die komplexe wirtschaftliche, rechtliche, wissenschaftliche, gesellschaftliche Veränderungen aus einem Sachverhalt erkläre, indem sie personalisierend auf Wertwandel bezogen seien. Entsprechend schienen für die Personalarbeit zwei einfache Strategien ableitbar: "Beschaffung von Personal mit geeigneten Werthaltungen (bzw. Abbau von Mitarbeitern mit unangemessenen Werten) oder Entwicklung der „richtigen" Werthaltungen durch PE-Maßnahmen. Dabei wird Werten als verinnerlichten Orientierungs- und Handlungsprogrammen eine allgemeine Steuerungspotenz zugeschrieben, die gerade in Zeiten verringerter Geschlossenheit, Transparenz und Stabilität gesellschaftlicher (Sub-)Systeme attraktiv wird. ..."[98] Ein ausschließlich funktionales Verständnis von

---

[97] ders., S. 205 ff.

[98] Neuberger 1994, S. 82.

Motivation bei der "Produktion von Motivationsbedingungen" könnte die Authentizität der Maßnahmen in Frage stellen, mit erwartbaren Gegenreaktionen der Mitarbeiter.[99] Zudem erscheint die Berücksichtigung von Mitarbeiterinteressen bei der personenbezogenen Verwaltungsmodernisierung nicht nur aus Gründen der Motivation von Bedeutung. Der Aspekt der Mitarbeiterbeteiligung als Modernisierungs*erfordernis* steht bisher weitgehend hintan, obwohl doch der Beschäftigte selbst der 'erste Experte' seiner Arbeitsbedingungen ist, mit vielfältigem Erfahrungswissen, mit technischer Kreativität und sozialer Phantasie.

Die Erweiterung der Handlungsspielräume der Organisationsmitglieder durch Abbau dirigistischer Regelungen, die Anreicherung der Tätigkeiten, die Förderung der Teamarbeit und partizipative Führungsstrukturen könnten das manageriale Interesse an motiviertem und engagiertem Personal und das Interesse der Mitarbeiter an sinnvoller Arbeit und an Entfaltungsmöglichkeiten zusammenführen. Jedoch ist Beteiligung im Grundsatz gegen Hierarchien gerichtet.[100]

Jäger/Scharfenberger/Scharfenberger beschreiben das Dilemma, vor dem die Organisationsleitung steht: "Einerseits soll sie - so die neuere Debatte - zur Effektivitätssicherung den veränderten Ansprüchen der Organisationsmitglieder an ihre Tätigkeiten innerhalb der Organisation mit der Forderung nach Partizipation, Selbstbestimmung, demokratischen Entscheidungsstrukturen, Zusammenfassung von Planung und Ausführung und damit Demokratisierung der Organisation entgegenkommen. Andererseits erfordert die Sicherung der Herrschaftsverhältnisse und die Stabilisierung der bestehenden Organisationsstrukturen mit der gerade bei der öffentlichen Verwaltung in besonderem Maße notwendigen Kontinuität des Verwaltungshandelns als Grundlage von Vorhersehbarkeit, Berechenbarkeit, Nachvollziehbarkeit und damit Nachprüfbarkeit ihrer Entscheidungen aus Sicht der Verwaltungsführung, die Organisationsmitglieder am Entscheidungsprozeß nicht teilnehmen zu lassen."[101]

Neuere privatwirtschaftliche Managementkonzeptionen versuchen, die Gefahr "chaotischer Unkontrollierbarkeit" (Wiendieck) beim Übergang von kontrollierenden zu freilassenden Arbeitsstrukturen dadurch einzudämmen, daß sie den neuen Freiheiten gleich wieder subtile Fesseln anlegen, was gelegentlich mit dem Begriff der "kontrollierten Autonomie" ausgedrückt wird. Diese subtilen Fesseln heißen "Organisationskultur", sofern sie wie der Technikeinsatz lediglich als eine weitere Variable des planvollen, organisierten betrieblichen Handelns begriffen werden (die Mit-

---

[99] "Motivation läßt sich nicht herbeizaubern durch plumpe Tricks des Bestrafens und Belobigens. Die Mitarbeiterinnen und Mitarbeiter wollen vielmehr gefordert werden. Sie wollen eine Arbeit, die Entwicklungs- und Entfaltungsmöglichkeiten bietet, eine Arbeit, die Sinn macht." Halblützel 1995, S. 144.

[100] Vgl. Wiechmann/Kißler 1993.

[101] Jäger u.a. 1996, S. 36.

arbeiter sollen wie selbstverständlich gemeinsamen Werten folgen, Qualität fördern und Kosten sparen) und "Controlling". (s.o.). Für öffentliche Verwaltungen noch wichtiger als für die privatwirtschaftlichen Unternehmungen gilt: Umstellungen lassen sich nur mit Betroffenen realisieren, „die frühzeitig informiert, beteiligt, vorbereitet und geschult werden. Der Versuch, technisch-organisatorische Fakten zu schaffen, denen sich das Personal nur noch anzupassen hat, konfligiert mit der Idee, sensible, kompetente und engagierte Personen zu gewinnen, die Motor, nicht Bremser der Entwicklung sind."[102]

Aus der Perspektive der Beschäftigten in Landesversicherungsanstalten könnte der gesellschaftliche Wandel diese Konsequenzen nach sich ziehen:

Der steigende Anteil alter Menschen an der Gesamtbevölkerung, verbunden mit einer Verschiebung der Erwerbsstruktur in der Bevölkerung hin zu den Angestelltenberufen (Tertiarisierung), verstärkt den Druck auf bisherige Organisationsstrukturen der Rentenversicherung mit Änderungen des Tätigkeitsprofils vieler Mitarbeiter. Hinzu treten bereits eingeleitete Dezentralisierungsbestrebungen einiger Anstalten, die regionale Mobilität zur Folge haben. Die Umsetzung von Sparmaßnahmen im Verwaltungsbereich und weitere Rationalisierungsaktivitätern infolge des "Berger-Gutachtens" zeitigt Stellenabbau und Besetzungssperren. Hohe strukturelle Massenarbeitslosigkeit wirkt sich auf die Situation der Beschäftigten indirekt insofern aus, als mit qualifizierten Nichtbeschäftigten ein Potential fiktiver Konkurrenten zur Verfügung steht, das zur Disziplinierung der Arbeitsplatzbesitzer verwendet werden kann und zu einer Zunahme ungesicherter Beschäftigungsverhältnisse bei neuen und jüngeren Mitarbeitern führen wird. Der Wandel in den Familienstrukturen bedeutet die Angleichung der Erwerbstätigkeitsdauer von immer mehr weiblichen Beschäftigten an die der männlichen Kollegen. Dieser Umstand kann für die zahlreichen weiblichen Angestellten bei den Landesversicherungsanstalten in untergeordneten Positionen Perpektivlosigkeit bedeuten, sofern nicht Möglichkeiten zu einer Höher- oder Andersqualifizierung geschaffen werden. Die Ansprüche der Mitarbeiter an eine sinnvolle Tätigkeit treffen in vielen Bereichen der Massenverwaltung der Landesversicherungsanstalten auf eine ausgeprägte hierarchisch gegliederte Arbeitsorganisation. Tritt hinzu, daß durch den EDV-Einsatz selbständiges Arbeiten nur bedingt möglich ist, orientieren sich die Beschäftigten möglicherweise an anderen Feldern der Erwerbstätigkeit, wie beispielsweise im Anschluß an die Vereinigung der beiden deutschen Staaten geschehen. Sofern Ausweichchancen dieses großen Stils nicht gegeben sind, trägt ein wachsendes Frustrations- und Unzufriedenheitspotential der Beschäftigten zu einer Dienst-nach-Vorschrift-Einstellung bei. Wie sich die Einstellung der Mitarbeiter zur Arbeit ändert, ist auch ein Einstellungswandel der Klienten gegenüber der Verwaltung hin zu mehr Mündigkeit

---

[102] Wiendieck 1993, S. 36.

voraussehbar.[103] Sofern sich die Zuständigkeit der Landesversicherungsanstalten tatsächlich, wie im ASMK-Modell gefordert, auch auf die Angestellten erstreckt, nimmt auch die Zahl der "schwierigen Klienten" zu - und erschwert das Festhalten an bürokratischen Verhaltensmustern im Klientenkontakt.[104]

3.5 Zusammenfassung

Der Strukturwandel der Gesellschaft erfaßt Klienten wie Mitarbeiter der öffentlichen Verwaltung und der Landesversicherungsanstalten gleichermaßen. Der Wandel macht eine größere Dienstleistungsorientierung nach außen und nach innen erforderlich, steigen doch die Bedürftigkeit ebenso wie die Ansprüche der Klienten und sind die Beschäftigten allein unter der Bedingung interessanter, selbständiger und sinnvoller Arbeit bereit, ihre an die Bürokratie angepaßten Verhaltensweisen aufzugeben. Seminare, in denen die Freundlichkeit im Umgang mit Kunden geübt wird, reichen für diese Umorientierung nicht aus. Erforderlich ist vielmehr eine Veränderung der internen Kooperation und der Strukturen der Arbeitsorganisation. Der Einsatz moderner Informations- und Kommunikationstechnik entlastet die Sachbearbeitung von Routineaufgaben, findet jedoch seine Grenze in der Dequalifizierung der Sachbearbeitertätigkeiten. Moderner Technikgebrauch rechtfertigt die Beschränkung beruflicher Qualifizierung der Mitarbeiter in der Linie auf alleinige Anpassungsfortbildung nicht. Wirtschaftliches Handeln ist auch im personellen Bereich erforderlich, jedoch lassen sich die Finanzierungsprobleme der gesetzlichen Rentenversicherung bei einem Verwaltungskostenanteil von 2 % der Gesamtausgaben einer Landesversicherungsanstalt durch weitere Reduzierung der Personalausgaben nicht lösen. Vielmehr besteht die Gefahr, daß überzogene Sparmaßnahmen die Beschäftigten stark beschneiden und demotivieren.

---

[103] In diesem Kontext steht Klages' Hinweis (1993, S. 192 ff) auf die doppelte Betroffenheit der öffentlichen Verwaltung durch den Wertwandel. Der 'schwierige' Bürger und der 'schwierige' Mitarbeiter seien simultan auftretende Probleme.

[104] In Interviews mit Repräsentanten verschiedener Personalabteilungen wurde mehrfach die Befürchtung laut, Angestellte brächten zu einer Beratung gleich ihren Rechtsanwalt mit.

4   Konzeptionen der Personalentwicklung in der öffentlichen Verwaltung

Im Mittelpunkt dieses Kapitels stehen die relativ festen Erwartungen, die sich mit 'Personalentwicklung' verbinden. Die Ausführungen orientieren sich an einem weiten Verständnis dieses Begriffs mit soziologisch relevanten Elementen.

Personalentwicklung in der öffentlichen Dienstleistungsverwaltung bezeichnet demnach den Prozeß der Anpassung des Arbeitsvermögens des Personals an die Bedingungen der Erstellung öffentlicher Dienstleistungen. Subjekt und Objekt von PE ist das Personal, und zwar in personaler, interpersonaler und apersonaler Perspektive. Das Prozeßhafte, der Entwicklungsaspekt, läßt sich dem vorherrschenden Verständnis folgend vornehmlich auf dreierlei Weise darstellen: Ein erster Ansatz sieht Entwicklung als Realisierung einer Soll-Vorstellung auf rationale und ökonomische Weise, dem entspricht das 'herrschende Entwicklungsverständnis' von Personalentwicklung. Eine andere Perspektive begreift Entwicklung als phasengegliederten Ablauf, der immanenten Gesetzmäßigkeiten folgt. Schließlich beschreibt Entwicklung eine systemische Selbstregulation, die auf Irritationen reagiert.

4.1   Personal

4.1.1 Personale Aspekte

Akteure sind die Lernenden, Teilnehmer, Mitarbeiter. Das können prinzipiell alle in der Organisation Tätigen sein. Die Akteure stehen in Beziehung zu unterschiedlichen Personen sowie zu internen und externen Einrichtungen wie unmittelbaren Vorgesetzten, der Unternehmensleitung und funktionalen Subsystemen der Unternehmung, jedoch auch zu Kollegen und zu Externen wie Schulen, Instituten, Medien oder Kunden, Lieferanten, Familien, Freunden, Gesellschaft. Darüber hinaus stehen sie in Kontakt mit untergeordneten Mitarbeitern, Lehrenden, Moderatoren, Trainern, Dozenten, Spezialisten der Fach-Abteilungen.

Zielgruppen in personaler Perspektive können ebenfalls alle Mitarbeiter sein. Beispielhaft seien genannt: Neue Mitarbeiter, Berufsrückkehrer, Stellenwechsler, zudem Personen, die von Aufgabenwegfall oder -änderung betroffen sind, z. B. Schreibkräfte, des weiteren Schwerbehinderte und Suchtkranke, ebenso Personen in Schlüsselpositionen, etwa Führungskräfte, Ausbilder, Projektleiter oder Mitarbeiter, die an Personalauswahlverfahren beteiligt sind.

Personalentwicklung im hier beschriebenen Sinne zielt in personbezogener Perspektive wesentlich auf *Kompetenzentwicklung*. Es sollen verschiedene Dimensionen wie Fach-, Sozial- und Selbstkompetenz erfaßt werden; dieses beinhaltet Qualifizierungsmaßnahmen zur Entwicklung von Fähigkeiten, Fertigkeiten, Wissen, Kenntnisse usw., also für die Aufgabenerfüllung funktionale Kompetenzen. Allerdings ist PE-Arbeit auch auf dynamische Persönlichkeitseigenschaften wie z.B. Macht- oder Kontaktmotive, Abbau oder Förderung von Rivalitäts- oder Konkurrenzdenken, Karriere- oder Leistungsmotivation, Einsatzfreude gerichtet. Ferner sollen Emotionen, Werte, Einstellungen, also Haltungen wie Loyalität, Betriebstreue, Verläßlichkeit, Sorgfalt, Mitdenken, auch Einstellungen z.B. zur Mobilität, zu Leistung und Entgelt oder Emotionen wie Angst (etwa bei Kundenkontakten), Zufriedenheit, Leistungs- oder Produktionsstolz durch stark individualisierte Maßnahmen beeinflußt werden.

Belastbarkeit, Streß- und/oder Frustrationstoleranz bzw. Fitness zu erhöhen, ist das Ziel von Personalentwicklungs-Programmen wie "rationelle Arbeitstechniken", "Zeitmanagement", "Streßmanagement". Dabei handelt es sich vielfach um "symbolic management" im Sinne einer Personalisierung betrieblicher Probleme: Nicht strukturelle Sachverhalte, Probleme und Hindernisse verursachen Belastungen und Frustrationen, vielmehr liegen diese 'Defizite' in der individuellen Unfähigkeit begründet, diesen 'Herausforderungen' konstruktiv zu begegnen. Schließlich umfaßt Personalentwicklung auch Selbstsicherheitstrainings und "life-styling-Programme" zur Stärkung der Identität und des Selbstwertgefühls (vgl. hierzu die ausführliche Darstellung bei Neuberger 1994, S. 24 ff).

4.1.2 Interpersonale Aspekte

Veränderungen der Arbeitsanforderungen in Richtung auf mehr Flexibilisierung, Individualisierung, Selbstorganisation und Selbstkontrolle der bislang lediglich Ausführenden zwingen zur *Inter*-Aktion. Die Pflege zwischenmenschlicher Beziehungen bleibt nicht mehr freiwillige Zutat, die jederzeit zurückgenommen werden kann. Immer weniger kommt es auf die bestmöglichste Arbeit an einer einzelnen Stelle, vielmehr auf die bestmöglichste Integration der Arbeiten an verschiedenen Stellen an, zunehmend auch in der öffentlichen Verwaltung.

Kooperation stellt sich freilich nicht von selbst ein, sie muß trainiert und in der täglichen Arbeit verankert werden. Entsprechende arbeitsplatznahe Maßnahmen umfassen Qualitätszirkel, Projektarbeit und Netzwerkbildung, hinzu treten arbeitsplatzferne Interventionen wie Team-Entwicklungsmaßnahmen zur Lösung von Gruppen-Problemen - zumeist mit externem Moderator, der als "neutraler Dritter" nicht in Vorgeschichte(n) und Interessenpositionen verstrickt ist. Dieser Moderator übernimmt die Rolle des Experten für den Prozeß, inhaltliche Lösungen bietet er nicht an. Zu seinem Rüstzeug zählen verschiedene gruppendynamische Trainingsverfahren wie Sensitivity Training, Encounter Group, Awareness Training oder Gestalt Training etc., aber auch Rollenklärungsverfahren und Rollenverhandeln. Häufig bleibt die PE-Wirkung verschiedener Interventionen nicht auf die interpersonelle Dimension beschränkt; besonders die Einrichtung, Nutzung und die Ergebnisse von Qualitätszirkeln, Projektarbeit und Netzwerkbildung bewirken apersonale (organisatorische, strukturelle, materielle) Effekte.

4.1.3 Apersonale Aspekte

Interpersonale Beziehungen ebenso wie Einzel-Individuen unterliegen apersonaler (struktureller, organisationaler) Formbestimmung. Wichtige Charakteristika der Personalentwicklung in apersonaler Perspektive sind beispielsweise die Vernetzung mehrerer Gruppen; Hierarchie, Verantwortlichkeiten; Formalisierung, Standardisierung, Normierung; Organisationskultur, Leitbilder, Leitlinien; Wandel, Krisen sowie Interessen und Macht.

4.1.3.1 Vernetzung mehrerer Gruppen

Zwischengruppen-Beziehungen innerhalb einer Verwaltung neu zu regeln, geht auf die empirische Erfahrung zurück, daß Beziehungen nicht Harmonie oder einsichtige Unterordnung unter ein gemeinsames Gesamtziel kennzeichnen, vielmehr durch politische Aktivitäten geprägt sind, die den Aufbau von Macht zur Durchsetzung von Interessen zum Inhalt haben. Mit der Optimierung der Intergruppen - Beziehungen werden Synergieeffekte angestrebt.

4.1.3.2 Hierarchie, Verantwortlichkeiten

Hierarchie und Verantwortlichkeiten in bürokratischen Organisationen (wie beispielsweise die öffentliche Verwaltung in ihrer herkömmlichen Struktur) weisen sich in der Regel durch rigide Informations-, Entscheidungs-, Kompetenz- und Verantwortungshäufung bei wenigen Organisationsmitglieder der Leitungsebene aus, unter Ausschluß der Mitgliedermehrheit von zentralen, die Verwaltung bestimmenden Prozessen. Qualitative Veränderungen der intraorganisationellen Entscheidungsvorgänge setzen Dezentralisierung und Delegation im nennenswerten Umfang voraus (vgl. Jäger u.a. 1996, S. 110). Zu den "klassischen" Reorganisationsprojekten als Personalentwicklungs- oder Organisationsentwicklungsmaßnahmen zählen die Art und Technik der Gestaltung von *Über-Unterordnungsbeziehungen,* d.h. durch 'Entschluß der Spitze' sollen Kompetenzen (Einflußbereiche) neu geordnet werden, mit häufig negativen Folgewirkungen für interne Beziehungsstrukturen und Interaktionsqualitäten. Ihnen entgegenzuwirken dient die Absicht, externe Beraterfirmen mit dem Entwurf und der Verwirklichung solcher Änderungen betrauen.

4.1.3.3 Formalisierung, Standardisierung, Normierung

Handeln in Organisationen erfordert die "apersonale" Fixierung von Handlungsimperativen, um sicherzustellen, daß auch ohne unmittelbare kommunikative Abstimmung gehandelt werden kann. Beispiele sind Verfahren zur Personalbeurteilung oder zur Personal- oder Führungskräfteauswahl (z.B. Assessment-Center), Stellenbewertung, Arbeitszeitsysteme, neue Technologien, Arbeits- und Umfeldgestaltung oder die Einführung eines neuen Berichtswesens. Dysfunktionale Nebenwirkungen solcher Vor-Regelungen können Bürokratismus, Starrheit oder Pedanterie sein. Ein Anliegen der Personalentwicklung ist daher, diesen Folgen zu begegnen und Flexibilität, Augenmaß, Zivilcourage, gesunden Menschenverstand usw. als *Gegengewichte* gegen erstarrenden Formalismus einzuführen (z.B. durch Gremienarbeit oder task forces).

4.1.3.4 Organisationskultur, Leitbilder, Leitlinien

Wer die Organisationsziele verinnerlicht hat und ihnen wie selbverständlich folgt, braucht dazu nicht mehr eigens angehalten zu werden. Insofern kann direkte Kontrolle zumindest in Teilen durch eine neue Form zentraler, normativer Steuerung ersetzt werden. Aus Sicht des Managements erwächst zum Problem, daß die Einflüsse der *Organisationskultur* - nach Holleis umfaßt sie die Gesamtheit der im Unternehmen/in einer Organisation bewußt oder unbewußt, symbolisch oder sprachlich tradierten Wissensvorräte und Hintergrundüberzeugungen, Denkmuster und Weltinterpretationen, Wertvorstellungen und Verhaltensnormen, wie sie im Denken, Sprechen und Handeln der Unternehmens-/Organisationsmitglieder regelmäßig zum Ausdruck kommen - zum einen nicht immer den Organisationszielen zuträglich sind, zum anderen innerhalb der Organisation unterschiedliche Wertvorstellungen vorherrschen, etwa zwischen verschiedenen Abteilungen, also Subkulturen bestehen. Auch ist mit Verweis auf den Faktor Zeit eine Inkongruenz von Wertvorstellungen und Umweltbedingungen nicht auszuschließen oder: die propagierte Kultur entspricht nicht der gelebten Organisationskultur.

Erst die Praxis läßt die Organisationsmitglieder erfahren, inwiefern der manageriale Appell an gemeinsame Ziele und betriebliche Harmonie nicht einer getarnten Rationalisierung und der Konsolidierung bestehender Herrschaftsstrukturen dient. Wachsamkeit auf Seiten der Beschäftigten ist zudem insofern angebracht, als offenbar Managementstrategien zur Etablierung einer gewünschten Organisationskultur durchaus wirksam sein können, wenn zunächst eine "kulturelle Sensibilität" (Sackmann), also ein Bewußtsein für die gegenwärtige Kultur entwickelt wird, auf dessen Hintergrund konkrete und konsistente Handlungen erfolgen.

Leitbilder beschreiben einen erreichbaren Sollzustand, der die Bedürfnisse der Organisation mit jenen der Mitarbeiter verbindet und daher für ein gemeinsames Handeln wie auch in Konfliktfällen eine Orientierungsmöglichkeit darstellt. Zudem markieren sie Ausgangspunkt und Anstöße für Veränderungen, beispielsweise kann ein Leitbild die Ziele einer Organisationsreform formulieren. Da Reformen zumindest für einen Teil der Organisationsmitglieder mit Kosten verbunden sind, sollte das Leitbild unter Beteiligung der Beschäftigten erstellt werden. Die Fachliteratur empfiehlt zu diesem Zweck einen kombinierten 'bottom-up-top-down-Ansatz, eine Art Gegenstromprinzip' (Stöbe), bekannt aus der Planungsdiskussion, in dem die Zielsetzungen der Verwaltungsmodernisierung und die der Mitarbeiter miteinander in Einklang gebracht werden (können). Die Umsetzung des Leitbildes muß aktiv und gezielt betrieben, bis hin zu einzelnen konkreten Produkten und Aufgaben operationalisiert werden, um Orientierungen für das alltägliche Handeln aller Beschäftigten liefern zu können. Dieses kann beispielsweise durch die Einarbeitung in Arbeitsplatzbeschreibungen und Geschäftsverteilungspläne oder durch die regelmäßige Durchführung von Personalgesprächen und durch Personalentwicklungsmaßnahmen geschehen. Auf der operativen Ebene vollzieht sich die Konkretisierung der Leitbilder in Leitlinien; sie enthalten Regelungen für die Ausgestaltung der einzelnen Handlungs- und Gestaltungsinstrumente wie z.B. das Beratungs- und Förderungsgespräch. Die Notwendigkeit der Verständigung auf Werte und die Orientierung an Leitbildern und Leitlinien im Rahmen eines PE-Konzeptes wird sich für eine Verwaltung nach Auffassung der KGSt immer deutlicher zeigen, 'je komplexer das Personalentwicklungskonzept von den angesprochenen Zielgruppen und ausgewählten Mitarbeitern her ist, je prozeßhafter die Personalentwicklung angelegt ist, je weiter die Verantwortung für Personalentwicklung auf die dezentrale Ebene verlagert werden soll, je mehr die Verwaltung bei der Umsetzung von Personalentwicklung auf vorhandene Multiplikatoren vertrauen will und je größer somit die Zahl der Träger von Personalentwicklung wird.' Wird Personalentwicklung ein genuiner Bestandteil des Handelns aller Beteiligten, verlieren Handlungsleitlinien wie Leitbild und Leitlinien zunehmend an Bedeutung.

4.1.3.5 Wandel, Krisen

In instabilen, intransparenten und mehrdeutigen Umwelten sind Organisationen fortwährend zur Anpassung, zur Änderung gezwungen. Dieser Wandel vollzieht sich kaum planvoll und bruchlos, vielmehr ruft er Konflikte und Krisen hervor, die das Überleben der Organisation zwar bedrohen können, gleichwohl sind sie für deren Fortbestand unausweichlich. Diesem Tatbestand entspricht ein systemisches Verständnis von Personalentwicklung (s.u.)

4.1.3.6 Interessen, Macht

„In Organisationen tobt das Leben" (Küpper/Ortmann). In ihnen werden heftige Kämpfe um Interessen und Macht ausgefochten, die mit „heimlichen Mauscheleien" und „gefährlichen Spielen" einhergehen. Neben das vom Management propagierte Interesse der Förderung der Organisation und ihrer Mitarbeiter treten Partikularinteressen, die in der PE eine bessere Chance der Durchsetzung eigener Ansprüche sehen. Personalentwicklung hat also mit Einsatz, Aufbau und Abwehr von Macht zu tun (vgl. Jäger u.a. 1996). Wird sie für Einzelinteressen instrumentalisiert, kann sie zu symbolischem Handeln gerinnen: Dinge werden nicht 'für sich' genommen, vielmehr als Verschleierung, Stellvertretung oder Konkretisierung eines Etwas, das noch nicht zur Wirklichkeit gelangt ist oder dessen Realität verborgen bleiben soll.

So kann beispielsweise für die Organisationsleitung der Sinn von PE darin liegen, gegenüber relevanten Anderen (z.B. politischen Gremien) Aufgeschlossenheit für moderne Managementmethoden zu demonstrieren. Das Interesse des Managements an Personalentwicklung könnte spätestens dann nachlassen, wenn im Sinne effektiver Nutzung des 'Humankapitals' Entscheidungen nach unten verlagert, Informationswege neu gestaltet und hierarchische Ebenen abgebaut werden müssen. Das Interesse an Personalentwicklung könnte auch an dem Punkt enden, an welchem Mitarbeiterpartizipation einen Verlust autonomer Entscheidungsmacht nach sich zöge. Andererseits könnte das manageriale Interesse an PE darin bestehen, durch bewußte Förderung bestimmter Personen und Personengruppen (etwa der Führungsnachwuchskräfte) Abhängigkeiten und Dankbarkeiten zu erzeugen, um die eigene Macht abzusichern. Der Appell an gemeinsame Unternehmensziele, das Hervorheben einer Verbindung von Effizienz, Produktivität, Flexibilität, Problemlösungsfähigkeit mit Partizipation, Authentizität, Selbstverwirklichung und Gesundheit mag auch dazu dienen, 'die Kühe glücklich zu machen, um sie besser melken zu können'.

Die Beschäftigten ihrerseits verbinden mit Personalentwicklung ebenfalls Orientierungen, die nicht dem Organisationsinteresse dienen und auch nichts mit den verkündeten Mitarbeiterzielen zu tun haben müssen (s.u.).

Sofern Personalentwicklung das Ziel effektiveren Wirtschaftens und die Aufhebung von "Gemütlichkeitsnischen" verfolgt, werden manche Beschäftigte PE zu vermeiden suchen; andere hingegen sehen in den Seminaren eine willkommene Abwechslung im Berufsalltag und entlohnte Freizeit; wieder andere erhoffen sich durch Qualifizierungsmaßnahmen einen Karriereschub oder bessere Chancen auf dem Arbeitsmarkt. Aus diesen Gründen liegt es im Interesse der Organisation, die im PE-Rahmen entstehende Vielzahl der Partikularinteressen im Sinne der Organisationsziele zu bündeln.

4.2 Entwicklung

Der Prozeß-Aspekt von Personalentwicklung läßt sich auf zumindest drei grundlegend verschiedene Weisen beschreiben.

Das *Problemlösungsmodell* geht davon aus, daß PE rational geplant werden kann und muß. Der Prozeß der Implementierung hat schrittweise zu erfolgen und ist mittels Controlling zu evaluieren. Diese Entwicklingsvorstellung eines "one best way" der Organisationsgestaltung ist verlockend. Im Modell läßt sich eine "Packliste" aufstellen. Der Reformer muß dann seinem "Rucksack" lediglich das für die jeweilige Wegstrecke der Reform passende Mittel entnehmen, um an sein Ziel zu gelangen. Die neuere organisationstheoretische Forschung steht dem Gedanken eines "one best way" kritisch gegenüber: „Grob gesprochen waren es vor allem sechs Problemkomplexe, die der schlüssigen organisationstheoretischen Ausarbeitung des Gedankens funktionaler Rationalität zu schaffen machten: „*Erstens* die so offenkundig begrenzte Rationalität menschlicher Individuen, *zweitens* die Vielfalt von Zielen und Interessen der Organisationsmitglieder, *drittens* eine gewisse Anarchie organisationaler Entscheidungsprozesse, *viertens* machtpolitische Beeinträchtigungen der Effizienz von Problemlösungen, *fünftens* die Vielfalt kulturell bedingter Weltdeutungen und Wahrnehmungsweisen und *sechstens* - und in gewisser Weise dadurch ausgelöst und dies alles zusammenfassend - die systemtheoretische Frage nach der Funktion von Zwecken in Organisationen und den Grenzen des Denkens in Kategorien von Zweck und Mittel überhaupt" (Becker/Küpper/Ortmann 1992, S. 90f.).

Evolutionsmodelle zeigen beobachtbare Regelmäßigkeiten in der Entwicklung von Personen, Gruppen und Organisationen auf. PE-Maßnahmen, die diese Zusammenhänge außer acht lassen, drohen aus dieser Sichtweise ineffektiv, zumindest ineffizient zu werden. Personalentwicklung sollte sich an den Lebensentwürfen und Ausgangsbedingungen von Personen orientieren, mit diesen Chancen und Restriktionen arbeiten und für jede Entwicklungsstufe maßgeschneiderte Konzepte anbieten. Wie bei Personen oder Gruppen geht dieser Ansatz auch bei Organisationen von regelhaften Entwicklungsverläufen aus. Bestimmte "Lebensphasen" der Organisation benötigen und vertragen bestimmte PE-Interventionen. Die organisationstheoretische Kritik dieser Modelle verweist insbesondere auf den grundlegenden Determinismus und die ungeprüfte biologische Metaphorik. Auch wenn Evolutionsmodelle eine empirische Evidenz zumindest für die Gründungs- und die sich daran anschließende Zeit besitzen, bleibt das Defizit der Vernachlässigung autonomer Akteure und ihrer Strategien (vgl. Türk 1989, 1995).

In *systemischer* Perspektive werden Organisationen als sich laufend verändernde soziale Beziehungsgeflechte betrachtet, die in Interaktion mit ihrer Umwelt stehen. Veränderungen in einem Teilbereich der Organisation ziehen Veränderungen in anderen Bereichen nach sich und haben Folgen für die Gesamtorganisation. Da angesichts der Komplexität von Organisationen kein vollständiges Bild über die Folgen von Entscheidungen gewonnen werden kann, zudem im Laufe des Entscheidungsprozesses sich die Situation selbst aufgrund eigendynamischer Prozesse wandelt, kennzeichnen vielfach Undurchsichtigkeit, Ungewißheit und Instabilität unternehmerische Entscheidungen. Um in turbulenten Zeiten bestehen zu können, kommt es für Organisationen darauf an, schnell auf Veränderungen zu reagieren oder im Vorfeld zu agieren. Dieses Erfordernis setzt unternehmensintern die Fähigkeit zur Veränderung und zu Innovationsprozessen voraus. Personalentwicklung müßte demnach als Teil des hypothetischen Netzwerks von Einflußgrößen für Entscheidungen in Unternehmen ihren Teil zur Schaffung günstiger Bedingungen für eine lernfähige Organisation beitragen (vgl. Garvin 1994).

4.3 Zielsetzungen der Personalentwicklung

Wird Entwicklung als rational gestaltbarer Prozeß verstanden, steht die Anpassung des Arbeitsvermögens der Beschäftigten an definierte Zielvorstellungen im Mittelpunkt. Personalentwicklung dient dann vorwiegend einem "rationalen Lückenmanagement" (Neuberger). Steht allerdings der von Klages beschriebene Typus des 'aktiven Realisten' im Zentrum der Entwicklungsmaßnahmen, wird das Management Maßnahmen der Kompetenzförderung in Verbindung mit einem kooperativen Führungsstil begünstigen. Entwicklung im Sinne eines phasengegliederten Ablaufs dagegen setzt der PE das Ziel, für jede Phase des Berufslebens, für jede Gruppensituation und für das jeweilige "Alter" der Organisation die 'richtigen' Maßnahmen anzubieten. Ein systemisches Entwicklungsverständnis schließlich strebt optimale Rahmenbedingungen für eine freie Entfaltung des innovativen Potentials der Organisation an.

Welches Interesse könnten nun die Beschäftigten an Personalentwicklung artikulieren, welche Gefahren könnten sie sehen und mit welchen Folgen rechnen?

Die 'Entdeckung der human ressources' durch das Management dürfte zunächst der Zustimmung von Beschäftigten, Personalvertretung und Gewerkschaften sicher sein, die reale Erfahrung mit Personalentwicklung allerdings dämpft die Erwartungen der Betroffenen, zumal in Zeiten der Haushaltskonsolidierung.

Eine Untersuchung von Kühnlein/Wohlfahrt bei Mitarbeitern von Kommunalverwaltungen brachte die Befürchtung zutage, die bereits eingeleiteten Sanierungsmaßnahmen könnten sich einseitig zu Lasten der Beschäftigten auswirken. So wurde von bereits erlebter Zunahme der Arbeitsbelastungen, Verschärfung des Konkurrenzdruckes, Verschlechterung der Aufstiegsbedingungen und Unsichererwerden des eigenen Arbeitsplatzes berichtet. Personalentwicklungs- und -qualifizierungskonzepte waren im von Kühnlein und Wohlfahrt vorgestellten Fall kaum vorhanden. Als Ergebnis ihrer Untersuchung fassen die Autoren zusammen: „..., so zeigt sich ein Negativwechselspiel von zu starren, mobilitäteinschränkenden Rahmenbedingungen des öffentlichen Dienstes und verwaltungsbezogenen Modernisierungsentscheidungen, die die normativ hervorgehobene strategische Bedeutung des Faktors Personal weitgehend ignorieren bzw. unter den Gesichtspunkt der Haushaltskonsolidierung subsumieren. ... Ohne die grundlegende Veränderung von Arbeitsstrukturen, Mobilitätsbedingungen und Organisationsstrukturen könnten sich die 'neuen Steuerungsmodelle' einmal mehr als 'leere Versprechungen' erweisen, weil sie den entscheidenden Faktor der Modernisierung nicht ausreichend berücksichtigt haben" (1994, S. 89 f.)

Neben der Finanznot der Gemeinden und anderer öffentlicher Verwaltungen könnte ein Grund für die Mißachtung von Mitarbeiterinteressen in einer generell schwächeren Position der Arbeitsplatzbesitzer zu Zeiten andauernder Massenarbeitslosigkeit liegen. Trifft diese Vermutung zu, scheint auch das Management öffentlicher Verwaltungen eher vermehrt auf die disziplinierende Wirkung ungesicherter Zeitarbeitsverhältnisse als auf die Förderung des Personals zu setzen. Unter diesen Bedingungen geriete jedoch das von Heisig/Littek beschriebene informelle wechselseitige Vertrauensverhältnis zwischen Vorgesetzten und Mitarbeitern im Dienstleistungsbereich in Gefahr. Die Beschäftigten werden sich nämlich allein dann um Vertrauensbeziehungen bemühen, sofern ihnen diese Verkehrsform Vorteile gegenüber anderen Sozialformen bietet. „Nur dann sind sie nämlich bereit, den hohen Anforderungen, die ein solches System an ihre Leistungsbereitschaft und Flexibilität stellt, nachzukommen und das ihnen durchaus bewußte Risiko fehlenden kollektiven Schutzes zu tragen" (1993, S. 122). Der Appell an die Mitarbeitermotivation dürfte deshalb ungehört verhallen, wird er nicht durch den Erhalt von Arbeitsplätzen, bessere Arbeitsbedingungen, Mitgestaltungsmöglichkeiten bei Modernisierungsmaßnahmen und verbesserte Entlohnung verstärkt. Töpfer/Funke nannten bereits früher (1985, S. 285) die Anforderungen der Personalvertretung und der Gewerkschaften an Organisationsentwicklungsmaßnahmen, die weitgehend auf die moderne Personalentwicklung bezogen werden können:

- Sicherung der *formalen Mitbestimmung* der Personalvertretung,

- Sicherung ausreichender *Information* der Personalvertretung und Mitarbeiter,

- Sicherung einer offenen und umfassenden *Diskussion,*

- Sicherung von *Einfluß auf Ziele und Inhalte,*

- Sicherung von *Einfluß auf Entscheidungen,*

- Sicherung der *Ergebnisse und Konsequenzen.*

4.4 Handlungs- und Gestaltungselemente

Aus einer Vielzahl entsprechender Elemente einige Beispiele:

1. Mitarbeiterbefragung

Klages/Gensicke/Haubner betonen die Stärke der Mitarbeiterbefragung als Instrument einer umfassenden Verwaltungsmodernisierung gerade am Anfang des Modernisierungsprozesses und in Verbindung mit anderen Maßnahmen der Bestandserhebung. Sie kann beispielsweise der Zufriedenheitsabfrage dienen und zur Feststellung dessen, was den Mitarbeitern wichtig ist, eingesetzt werden - Maßnahmen, die eine personalbezogene Potentialermittlung erleichtern. Anhand der erhobenen Daten lassen sich Soll-Größen ermitteln, die der Personalentwicklung als Planungsunterlage dienen können. Sie läßt Stark- und Schwachstellen erkennen, die wiederum eine Optimierungsstrategie ermöglichen.

2. Überprüfung der Stellenstruktur

Soll das Arbeitsvermögen des Personals durch PE verbessert werden, ist es ein zentrales Anliegen, stimmige Beziehungen zwischen Personen- und Positionsmerkmalen herzustellen. Hält das Management an dem Grundsatz fest, 'der richtige Mann/ die richtige Frau' gehöre an den 'richtigen' Platz, ist zunächst die Beschaffenheit der 'richtigen' Plätze festzulegen; dazu dient eine Überprüfung der Stellenstruktur. Zuordnungsprobleme können sich etwa bei unscharfer Ausprägung der Anforderungsprofile der Stellen ergeben *oder:* die vorhandenen Stellenbeschreibungen bzw. Eingruppierungen entsprechen nicht mehr den Anforderungen *oder:* es gibt zwischen den Wertigkeiten vergleichbarer Stellen und gegebenenfalls auch zwischen den hinter ihnen stehenden Anforderungsprofilen sachlich und personalplanerisch unbegründete, 'historisch gewachsene' Unterschiede *oder:* die den Stellen zugeordneten Arbeits- und Entscheidungsfunktionen sind veraltet, also etwa Delegationsmöglichkeiten werden nicht/ nicht vollständig ausgeschöpft oder können nicht entsprechend genutzt werden. Neben der Überprüfung der einzelnen Stellenmerkmale - durch die Überarbeitung der Stellenbeschreibungen - und neben der jährlichen Stellenplanung ist eine mittelfristige Stellenplanung vonnöten, die Änderungsvormerkungen enthält, welche beim Freiwerden einer Stelle automatisch in Kraft treten.

3. Personalbeurteilung, Mitarbeitergespräche, Assessment-Center-Verfahren

Mit standardisierten *Beurteilungsverfahren* herkömmlicher Art wird versucht, sowohl die Management-Perspektive (Beurteilung als Mittel der Personal-Selektion und zur Potentialeinschätzung) als auch die der Beschäftigten (Beurteilung als Kommunikationsmittel durch feedback von Seiten des Managements) in einem System zu integrieren. Die Beurteilung soll also der Auswahl, der Kontrolle und der Rückmeldung an den Beschäftigten dienen. In jüngerer Zeit formuliert sich Kritik an diesem Verfahren selbst, zudem an der Unzulänglichkeit der veralteten bzw. unpassenden Beurteilungsbogen und willkürlicher Beurteilungspraxis. Der Haupteinwand richtet sich gegen die Doppelfunktion der Beurteilung als Instrument der Selektion und Kommunikation sowie der damit verbundenen doppelten Anforderung an die Vorgesetzten (die Mitarbeiter sehen die Vorgesetzten eher als Helfer, die Organisation will sie als Richter). Ebenso stehen methodische Aspekte in Frage, beispielsweise die Annahme objektiver Vergleichsmöglichkeiten. Anstelle standardisierter Beurteilungssysteme bzw. als Ergänzung dazu, solange die Personalbeurteilung herkömmlicher Art für Beamte gesetzlich vorgeschrieben ist, empfehlen Kritiker individualisierte, prozeßorientierte Verfahren, die nach Beurteilungsfunktionen unterscheiden und auf den Anspruch der Vergleichbarkeit verzichten. Der Kommunikations- und Personalführungsfunktion seien Mitarbeitergespräche angemessener, der Selektionsfunktion Auswahlverfahren wie Auswahlgespräche oder Assessment- Center-Verfahren.

Das *Mitarbeitergespräch* umfaßt nach der Konzeption der KGSt vier Gesprächselemente:
- Zielvereinbarungsgespräch,
- Kooperationsgespräch,
- Gespräch über die Modernisierung der Verwaltung,
- Gespräch über die Entwicklung und Erhaltung der Leistung.

Unter dem Aspekt der Personalentwicklung soll das Mitarbeitergespräch dazu beitragen, die Verantwortung der Vorgesetzten für die Potentialerkennung und -entwicklung sicherzustellen, die Fortbildungs- und Entwicklungsziele mit den einzelnen Mitarbeiterinnen und Mitarbeitern festzulegen, Lernprozesse (gerade auch am Arbeitsplatz) anzuregen und mögliche Störfaktoren zu erkennen, die "Erfolge" von Personalentwicklungsmaßnahmen festzustellen, Bedarfe für gezielte (auch psychosoziale) Beratung zu ermitteln.

Nicht der Kommunikation, sondern der Personal-Selektion dienen *Auswahlgespräche* und *Assessment-Center-Verfahren*.
Als Beispiel für *Auswahlgespräche* sei die Verfahrensweise bei der Stadt Duisburg genannt: Ausschreibung aller zu besetzenden Stellen; Zulassung der Bewerber, die die formalen und fachlichen Voraussetzungen erfüllen, in Absprache mit dem Fachamt und dem Personalrat; inhaltliche und fachliche Vorbereitung durch das Personalamt in Kooperation mit den Beteiligten (Fachamt, Personalrat, Schwerbehindertenvertretung, Frauenbeauftragte) und abschließende Erörterung. Bei der Besetzungsentscheidung werden nur die Teilnehmer an den Auswahlgesprächen berücksichtigt. Bei der Besetzung von Führungspositionen: Gruppengespräche, die durch die Beobachtergruppe vorbereitet werden (Zusammensetzung wie oben). Festlegung von Auswahlkriterien, deren Gewichtung und die Entwicklung geeigneter Aufgabenstellungen. Zu Beginn des Auswahlgesprächs Erläuterung des Verfahrensablaufs, der Aufgabenstellungen und die zu wertenden Kriterien wie z.B. Problemanalyse und Problemlösungs-

verhalten, Organisationsfähigkeit, Führungsverhalten, sprachliche Kompetenz. Bewertung nach einem moderierten Gruppengespräch. Die Entscheidung über die Besetzung (Verwaltungsvorschlag) wird von der Beobachtergruppe getroffen und dem Personalrat sowie dem Oberstadtdirektor zugeleitet, dieser hat Vetorecht.

In einem *Assessment-Center-Verfahren* (AC) durchlaufen die Teilnehmer innerhalb von eineinhalb bis zwei Tagen eine Kombination verschiedener diagnostischer Verfahren wie Verhaltensbeobachtung, Interview und Arbeitsproben, deren Lösung sie nach entsprechender Vorbereitung präsentieren. Die geschulten BeobachterInnen werten diese Präsentationen ebenso wie Diskussionen, Fallstudien und Rollenspiele nach vorab festgelegten Kriterien gemeinsam aus. Neben der Entwicklung eines verwaltungsspezifischen AC-Verfahrens sind weitere Voraussetzungen für die Anwendung die Schulung aller beteiligten Beobachter und die Rückmeldung an die Teilnehmer. Die Kritik an den AC-Verfahren richtet sich vor allem auf die Zeit- und Kostenintensität, auf die Künstlichkeit der Situation, mit großer Frustrationsgefahr bei denjenigen, die ein AC ohne Erfolg abschließen.

4. Aus-, Fort- und Weiterbildung

Ziel der Berufs-*Ausbildung* ist die erstmalige systematische Vermittlung jener Qualifikationen (Fähigkeiten, Fertigkeiten, Haltungen, Werte usw.), die für die Bewährung in einem Beruf benötigt werden, also das Einweisen in mehrwertige "Funktionsschablonen" (Neuberger), die Personen für einen vage umrissenen Kreis von Verwendungen geeignet machen.
Bei der *Fort- und Weiterbildung* dagegen geht es um die weitere erforderliche Qualifizierung, wie sie oben als das klassische Feld personorientierter Personalentwicklung beschrieben wurde. Ergänzend sei in normativer Hinsicht - neben der Notwendigkeit der Einbettung der Fort-und Weiterbildung in ein Gesamtkonzept von PE und OE - auf das Erfordernis des Praxisbezugs und Praxistransfers, einer Orientierung am Bedarf, der Ausrichtung auf Zielgruppen, der Erfolgssicherung und der Entwicklung kommunikativer und sozialer Kompetenzen sowie Führungsqualitäten hingewiesen. Dialogfähigkeit, Teamfähigkeit, Kritikfähigkeit und Rollendistanz gelten als zu erwerbendes Kompetenzpotential. Das Ziel sollte eine Abkehr vom "Reparaturbetrieb" Weiterbildung und der Aufbau proaktiver strategieorientierter Weiterbildungskonzeptionen sein.

5. Projektarbeit

„Projekte sind zeitlich befristete, einmalige (und damit neuartige, d.h. wenig vorstrukturierte und risikobehaftete), umfangreiche oder komplexe Aufgaben, die zusätzlich zu den routinemäßigen erfüllt werden müssen. Es kommt in ihnen darauf an, daß Spezialisten aus verschiedenen Funktionsbereichen effektiv zusammenarbeiten. Das erwartete Ergebnis (Projektziel) ist meist als eine in sich abgeschlossene ganzheitliche Leistung klar definiert, nicht aber der Weg zu diesem Ziel" (Neuberger 1994, S. 226).

Für die Personalentwicklung kann Projektarbeit in zweierlei Hinsicht bedeutsam sein. Zunächst werden individuelle soziale Kompetenzen wie Flexibilität, Überzeugungskraft, soziale Anpassung usw. gefördert. Dann kann Projektarbeit je nach Organisationsform aber auch Strukturen und Inhalte sozialer Beziehungen weiterentwickeln.

6. Qualitätszirkel

Qualitätszirkel sind auf Dauer angelegte Gesprächsgruppen, in denen sich eine begrenzte Zahl an Mitarbeitern eines Arbeitsbereichs der zumeist unteren Hierarchieebene in unregelmäßigen Abständen während oder bezahlt außerhalb der regulären Arbeitszeit auf freiwilliger Basis treffen, um selbstgewählte Probleme des eigenen Arbeitsbereichs zu diskutieren und unter Anleitung eines geschulten Moderators mit Hilfe speziellen Problemlösungstechniken Lösungsvorschläge zu erarbeiten und die Umsetzung der Verbesserungsvorschläge (selbständig oder im Instanzenweg) zu initiieren und kontrollieren, wobei die Verbesserungsvorschläge im Rahmen der gesetzlichen oder betrieblichen Bestimmungen vergütet werden und der Gruppenarbeitsprozeß für die Teilnehmer Lerneffekte beinhaltet.

Bereits in den siebziger Jahren wurden Qualitätszirkel in der Automobilindustrie eingesetzt. Inzwischen haben auch einige größere Verwaltungen wie die Stadtverwaltung Duisburg oder die Kantonsverwaltung Luzern Qualitätszirkel eingeführt.

Die Akteure der Qualitätszirkelarbeit sind nach Neuberger:

Steuerungskomitee
-
-

Koordinatoren
-
-
-

interne Experten-------------- ---------externe Experten

unmittelb. Vorgesetzten----- ----Arbeitnehmervertretung
-
-
-

•	•	•
•	•	•
•	•	•
Qualitätszirkel 1	Qualitätszirkel 2	Qualitätszirkel 3
Moderator(en)	Moderator(en)	Moderator(en)
Mitglieder	Mitglieder	Mitglieder

Die Organisationsleitung übernimmt die Funktion des Steuerungskommitees. Sie definiert die Rahmenbedingungen (Mittelbewilligung, Arbeitszeitfreigabe, Belohnungssysteme). Wenn die Organisationsleitung nicht aktiv hinter dem Projekt steht, ist es im Regelfall zum Scheitern verurteilt. Dies gilt vor allem, wenn es um die Umsetzung und Ausführung der erarbeiteten Vorschläge geht, aber auch, um für die nötige Startmotivation zu sorgen und bei der Überwindung von Demotivations-Phasen. Die Koordinatoren haben die Aufgabe, die organisatorischen, sachlichen, pädagogischen und finanziellen Voraussetzungen zu schaffen wie Termine, Räume, Ausstattung und Materialien, Organisation der Ausbildung der Moderatoren. Interne und externe Experten können hinzugezogen werden, wenn spezifische Fachfragen zu beantworten sind. Die Einbindung der unmittelbaren betrieblichen Vorgesetzten ist notwendig, weil sie unmittelbar von den Ergebnissen der Qualitätszirkel-Arbeit betroffen sind. Durch ihr (Des-) Interesse und die (Nicht-) Förderung der Mitarbeit können sie erheblich zur (De-) Motivation der Teilnehmer beitragen. Die Mitarbeitervertretung soll laufend informiert oder am Steuerungskommitee beteiligt werden; mit ihr ist auch die Vergütung der Ideen zu regeln. Die Mitarbeit geschieht freiwillig, die Mitarbeiter sind im Regelfall auf ihre Arbeit in speziellen Trainings vorzubereiten.

7. Netzwerkbildung

Dieser Ansatz geht von der zentralen Bedeutung interpersoneller Beziehungen in jeder Organisation aus (vgl. die Notwendigkeit abteilungsübergreifender Zusammenarbeit, aber auch das Auftreten von Cliquen und Seilschaften). Mit Personalentwicklung wird versucht, die Entstehung von (erwünschten) Netzwerken wenigstens indirekt zu fördern.

Beim *Multiplikatorenkonzept* werden qualifizierte, interne Spezialisten herangezogen und somit kompetentes Fachwissen mit Kenntnis der konkreten Anwendungsprobleme verbunden. Darüber hinaus haben diese 'Multiplikatoren' den Vorteil, die informellen Regeln des Hauses zu kennen, mit Werten und Machtrelationen vertraut zu sein und so die Abstoßungsreaktionen, die externe Experten auslösen können, zu überstehen. Zugleich wird ein Pool fähiger Trainer herangebildet, die in der Lage sind, als erfahrene Multiplikatoren zu wirken.

Der Netzwerkbildung dienen auch *Get-together-Veranstaltungen* verschiedenster Art. Hierzu gehören nach Gensch etwa "house-warming-Parties" beim Umzug größerer Bereiche, Feten als Dank für besondere Erfolge, aber auch die betriebliche Förderung von Hobby-, Sport- oder Kulturgruppen.

Lerngemeinschaften dienen dazu, bei neuen Aufgaben den Aufwand für den einzelnen geringer zu halten und die individuellen Besonderheiten auszugleichen. Als wichtige Motivations- und Erfolgsvariable wird die Vertrautheit miteinander und das Vertrauen untereinander genutzt und gefördert.

Der Entwicklung der Fach-, aber auch der Sozialkompetenz dienen ebenfalls sog. "BALINT-Gruppen", eine Form kollegialer Supervision. Hier treffen sich gleichgestellte Fachleute, um miteinander Fachprobleme zu erörtern und von den unterschiedlichen Erfahrungen und Sichtweisen der Teilnehmer zu profitieren. Balint-Gruppen sind zum Scheitern verurteilt, wenn sie von einzelnen Teilnehmern zur Selbstprofilierung benutzt bzw. als kulturelle Veranstaltung mit Unterhaltungswert verstanden werden, oder wenn anwesende Vorgesetzte sie zur Potentialselektion mißbrauchen.

8. Stellvertretung, Job-Rotation

Hier wird die Möglichkeit des "beiläufigen" Lernens geboten. Es handelt sich um zeitlich befristete Problemlösungen, die von einer Einzelperson erarbeitet werden. Der mit Sonderaufgaben und Vertretungen verbundene zeitliche Aufwand erfordert Flexibilität und kann zur Benachteiligung von Personen mit Familienpflichten führen. Der Arbeitsplatzwechsel (Job-Rotation) als geplanter Wechsel auf gleichwertige Stellen trägt zur Innovationsfähigkeit der Verwaltung bei, worauf die KGSt 1994 hinweist. Durch ihn soll Betriebsblindheit und Überspezialisierung vermindert und die Fähigkeit gefördert werden, in größeren Zusammenhängen zu denken. Lernen findet auf der apersonalen Ebene ("lernende Verwaltung") und der personalen Ebene statt (Qualifizierung), außerdem werden durch den Arbeitsplatz die interpersonellen Beziehungen beeinflußt.

9. Führungskräfteentwicklung

Führungskräften kommt im Rahmen einer PE-Konzeption eine doppelte Bestimmung zu: Zum einen sollen sie in ihrer Führungstätigkeit Akteure, Promotoren und Verantwortliche der PE vor Ort sein. Sie prägen die Ausgestaltung der PE in der Praxis, ihr Erfolg oder Mißerfolg ist in erheblichem Maße von ihrer Fähigkeit abhängig, Lern- und Entwicklungsprozesse zu initiieren und zu steuern, Mitarbeiter motivieren, qualifizieren und fördern zu können, jedoch auch sich selbst weiter zu entwickeln. Defizite im Führungsverhalten werden als entscheidende Schwäche öffentlicher Verwaltungen identifiziert. Aus diesem Grund stellt die Führungskräfteentwicklung einen wichtigen Bestandteil von PE-Konzeptionen dar. Führungskräfte sind also auch Adressaten von PE, dieser Sachverhalt beschreibt ihre zweite Bestimmung innerhalb von PE- Konzeptionen.
Führungskräfteentwicklung sollte Klimecki/Habelt zufolge unter zwei Gesichtspunkten betrachtet werden: Sie ist „...als Ausbau eines polyvalenten Qualifikationsprofils zu verstehen, als eine Ressource, aus der für viele unterschiedliche und vor allem für zukünftige Aufgaben geschöpft werden kann ('empowerment'), sowie als Potential zur Beeinflussung von Veränderungsprozessen zu sehen, das dem Führungskreis gestattet, sich mit fortwährend neuen Verwaltungsaufgaben vertraut zu machen und diese aktiv mitzugestalten (organizational transformation)" (1993, S. 53).
In der Perspektive der organizational transformation bedeutet Führungskräfteentwicklung das verantwortliche Integrieren der Führungskräfte in den Prozeß der Organisations- und Personalentwicklung (vgl. das neue Steuerungsmodell der KGSt). Führungskräften muß also Verantwortung für ihre Aufgabe, die Mitarbeiter und die Organisationsziele in ihrem Bereich übertragen werden. Im öffentlichen Dienst, so die empirische Erfahrung, erlangen die Themen Mitarbeiterführung und Führungskräfte offenbar erst Konjunktur, sofern das Festhalten an der starren Ordnung und am Althergebrachten das Bemühen der Führungskräfte blockiert bzw. sie selbst blockiert, Prozessen mit den Mitarbeitern zielorientiert zu gestalten.

10. Frauenförderprogramme

Frauenförderung zielt auf die Überwindung der strukturell ungleichen Chancen von Frauen im Berufsleben. Zudem sprechen auch instrumentelle Gründe für eine Förderung, sind doch besonders in Dienstleistungsberufen - Frauen zugeschriebene - soziale Fähigkeiten wie Kontaktfähigkeit und Kommunikationsfähigkeit unumgänglich. Frauenspezifische Förderprogramme könnten etwa Umschulungsmaßnahmen für Schreibkräfte, Förderangebote für Berufsrückkehrerinnen (schon während des Erziehungs- oder Sonderurlaubs), Betriebskindergärten, flexiblere Arbeitszeitmodelle und Teilzeitarbeit oder einen erleichterten Zugang zu Fort- und Weiterbildung umfassen. Der Frauenförderung dient auch die Einsetzung einer Frauenbeauftragten.

11. Outplacement

Outplacement soll Arbeitgebern und betroffenen (Führungs-)kräften unter Mitwirkung von Unternehmens- oder Personalberatern bzw. spezialisierter Outplacement-Agenturen eine "einvernehmliche Trennung ohne Scherben" (Wegmann) ermöglichen. Der Nutzen für den Arbeitgeber besteht wohl vor allem in den Entwicklungsmöglichkeiten für (andere) qualifizierte Mitarbeiter, in der Entdramatisierung der Konfliktsituation sowie in der Vermeidung von Imageschäden - Beweis sozialer Verantwortung dem Mitarbeiter gegenüber und Kosteneinsparung durch Verkürzung von vertraglichen Restlaufzeiten. Aus der Sicht der Mitarbeiter könnte vorteilhaft sein: die Unterstützung bei der Trennungsvorbereitung; die Chance, eine besser geeignete Aufgabe zu finden; die Kenntnis des eigenen Stärken-/Schwächeprofils sowie Unterstützung bei der Erstellung marktgerechter Bewerbungsunterlagen und einer wirksamen Bewerbungsstrategie, schließlich die Unterstützung beim Erlernen einer geeigneten Eigenpräsentation, wie überhaupt eine Hilfe in jeder Phase des Trennungsproblems.

4.5 Besonderheiten von Personalentwicklung in Sozialverwaltungen

Einige Besonderheiten öffentlicher Dienstleistungen haben wir bereits oben genannt. Sind in einer öffentlichen Sozialverwaltung neben einzelbetrieblichen Wirtschaftlichkeitsinteressen und individuellen Kundenwünschen auch die Prinzipien demokratischer Legitimität, rechtsstaatlicher Legalität, sozialstaatlicher Effektivität und ökologischer Verträglichkeit zu beachten, besitzen diese Prinzipien auch Auswirkungen auf die Gestaltung von Personalentwicklungs-Konzeptionen. Liegt beispielsweise der Schwerpunkt des Interesses an PE auf der Kostenseite, kann die Aufgabenerfüllung gefährdet sein (sozialstaatliche Effektivität), da zu wenig oder unmotiviertes Personal vorhanden ist. Liegt das Hauptaugenmerk dagegen beim Kundenservice, kann die Rechtmäßigkeit der Leistung leiden (rechtsstaatliche Legalität). (Öffentlich-)rechtliche Bestimmungen begrenzen die Gestaltbarkeit von Personalarbeit allerdings noch in anderer Weise. Kritisch nimmt die Literatur insbesondere die im Vergleich zur Privatwirtschaft deutlich geringere vertikale und horizontale Mobilität des Personaleinsatzes im öffentlichen Dienst auf. Vor allem das "starre Laufbahnprinzip" steht im Mittelpunkt der Kritik, die im wesentlichen auf drei Aspekte Bezug nimmt (Kühnlein/Wohlfahrt 1995, S. 136f.):
- Der hohe Formalisierungsgrad der Eingangsqualifikationen, die von Beamten eingebracht werden müssen, um sich für die jeweilige Laufbahngruppe ausbilden lassen zu

können, verhindere besonders die vertikale Durchlässigkeit - berufliche Karrieren vollzögen sich überwiegend "innerhalb einer Laufbahngruppe" (Keller),
- die zu enge, auf das Ideal der "laufbahnbreiten Verwendung" (Scheerbarth/Höffken) zugeschnittene Ausbildung, die einen Laufbahnwechsel weitgehend erschwere,
- die "hochgradig formalisierten Karrierewege", die Beförderung und Aufstieg nicht überwiegend nach Eignung, einschlägiger Qualifizierung und Leistung, sondern nach Maßgabe von Kriterien wie: Senioritätsprinzip, Dienstalter, Zugehörigkeit zu Ämtern und Stellenkegel (geregelt in der "Stellenobergrenzenverordnung") zuließen.

Diese rechtlichen Bindungen erschwerten es immer mehr, bei der Vielfalt der Verwaltungsaufgaben den „richtigen Mann" oder die „richtige Frau" an den „richtigen Posten" zu bringen. Stattdessen schlagen die Autoren vor, durch eine stärkere Betonung von Personalentwicklung als einem notwendigen Bestandteil der modernen Verwaltungsführung die durch das Dienstrecht und die "hergebrachten Grundsätze des Berufsbeamtentums" vorgegebenen Beschränkungen zumindest partiell aufzuheben. Inzwischen hat im Frühjahr 1997 eine (bescheidene) Modernisierung des Dienstrechtssystems durch das "Gesetz zur Reform des öffentlichen Dienstrechts (Reformgesetz)" begonnen; so wurde die Beamtenbesoldung um Leistungsstufen, -zulagen und -prämien ergänzt (vgl. dazu kritisch die Stellungnahme des DGB in: VOP, Heft 5/1996, S. 16-20).

4.6 Evaluation von Personalentwicklung

"Evaluation" hat im Englischen die Bedeutung von Wertbeimessung. Welcher Wert wird der Personalentwicklung beigemessen? Die Antwort hängt von den jeweiligen Vorstellungen ab, welche die Beteiligten mit Personalentwicklung verbinden: Chance oder Bedrohung, Investition oder Aufwand, langfristig oder kurzfristig angelegt, rationale Planung, Phasenablauf oder systemische Selbstregulation, von oben angelegt oder in Partizipation mit den Betroffenen, Verantwortung bei PE-Abteilung oder in den Linienabteilungen, auf personelle, interpersonelle oder apersonelle Änderungen/Optimierungen gerichtet. Entsprechend lassen sich die Funktionen von PE-Evaluation differenzieren. Sie kann der Legitimation der durchgeführten Maßnahmen dienen. Mit ihr lassen sich die eingesetzten Methoden auf ihre Wirksamkeit und Verbesserungsmöglichkeiten hin überprüfen. Die Evaluation kann PE zu einem permanenten Lernprozeß verhelfen oder der Erleichterung unternehmerischen Entscheidens und der Prognose künftigen PE-Bedarfs dienen.
Es macht einen Unterschied, wer in wessen Auftrag wie, mit welchen Zielen und mit welchem für die Evaluation vorgesehenen Budget evaluiert. Von Bedeutung ist ebenso, ob nur die direkten Ziele von PE oder auch Nebenziele evaluiert werden, wenn beispielsweise Personalentwicklung als Belohnung für verdiente Mitarbeiter angesehen bzw. als eine Art Sozialleistung mit Erholungswert eingesetzt wird oder der Entwicklung des Wir-Gefühls, des Corpsgeistes oder von Organisationsmythen dienen soll.

5 Personalentwicklung in der Verwaltungspraxis

5.1 „Umdenken im Rathaus": Personalentwicklung im Kontext neuer Steuerungsmodelle in den Kommunalverwaltungen

Kommunale Gestaltungsvorhaben sind ein Indiz dafür, daß die Kommunalverwaltungen in Bewegung gekommen sind. Die Reformbestrebungen sind nicht voraussetzungslos; mit ihnen reagieren die Kommunen auf einen ökonomisch bedingten, technisch verschärften und sozio-kulturell mitbegründeten Modernisierungsdruck. In der Literatur wird die im Vergleich zu Bund und Ländern größere Innovationsbereitschaft und Reformfreudigkeit auf die unmittelbare „Kundennähe", auf einen stärkeren Legitimationsdruck, auf direkt wirksame Finanzzwänge und einen höheren Anteil der Dienstleistungen an den Verwaltungsausgaben als bei höheren Verwaltungsebenen zurückgeführt (vgl. Kißler 1993, S. 13; Lipphardt 1995, S. 451). Kommunale Gestaltungsvorhaben erstrecken sich regelmäßig auf zwei Felder, nämlich die Binnenstruktur der Verwaltungsorganisation und das Außenverhältnis zwischen Verwaltung und BürgerInnen. Dort stellen sich jeweils drei, die kommunalen Projekte kennzeichnenden Problemdimensionen ein: Technikeinsatz, Beschäftigtenqualifikation sowie Beteiligung von Beschäftigten und BürgerInnen.

Das Personal wird bei den Reformvorhaben als das zentrale Leistungspotential, der größte Ausgabenblock und entscheidende Engpaß in öffentlichen Verwaltungen identifiziert. Die Erkenntnis wächst, daß sich die „Neuen Steuerungsmodelle" ohne qualifizierte und motivierte Mitarbeiter nicht in die Praxis umsetzen lassen; aus diesem Grund werden Konzeptionen angemahnt, mit deren Hilfe eine Entwicklung der Humanressourcen möglich erscheint (vgl. Reichard 1994; Banner 1994).[1]

5.1.1 Personalentwicklungskonzeption der KGSt

Eine Verwaltung im Wandel sieht sich dem Erfordernis gegenüber, den sich verändernden Bedingungen selbständig zu begegnen, insbesondere mit Hilfe von Prozessen, die es erlauben, das Leistungs- und Lernpotential von MitarbeiterInnen zu erkennen, zu erhalten und in Abstimmung mit dem Verwaltungsbedarf verwendungs- und entwicklungsbezogen zu fördern - also durch Personalentwicklung.

---

[1]   Nähere Ausführungen zum „Neuen Steuerungsmodell", s. Reichard 1994; s. auch Banner 1994, S. 5-12; KGSt 1993 (2); Damkowski/Precht 1994, S. 412-416; Janning 1994, S. 239-245 sowie Meixner 1995, S. 1-4. Betriebswirtschaftlich orientierte Beiträge zur gegenwärtigen Steuerungsdiskussion in den Kommunalverwaltungen erkennen in den Mitarbeitern die entscheidenden 'Produktivitätsfaktoren' der Kommunalverwaltung. Personalentwicklung dient dann in erster Linie dem ökonomischen Erfolg des Veränderungsprozesses.

In der Konzeption der KGSt ist Personalentwicklung einem von neun Feldern modernen Personalmanagements zuzuordnen (s. Kap. 2.2.2). Jedes dieser Felder wird in der Personalarbeit von einem Personalmanagement-Prozeß auf vier Verantwortungsebenen erfaßt:

1. **Steuerung** (strategische Ebene)
   = Grundsätzliche, besonders wichtige Entscheidungen und Zielvorgaben

2. **Steuerungsunterstützung** (strateg./taktische Ebene)
   = Führungsentlastung, fachliche Unterstützung, Programmentwicklung, Integration und Koordination; Controlling

3. **Personaldienste,** zentral (taktisch/operative Ebene)
   = Auf der Basis von Spezialisierung und Wirtschaftlichkeitsüberlegungen zentral bereit gestellte Dienstleistungs- und Beratungsangebote; zentrale Berater für die operativ Tätigen

4. **Direkte Personalarbeit,** dezentral(operative Ebene)
   = Alles, was die dezentral verantwortlichen Einheiten selbst erledigen können/müssen (vgl. KGSt 1994 (1), S. 16ff.).

Diesen vier Verantwortungsebenen kommen nun 14 personalwirtschaftliche Funktionen zu, die sie auf neun Feldern modernen Personalmanagements ausüben.

Für das Feld 4 „Personalentwicklung" bedeutet dies:

1. Steuerung: Kollegialorgan, Leitung der Verwaltung

   1. PE findet im Rahmen personalpolitischer Strategie und Konzepte statt.
      PE hat eine die Verwaltungsmodernisierung begleitende Funktion. Hierzu zählt auch die Festlegung von Prioritäten für bestimmte Mitarbeitergruppen, Hierarchiestufen
   2. Sicherstellung der Strategieanwendung und der Umsetzung der Konzepte
   3. Personalwirtschaftliche Einzelfallentscheidungen von weitreichender Bedeutung wie Besetzung von Schlüsselpositionen und Bildung eines Nachwuchsführungskräftepools
   4. Eingriffe und Vorbehalte in der Übergangsphase (Sonderfall von 3.)

2. **Steuerungsunterstützung:** Personalamt/ -dezernat; evtl. gebündelter Steuerungsbereich (Personal/Organisation/Finanzen)

    5. Vorbereitung personalpolitischer Strategien und Konzepte, etwa PE-Konzeption

    6. Integration, Koordination und Hilfe bei der Umsetzung des PE-Konzepts, z. B. Kontaktpflege mit Personalvertretung, Stellenbörse

    7. Sonderaufgaben im Auftrag der Leitung, etwa Bewältigung von auftretenden Problemen bei der Einführung der PE-Konzeption

3. **Personaldienste:** Personalamt

    8. Beratungs- und Unterstützungsdienste, etwa Informationen über die PE-Konzeption, Hilfestellung bei schwierigen Personalgesprächen (z. B. Sucht); technische Abwicklung bei der Personalauswahl

    9. Untrennbare Dienste, zentral vorgehaltene Dienste (s. auch 11.)

    10. (operative) Dienste im Wettbewerb zwischen eigenen Anbietern oder externen Stellen, etwa Fortbildung, Beratung bei der Personalauswahl

    11. Betreuung spezieller Zielgruppen, etwa Frauenförderung, Ausbildung, Umschulungsprogramme, Schwerbehindertenbetreuung, Suchtprävention, Führungskräfte

4. **Direkte Personalarbeit:** Fachämter

    12. Planung operativer Funktionen, etwa individuelle Verwendungsplanung/Karriereplanung

    13. Operative Personalfunktionen, etwa Personalauswahl und Beförderung (ggfs. unter Berücksichtigung von Nrn. 3 und 8); Personalführung; Beurteilung von Mitarbeitern, Mitarbeitergespräch; Lernen am Arbeitsplatz

    14. Mitwirkung bei Funktionen der Steuerungsunterstützung, etwa Beteiligung an der Entwicklung von Konzepten (s. Nrn. 5 und 6); Stellungnahmen; Mitarbeit in Arbeits- und Projektgruppen.

Voraussetzungen erfolgreicher Personalentwicklung wären unter diesen Prämissen:

- Sie muß mit den strategischen Verwaltungszielen verknüpft und sollte Bestandteil einer ganzheitlichen Reform sein, die auf eine eigenverantwortliche Gestaltung der Organisation durch die Betroffenen selbst abzielt.

- Personalentwicklung muß von der Verwaltungsführung gewollt sein.

- Betroffene müssen zu Beteiligten werden, was die Information über die Ziele eines Personalentwicklungskonzepts von Beginn an einschließt. Als angemessene Formen der Beteiligung werden zum Beispiel Workshops, Personalversammlungen, Mitarbeiterzeitschriften genannt.

- Personalentwicklung setzt Potential- und Bedarfsermittlungen voraus.

- Sie muß Unsicherheiten einkalkulieren; dieses Erfordernis setzt hochflexible MitarbeiterInnen voraus.

- Personalentwicklung muß mit anderen Planungen wie Stellenbesetzungs-, Personalstruktur-, Personalkostenplanung, aber auch der Aufgaben- und Finanzplanung verknüpft sein.

- Personalentwicklung muß mit der voraussichtlichen Kosten- und Finanzentwicklung abgestimmt sein.

- Sie muß von allen Verantwortlichen in ihrer Bedeutung erkannt werden. Die Verantwortlichkeiten für Personalentwicklung müssen geklärt und hieraus die Konsequenzen für den Aufbau und die Praxis der Personalentwicklung gezogen werden. Sie ist keine klassische Ressortaufgabe, sondern fällt auf allen Ebenen an und bewegt sich dabei im Spannungsfeld zwischen dezentraler und zentraler Verantwortung. Vorgesetzten kommt die Aufgabe zu, die Mitarbeiterinteressen mit den Verwaltungszielen abzustimmen.

- Eine Politik der kleinen Schritte, die den Einstieg über einzelne Elemente und ihre nachfolgende Verknüpfung vorsieht, ist nach Ansicht der KGSt möglich. Doch nur durch eine Integration und Koordination der einzelnen Elemente kann Personalentwicklung dazu beitragen, strategische Ziele zu erreichen (vgl. KGSt 1994 (2), S. 12-14).

Die KGSt unterscheidet zwischen einem strategischen und einem pragmatischen Vorgehen bei der Implementierung eines Personalentwicklungskonzepts.

Bei der strategischen Variante erarbeitet eine Projektgruppe, aufbauend auf bereits vorhandenen Elementen (z. B. Fortbildung), ein Grobkonzept, diskutiert dieses mit der Verwaltungsführung sowie mit Betroffenen und leitet nach Beschluß der Verwaltungsführung Schritt für Schritt Maßnahmen ein, die aufeinander bezogen sind, niemanden überfordern und von allen getragen werden.

Bei einem 'pragmatischen Vorgehen' wird eine konkrete Maßnahme dort ergriffen, wo „der Schuh drückt". Dieser Umstand wird zum Anlaß genommen, im Laufe der Zeit ein systemisches Personalentwicklungskonzept zu erarbeiten.

Ein Mangel an Akzeptanz auf Seiten der Betroffenen gilt als sicher, sofern eine Einzelperson (z. B. MitarbeiterIn des Personalamts) in eigener Regie ein Konzept erarbeitet, welches dann gedruckt und verbreitet wird.
Instrumente und Maßnahmen stellen vornehmlich dar:
Mitarbeitergespräche, Beurteilungen, Assessment-Center-Verfahren, Fortbildung, Rotation, Sonderaufträge und Vertretungen, Arbeitsplatzanreicherung, Qualitäts- und Mitarbeiterzirkel, kollegiale Beratung, Projektarbeit, flexible Arbeitszeiten sowie Ausbildung.

Zur Personalentwicklung als kontinuierlichem Lernprozeß der Verwaltung zählt die Umsetzung in die Praxis, die kontinuierliche Weiterentwicklung und die Erfolgskontrolle. Die KGSt empfiehlt ein Berichtswesen für die Personalentwicklung zur Erfolgskontrolle.[2]

In der Verwaltungspraxis hat das Neue Steuerungsmodell Folgen für den Personaleinsatz: So wird mit seiner Einführung oftmals eine Abnahme des <u>Personalbestands</u> verbunden.

In Bochum sollen bis 1997/98 ca. 13% der etwa 10500 Beschäftigten in der Kommunalverwaltung eingespart und ein ausgeglichener Haushalt realisiert werden.
Ziel der haushaltsbezogenen Maßnahmen der Stadt Dortmund ist es, 200 Mio. DM einzusparen.

In Solingen sollen insbesondere durch Leistungserhöhung Personaleinsparungen erfolgen.

Es ergeben sich jedoch auch Folgen für die <u>Personalsteuerung</u>. Die schrittweise Übertragung der Personalhoheit auf dezentrale Facheinheiten ändert die bisherige Funktion der Querschnittsverwaltung (Personalamt). Diese wird zunehmend zu einer Serviceeinrichtung für die dezentralen Facheinheiten (Personalberatung; Ausschreibung; Informationsdienst) verliert aber die bisherige zentrale Steuerungsfunktion. Angesichts der neuen Anforderungen, die durch die Einführung der Steuerungsmodelle einerseits und die Haushaltskrise andererseits an die Mitarbeiter und Mitarbeiterinnen gestellt werden, kommt einer Modernisierung der <u>Personalauswahlstrategien</u> eine besondere Bedeutung zu. Da aus Kostengründen die Zahl der Neueinstellungen reduziert wird, erhöht sich die Bedeutung des internen Stellenmarktes. In vielen Kommunen werden deshalb seit einigen Jahren Konzepte entwickelt, die auf die Verbesserung des internen Personalauswahlverfahrens zielen (vgl. Kühnlein/Wohlfahrt 1994, S. 26ff.).
Die Gefahr, die Mitarbeiterorientierung als eigenständige Zielgröße in diesem Modernisierungsprozeß zu vernachlässigen und die Beschäftigten - als Konsequenz zunehmender Arbeitsanforderungen und unattraktiver werdenden Berufsperspektiven in der öffentlichen Verwaltung - zu demotivieren, ist der KGSt ebenso bewußt wie vielen

---

[2]   S. KGSt 1994 (2), S. 29. Das Berichtswesen der Stadtverwaltung Hamburg wird auf den Seiten 39-45 von KGSt 1994 (2) vorgestellt.

anderen Verwaltungen in den letzten Jahren auch. Einige Städte gehen daher dazu über, die Bedürfnisse der Mitarbeiter und die Forderungen der Gewerkschaften in den Umgestaltungsprozeß einzubeziehen.

5.1.2 Personalentwicklung in verschiedenen Städten

Die folgende Beispiele aus der Verwaltungspraxis verdeutlichen unterschiedliche konzeptionelle Ansätze und prozedurale Verfahren, auch den unterschiedlichen Grad der Beteiligung von MitarbeiterInnen und ihren Interessenvertretungen im Zuge der Personalentwicklung.

Die Stadt *Bochum* hat damit begonnen, Personalentwicklung in Form eines Bausteinkonzepts zu verwirklichen. Den ersten Baustein stellt der Einstieg in eine leistungsorientierte Bewertung von Beamtenstellen dar. Der zweite Baustein besteht in der Einführung eines Mitarbeitergesprächs. Als ein weiterer dritter Baustein ist die Führungs(nachwuchs)qualifizierung vorgesehen (vgl. Kühnlein/Wohlfahrt 1994, S. 42f.).

Die Landeshauptstadt *Saarbrücken* hat das Ziel, über einen „Total-Quality-Ansatz" die Zufriedenheit der BürgerInnen mit den Verwaltungsleistungen zu erhöhen. Das Management versucht, durch eine Erhöhung der Qualität der Arbeitsergebnisse dieses Ziel zu verwirklichen. In diesem Zusammenhang kommt fünf Einflußfaktoren eine zentrale Bedeutung zu:

– Verhalten der Mitarbeiter; Verbesserung von Motivation und Qualifikation,

– Arbeitsbedingungen; moderne Informationstechnik als Hilfe,

– Prozesse; jeder Arbeitsschritt als Zwischenprodukt für das Endprodukt,

– Führung; die Führungskräfte als Dienstleister für die Mitarbeiter,

– Kooperation; innerhalb der Arbeitseinheiten; über Ämtergrenzen hinweg; nachgeordnete Arbeitseinheiten als Kunden.

Für das TQM in Saarbrücken ist es zunächst nicht erforderlich, die bestehenden Verwaltungsstrukturen in Richtung Neues Steuerungsmodell zu verändern. Die TQM-Strukturen wie Steuerkreise und Steuerprojekte werden auf die bestehenden Basisstrukturen aufgesetzt; schrittweise ist jedoch der Übergang zu dezentralen Strukturen angestrebt. Zertifikate für die Mitwirkung im TQM, der Karriere (vermutlich) förderlich, Prämien für die leistungsstärksten Projektgruppen und Rückflüsse von Haushaltsmitteln in die Ämter oder in die betrieblichen Einheiten bei Sparerfolgen sind als Motivatoren für das Engagement im TQM gedacht (vgl. Hirschfeld/Lessel 1994, Kißler/Bogumil/Greifenstein/Wiechmann 1997).

Die Verwaltung der Stadt *Duisburg* sah sich im Jahre 1975 aufgrund des Einbruchs in der Montanindustrie gezwungen, kurzfristig auf die Strukturveränderungen in der Stadt zu reagieren, wie Bickenbach ausführt.[3] Seither zwangen immer wiederkehrende Probleme der Stahlindustrie zu erheblichen Umstrukturierungen, auch in der Stadtverwaltung. Bickenbach beschreibt den von außen erzwungenen, gleichwohl kontinuierlichen und schon seit mehreren Jahre andauernden Personalentwicklungsprozeß.

Ungefähr seit dem Jahr 1989 gab es Überlegungen, die unterschiedlichen punktuellen und teilweise auf Zufallsprinzipien beruhenden Ansätze aufzuarbeiten und den Versuch zu unternehmen, diese in eine Konzeption einzubetten und in dieser konzeptionell-strategischen Anlage weiterzuentwickeln. Personalentwicklung bei der Stadt Duisburg geht zurück und ist nach Bickenbach die Antwort auf

„- den Wertewandel in der Gesellschaft,
- das veränderte Bewußtsein junger Menschen,
- die immer komplexere Aufgabenstellung,
- die immer kürzeren Halbwertzeiten des Wissens,
- das schlechte Image der öffentlichen Verwaltung,
- die negative demographische Entwicklung,
  und die daraus resultierenden Probleme für
- die Leistung der Mitarbeiter/innen,
- die Motivation der Mitarbeiter/innen
- die Personalbeschaffung" (1993, S. 86).

Die aus diesen Prozessen erwachsenden Folgen für die Stadtverwaltung waren Gegenstand intensiver, zunächst interner Beratungen über einen längeren Zeitraum, bevor sie im politischen Raum zur Diskussion standen. Die Stadt Duisburg strebt an, eines Tages „zu so etwas wie einer 'corporate identity'" (Bickenbach) zu gelangen.

Die kommunale Auseinandersetzung führte zu anfangs noch allgemein gehaltenen Grundsätzen, die nun die Leitlinien des Personalentwicklungsprogramms definieren:

– Die Stadtverwaltung ist ein bürgerorientertes, modernes Dienstleistungsunternehmen.

– Die Führungskräfte leiten ihre Mitarbeiter kooperativ und fühlen sich für deren Motivation, Leistungsfähigkeit, Aus- und Fortbildung persönlich verantwortlich. Sie sind „change-agents" - Agenten der Veränderung.

Die Mitarbeiter sind (oder sollen sein) verantwortungsbewußt, leistungsbereit, kreativ und Veränderungen gegenüber aufgeschlossen. Sie verstehen sich als lebenslang Lernende.

---

[3]   In: Gewerkschaft ÖTV, Bezirk Niedersachsen (Hrsg.) 1993 (1), S. 85. Zum Personalentwicklungskonzept der Stadt Duisburg, s. auch Kühnlein/Wohlfart 1994, S. 43f. sowie Hilbert/Stöbe 1993, S. 21.

Als personalpolitische Hauptziele ergeben sich daraus:

- Personalauswahlentscheidungen interner wie externer Art müssen in hohem Maße stellen- und zukunftbezogen ausgerichtet sein.

- Die vorhandenen MitarbeiterInnen müssen auf allen Ebenen optimal mit Blick auf Fachkompetenz, Führungskompetenz, Sozialkompetenz und zugrundezulegenden Schlüsselqualifikationen weitergebildet werden (vgl. Gewerkschaft ÖTV 1993 (1), S. 159f.).

Das Programm wendet sich an alle Verwaltungsebenen und bezieht auch die kommunalpolitischen Gremien in den Veränderungsprozeß mit ein.[4] Im Interesse der Akzeptanzförderung ist der Personalrat bei allen Maßnahmen wie auch in Projektgruppen vertreten.

Das Personalentwicklungskonzept

„... umfaßt 11 Handlungsfelder: Personalauswahl im Ausbildungsbereich, fachliche Ausbildung, praktische Einarbeitung, fachliche Fortbildung, TIV-Fortbildung, Mitarbeiter/Qualitätszirkel, Führungsfortbildung, Verfahren der Personalauswahl, Strategische Verwaltungsführung, Ansätze zur Entwicklung einer 'Verwaltungskultur' (...) die einzeln betrachtet nur eine punktuelle Wirkung erzielen können. In der vorgenommenen Bündelung und Vernetzung haben sie dagegen eine **innovative** und **gestaltende Funktion** für die Gesamtverwaltung" (Hervorhebungen im Original, Stadt Duisburg 1994, S. 35).

Die Gewerkschaft ÖTV und die Stadt *Düsseldorf* einigten sich auf den Abschluß einer Rahmenvereinbarung zum Umbau der Stadtverwaltung in Richtung auf eine moderne kunden- und bürgerorientierte Serviceeinrichtung und zur Konsolidierung des Haushaltes der Stadt.

Einigkeit besteht in der Annahme, daß die Leistungsfähigkeit der Stadt Düsseldorf wesentlich durch Motivation, Engagement und Arbeitsleistung der Beschäftigten bestimmt wird. Die Stadt verpflichtete sich zum Abschluß einer Dienstvereinbarung zwischen dem Gesamtpersonalrat und der Verwaltung, mit dem Ziel, konkrete Regelungen insbesondere zu - im Zusammenhang mit der Verwaltungsmodernisierung stehenden und die MitarbeiterInnen betreffenden - Themen vorzunehmen (vgl. ÖTV Kreisverwaltung Düsseldorf 1995).[5] Außerdem wurde die Bildung eines Beirats mit jeweils fünf Mitgliedern der Vertragsparteien als Informationsgremium beschlossen.

---

[4] So werden Fortbildungsveranstaltungen für den Personalausschuß des Stadtrates angeboten, die sehr gut angenommen werden. S. ebenda, S. 93

[5] Konkrete Regelungen sollen insbesondere zu folgenden Themen getroffen werden: „-Erarbeitung eines Personalentwicklungskonzeptes, das sich auf die Weiterqualifizierung vorhandener Beschäftigten, auf Personalauswahlverfahren, auf Schulungen von Führungsnachwuchskräften, auf Fachkarrieren und auf spezielle Fortbildungsmaßnahmen für Führungskräfte erstrecken wird.

76

Die Stadt *Mannheim* setzt beim dort eingeleiteten Projekt 'KAIZEN' - kontinuierlicher Verbesserungsprozeß (KVP) auf die Erkenntnisse der Industrie. Dieser Prozeß bezieht das Wissen der MitarbeiterInnen als am Geschehen Beteiligte bewußt mit ein; Ziel ist, 'gute Ideen' umzusetzen und zu 'leben'. KVP versteht sich als Weg der vielen kleinen Schritte, er fußt auf wenigen, für den Erfolg jedoch unabdingbaren Grundprinzipien: Einrichtung eines Projektteams, Bürgerorientierung, Benennung des zuständigen Managers, Gleichberechtigung trotz Hierarchien, Reflexion der Ziele (vgl. VOP, Heft 5/1996, S. 24-26).

Mit dem 'Bürgerladen' (BL) der Stadt *Hagen* wurde im Dezember 1991 ein Pilotprojekt geschaffen, in dem neue Formen der Kundenorientierung in der Verwaltungspraxis erprobt werden sollen. Der Bürgerladen wird dezentral, zusätzlich zur bestehenden Verwaltungsstruktur betrieben. Die Initiative ging von der Personalvertretung aus, auch im Vorfeld war sie die wesentliche Antriebskraft. Die Gestaltung und Festlegung der Inhalte, die Organisation des Projektes sowie die Aus- und Fortbildung erfolgten wesentlich durch die Betroffenen selbst. Mitarbeiterpartizipation findet im BL als Konzeptionspartizipation wie auch im Sinne der Korrekturbeteiligung statt.

Das Organisationskonzept sieht eine vollständige Einbindung der MitarbeiterInnen in den Organisationsentwicklungsprozeß vor. Ergebnis dieser Einbeziehung ist eine hohe Identifizierung der Beschäftigten mit '"ihrem" Bürgerladen sowie eine hohe Arbeits-

---

-Eine zumindest bedarfsgerechte Ausbildung mit dem Ziel der Übernahme wird zugesagt. Diese kann auch in Form einer Teilzeitbeschäftigung bei der Stadt Düsseldorf oder bei einem Tochterunternehmen erfolgen.

-Die Frauenförderung wird gemäß dem jeweils geltenden Frauenförderplan in den Reformprozeß eingebracht.

-Die Beschäftigung von Schwerbehinderten in allen Verwaltungsbereichen wird gefördert. Eine ausschließlich monetäre Erfüllung der gesetzlichen Verpflichtung hat zu unterbleiben.

-Team- und Gruppenarbeit werden aktiv gefördert, um hierarchische Strukturen zu verringern. Ziel ist dabei, Entscheidungskompetenz und Erfolgsverantwortung konsequent zu delegieren.

-Verzicht auf betriebsbedingte Kündigungen im Rahmen des Umbaus der Verwaltung und der Haushaltskonsolidierung. Dies setzt eine hohe innerstädtische Versetzungs- und Mobilitätsbereitschaft der Beschäftigten voraus. Dafür werden sozialverträgliche Lösungen vereinbart. Dies gilt insbesondere für Personen, deren Leistung krankheitsbedingt eingeschränkt ist.

-Für qualitativ und quantitativ besondere Leistungen wird zeitgleich in der Gesamtverwaltung ein System individueller materieller und immaterieller Leistungsanreize mit nachvollziehbaren Kriterien eingerichtet. Das Verfahren der Vergabe leistungsbezogener Vergütungsbestandteile wird im Rahmen noch zu treffender tarifvertraglicher Vereinbarungen geregelt.

-Privatisierung und Vergabe haben nur dann Vorrang vor Eigenleistung, wenn sie bei gleicher Qualität kostengünstiger sind. Bei Kostenvergleichen sind die 'sozialen' Kosten, die durch die Eigenart gemeinderechtlicher Regelungen oder durch politische Beschlüsse bestimmt sind, zu berücksichtigen."

motivation und Leistungsbereitschaft im praktischen Betrieb (vgl. Kißler/Bogumil/Wiechmann 1993).[6]

„Erstmals ernstgenommen als MitentscheidungsträgerInnen für ihre (Arbeits-)-Belange erkennen die MitarbeiterInnen im BL dies als eine der wichtigsten Erfahrungen im Projekt" (Wiechmann/Kißler 1993, S. 108).

Das tiefergehende Interesse der Verwaltung an den Ergebnissen und Erfahrungen des Pilotprojekts BL über Mitarbeiterpartizipation und Aufgabenintegration hinaus liegt in der Umsetzbarkeit für andere Verwaltungsdienststellen. Der Bürgerladen soll als Innovationsprojekt zugleich als Innovationsträger wirken, er ordnet sich in den Zusammenhang der Modernisierung der Gesamtverwaltung ein.

Das Pilotprojekt Bürgerladen der Stadt Hagen ist inzwischen erfolgreich abgeschlossen, das zugrunde liegende Konzept auf das gesamte Stadtgebiet ausgedehnt. Im Mai 1995 haben fünf Bürgerämter ihre Arbeit im Hagener Stadtgebiet aufgenommen. Auch in diesem Kontext übernahmen die MitarbeiterInnen innerhalb einer Projektgruppe mit selbständigen Verantwortlichkeiten eine tragende Funktion (nach Auskunft der Stadtverwaltung). Die Erfahrungen könnten zugleich auch bei der in Gang gekommenen Verwaltungsreform unter dem Stichwort „Neues Steuerungsmodell" genutzt werden. Die Umsetzung dieses Modells in einigen Pilotbereichen der Stadtverwaltung hat begonnen, die Einbindung der MitarbeiterInnen über ämterbezogene Projektgruppen in die Neugestaltung ihres Fachbereiches ist gewährleistet. Neben der Weiterführung der Pilotbereiche werden flächendeckend Qualitätszirkel ihre Arbeit aufnehmen (vgl. Mitteilung des Hauptamtes der Stadt Hagen vom November 1995).

5.2 „Verwaltung 2000": Personalentwicklung in den Verwaltungen des Landes Baden-Württemberg

In seiner Regierungserklärung vom Juni 1988 bezeichnete der Ministerpräsident des Landes Baden-Württemberg die Verwaltungsreform als einen fortdauernden Prozeß, dem man sich im Interesse einer zugleich rationell und bürgerfreundlich arbeitenden Verwaltung immer wieder neu stellen müsse. Mit Beschluß vom Oktober 1988 beauftragte der Ministerrat die neu eingerichtete Stabsstelle Verwaltungsstruktur, Information und Kommunikation, in Kooperation mit dem Beratungskreis beim Innenministerium die Gesamtkonzeption „Verwaltung 2000" zu erarbeiten (vgl. Verwaltung 2000, Gesamtkonzeption, S. 1).

Mit dem Reformvorhaben „Verwaltung 2000" hat die Stabsstelle im Jahre 1990 eine Gesamtkonzeption der Verwaltungsmodernisierung vorgelegt, welche an frühere Reformen anknüpfte. Als strategische Ziele werden ein „schlanker Staat" und eine effek-

---

[6]   Verschiedene Autoren. Zum Erfordernis der Mitarbeiterorientierung in Bürgerämtern und grundsätzlich zu den Bürgerämtern in Unna und Hagen (Bürgerladen), S. Hilbert/Stöbe 1993, S. 33f.

tive Verwaltung, die Wirtschaftlichkeit in der Verwaltung, die Anpassung der Verwaltung an die Bedürfnisse der Bürger, Verwaltungsvereinfachung und -beschleunigung sowie eine Erhöhung der Leistungsfähigkeit der Verwaltung genannt (vgl. auch Würtenberger 1993, S. 46).[7]

5.2.1 Strategische Personalentwicklungskonzeption

Die im Jahr 1992 vorgelegte Konkretisierung des Reformkonzepts „Verwaltung 2000" auf dem Gebiet des Personalmanagements lautet wie folgt:
„Die Landesregierung von Baden-Württemberg hat auf der Grundlage der Nummer XIX der Koalitionsvereinbarung vom 17.06.1992 die Verwaltungsreform zu einer zentralen Aufgabe in der 11. Legislaturperiode erklärt. Ein wesentliches Teilziel dieser Verwaltungsreform ist die Verbesserung der Arbeitsbedingungen der Bediensteten, die Erhöhung der Motivation und damit der Leistungskraft der Verwaltung" (Verwaltung 2000, Strategisches Personalmanagement, S. 1).[8]

Zur Umsetzung der in der Koalitionsvereinbarung verabredeten Reformmaßnahmen setzte der Ministerrat eine Regierungskommission aus Vertretern der Ressorts und der

---

[7] Eine frühe Darstellung der Gesamtkonzeption „Verwaltung 2000" und der - zunächst 60 - Einzelprojekte findet sich auch in: Staatsanzeiger für Baden-Württemberg vom 07.04.1990, Nr. 27, S. 4 und 5. Die Zielsetzung „Investitionen in die Landesverwaltung" umfaßte demnach 1990 folgende Einzelprojekte:

„-Projekt 'Verhaltensgrundsätze und Leitlinien,' Entwicklung von materiellen und immateriellen Leistungsanreizen,

-Aufhebung von Stellenbesetzungs- und Beförderungsstellen,

-Führungskräfteauswahl und -qualifizierung,

-Nachwuchsgewinnung,

-Frauen in Führungspositionen,

-Dezentrale Arbeitsplätze."

[8] S. auch zur Koalitionsvereinbarung zwischen der SPD und CDU in Baden-Württemberg über eine Verwaltungsreform Maurer, 1995, S. 251ff.

„Aus der Gesamtkonzeption 'Verwaltung 2000' konnten siebzig Einzelprojekte auf den Weg gebracht und innerhalb von drei Jahren 26 Projekte mit Erfolg beendet werden. Vergleicht man jedoch die erreichten Veränderungen mit einem - wenn auch noch nicht in voller Schärfe klar gezeichneten - Bild einer Verwaltung im Jahre 2000, stellt man fest, daß die bisherigen Reformerfolge zwar durchaus zu würdigen sind, aber gemessen an den Herausforderungen nur eine Zwischenstufe markieren können. Die Hauptursachen hierfür dürften darin liegen, daß von Seiten der Politik nicht mit der erforderlichen Deutlichkeit zukunftsorientierte Ziele gesetzt wurden und sich daher der natürliche Konservatismus der Verwaltung durchgesetzt hat" (Klotz/Mauch 1994, S. 232). Zu den Modernisierungsperspektiven für die Landesverwaltung in Nordrhein-Westfalen, s. Stöbe 1995 (1)

Landesverbände ein. Die Regierungskommission definierte die Reformziele in einem Arbeitsprogramm: Für den Personalbereich soll der Landesregierung ein modernes, auf den Erfahrungen privater Unternehmen aufbauendes Personalmanagementkonzept vorgeschlagen werden. Die Ausarbeitung der Konzeption übernahm die Stabsstelle Verwaltungsstruktur, Information und Kommunikation. Inzwischen liegt die Konzeption vor, die Pilotprojekte sind abgeschlossen. Eine landesweite Einführung ist geplant (vgl. Staatsanzeiger für Baden-Württemberg vom 27.11.1995).

Klotz/Mauch schildern konzeptionelle Überlegungen, Umsetzungsschritte und bisherige Erfahrungen der Implementierung der Personalmanagementkonzeption in der Landesverwaltung Baden-Württembergs. Die folgende Darstellung orientiert sich im wesentlichen an den Ausführungen der beiden Autoren und der Veröffentlichung „Verwaltung 2000. Strategisches Personalmanagement für die Landesverwaltung" der Stabsstelle Verwaltungsstruktur, Information und Kommunikation. Strategische Personalentwicklung wird hier - neben Personalmarketing und Personalcontrolling - als Teil des strategischen Personalmanagements beschrieben. Grundlage der Konzeptionsinhalte des Personalmanagement-Konzeptes in der Landesverwaltung Baden-Württembergs ist ein Szenario, das mögliche Entwicklungen und ihre Auswirkungen auf den Personalbereich beschreibt.

Es wird - zusammengefaßt - von folgenden Entwicklungen ausgegangen:
– Die BürgerInnen sehen sich als Kunden der öffentlichen Verwaltung und erwarten verstärkt der freien Wirtschaft vergleichbare Qualitätsstandards, Transparenz von Entscheidungen und Kooperation. Von den MitarbeiterInnen wird die Außenorientierung ihres Verhaltens erwartet. Führungskräfte stehen im Schnittpunkt von Außen- und Binnenorientierung. Sie sollen ihre Position aktiv auch gegenüber den MitarbeiterInnen vertreten.

– Die Ausgaben- und Aufgabenentwicklung werden das Bild staatlicher Leistungen verändern und vom Personal verstärkt Veränderungsbereitschaft und Veränderungsfähigkeit fordern. Dazu sind motivierte, qualifizierte, informierte und engagierte MitarbeiterInnen erforderlich.

– Es ist von einer Dynamisierung der technischen Veränderungen auszugehen, mit Auswirkungen auf die Anforderungsprofile der Stellen und die geforderten Eingangsqualifikationen. Informationssteuerung und -verarbeitung gewinnen an Bedeutung. Das Szenario für die Landesverwaltung Baden-Württembergs geht davon aus, daß sich Betriebszeit und individuelle Arbeitszeit auseinander entwickeln können, von daher können sich flexible Formen der Arbeitsgestaltung ergeben.

– Die zunehmende Bedeutung des Dienstleistungssektors bewirkt, daß der Dienstleistungs- und Kommunikationsbereich sich zu zukünftigen Schwerpunkten der Landesverwaltung entwickelt. Die Tätigkeitsfelder der MitarbeiterInnen werden sich verändern. Gruppen- und Teamarbeit werden verstärkt zur Komplexitätsbewältigung und zur Qualitätssteigerung eingesetzt.

- Die Landesverwaltung muß den Wettbewerb mit der Wirtschaft um attraktive Arbeitsplätze und interessante berufliche Entwicklungsperspektiven aufnehmen.[9]
- Die MitarbeiterInnen definieren ihr Verhältnis zur Arbeit neu. Faktoren wie der Spaß an der Arbeit, das Betriebsklima, eine sinnvolle Tätigkeit, Fortbildung und Entscheidungsfreiheit gewinnen für die Arbeitszufriedenheit zunehmend an Bedeutung.
- Die zu ergreifenden und miteinander verflochtenen Einzelmaßnahmen auf dem Gebiet der Personal- und Organisationsentwicklung bedürfen einer Leitbildorientierung.

Die zu entwickelnden Leitbilder müssen das ebenfalls noch auszuarbeitende Instrumentarium an Personalmanagement-Maßnahmen durchdringen.

Die Konzeption des strategischen Personalmanagements in Baden-Württemberg geht davon aus, daß sektorale Verbesserungsansätze nicht mehr ausreichen, um zu erwünschten Verbesserungen und Potentialerschließungen zu kommen, vielmehr soll mit ihr eine führungspolitische Gesamtorientierung erreicht werden. Ziel ist es, mit einer ganzheitlichen Orientierung der politischen Vorgabe - Verbesserung der Arbeitsbedingungen und Steigerung der Motivation der Bediensteten - zu entsprechen.

5.2.2 Implementierung

„Das Instrumentarium der ersten Umsetzungsphase setzt sich aus folgenden Bestandteilen zusammen:
- der Erstellung von Leitbildern und Leitlinien,
- der Durchführung von Mitarbeiterbefragungen,
- der Durchführung von Beratungs- und Förderungsgesprächen,
- der Verbesserung der Auwahl und Entwicklung von Führungskräften,[10]

---

[9] Auf Personalgewinnungsprobleme der Städte, insbesondere in Bereichen, in denen eine Angebotskonkurrenz zu Stellenangeboten der Wirtschaft besteht, weisen Dieckmann/Löhr hin. Sie sehen es deshalb als dringend erforderlich an, Maßnahmen zu ergreifen, damit die Stadtverwaltung attraktive Arbeitgeber sind, s. Dieckmann/Löhr 1994, S. 347ff. Näheres s. oben unter 5.1

[10] Seit 1984 gibt es die 'Führungsakademie des Landes Baden-Württemberg' in Karlsruhe (s. Rundel 1994, S. 1031ff.). Die Institution verfolgt drei Ziele:

„-ausgewählte Beamte des höheren Dienstes als Führungsnachwuchs qualifizieren,

-ein Stück Karriereplanung in die öffentliche Verwaltung einführen,

-über die zurückflutenden Beamten Reformpotential in den Verwaltungsapparat tragen" (Hager 1994, S. 56). Über die individuelle Schulung hinaus sieht Hager in der Führungsakademie einen zentralen Baustein der Personalentwicklung und der Verwaltungsreform. „Ziel ist eine ressortübergreifende Gesamtschau des Führungsnachwuchses durch das Staatsministerium" (S. 58 a.a.O.). Hager stellt in seinem Beitrag neben der Führungsakademie des Landes Baden-Württemberg den

- der Machbarkeit von Stellenanforderungsprofilen sowie von Eignungs- und Leistungsprofilen,
- der Weiterentwicklung einer bedarfsorientierten Fortbildung,
- der Herausgabe regelmäßiger Mitarbeiterinformationen und
- der Schaffung von materiellen Leistungsanreizen.

Weitere Instrumente der Konzeption sind:
- der Aufbau eines Personalverwaltungssystems,
- die Verbesserung des behördlichen Vorschlagwesens,
- die Förderung der Fachspezialisten,
- Maßnahmen zur Verbesserung der Arbeitsergebnisse,
- die Verbesserung des Arbeitsumfeldes,
- die Steuerung des Personaleinsatzes,
- die Entwicklung (von) zielgruppenorientierte(n) Personalgewinnungsstrategien"
(Klotz/Mauch: VOP 4/1994, S. 238).

Die Autoren beschreiben insbesondere die Instrumente Leitbilderstellung, Mitarbeiterbefragung sowie Beratungs- und Förderungsgespräch. Über die 'Tauglichkeit' dieser Instrumente liegen erste Erfahrungen für den Landesbereich vor.

Im Zentrum der ersten Implementierungsphase der Personalmanagementkonzeption steht aus Sicht der Landesverwaltung Baden-Württembergs die Erarbeitung von **Leitbildern** und **Leitlinien**.

Leitbilder sollen zum einen als Leitgedanken innerhalb der Reformdiskussion dienen. Sie stellen also eine politische Vision, eine 'Philosophie', ein neues Selbstverständnis, eine normative Sollvorstellung einer modernen öffentlichen Verwaltung dar. Zum anderen sollen sie neue Akzente mit Blick auf Leistung, Verhalten und Organisation setzen, um die Verwaltung ziel- und ergebnisorientiert zu steuern und die Erwartungen der BürgerInnen an ein modernes Dienstleistungsunternehmen Staat zu erfüllen.

Leitbilder richten sich zudem an den Beschäftigten aus, geben Führungs- und Verhaltensmuster vor, tragen auf diese Weise zu einer Verbesserung der Arbeitszufriedenheit bei, fördern die Identifikation der MitarbeiterInnen mit der Behörde und bilden die Grundlage für eine aktive Personalplanung und -entwicklung.

Leitbilder sollen schließlich als Deregulierungsinstrument dienen. Mit ihnen wird die Chance verbunden, über die Vermittlung von Werten und Verhaltensmaßstäben und die Delegation von Handlungs- und Entscheidungsverantwortung den Regelungsbedarf zu reduzieren und die Beschäftigten entsprechend ihrer beruflichen Qualifikation innerhalb des gesetzlichen Rahmens selbst gestalten und entscheiden zu lassen. Die Re-

---

Lehrgang für Verwaltungsführung in Bayern und das Führungskolleg an der Hochschule für Verwaltungswissenschaften in Speyer vor.

gelungsorientierung könnte so durch eine Aufgaben- und Werteorientierung abgelöst werden (vgl. Klotz/Mauch 1994, S. 236f.).[11]

In Leit*bildern* werden in der hier vorgestellten Personalmanagementkonzeption die strategischen Ziele zusammengefaßt, in Leit*linien* dagegen die operativen Ziele dargestellt. Die Leitbilder konzentrieren sich daher auf wesentliche Entwicklungsbedürfnisse mit längerfristigen Gültigkeit. Sie sind notwendigerweise abstrakt. Die Leitlinien enthalten demgegenüber die konkreten, veränderbaren und weiter zu entwickelnden Handlungs- und Verhaltensinstrumente. Hierzu zählen beispielsweise die Darstellung von Führungsinstrumenten wie das Beratungs- und Förderungsgespräch oder die Vorstellung von Mitarbeiter- und Verwaltungskundenbefragungen. Mit der Entwicklung der Leitbilder wurde die Stabsstelle Verwaltungsstruktur, Information und Kommunikation im Innenministerium beauftragt.

Das Leitbild der Landesverwaltung Baden-Württembergs, im Dezember 1995 beschlossen, setzt sich aus einer Präambel und drei Einzelbildern zusammen:

Präambel des Leitbildes der Landesverwaltung Baden-Württembergs

„Die Verwaltung des Landes Baden-Württemberg steht im Dienst der Bürgerinnen und Bürger. Sie versteht sich als ein dem Gemeinwohl verpflichteter Dienstleister. Sie ist ein leistungsfähiger Partner bei der Bewältigung der Gegenwarts- und Zukunftsaufgaben.
Die Landesverwaltung stellt sich kreativ, engagiert und zielorientiert den vielfältigen und komplexen Anforderungen. Sie trägt durch die Qualität ihrer Leistungen zur Steigerung der Attraktivität des Landes bei.
Die der Landesverwaltung gestellten Aufgaben sind nur durch die gemeinsame Leistung aller Mitarbeiterinnen und Mitarbeiter zu bewältigen. Eine enge und vertrauensvolle Zusammenarbeit bildet daher die Grundlage der Beziehungen sowohl zwischen allen Mitarbeiterinnen und Mitarbeitern als auch zwischen den einzelnen Behörden.
Jede Mitarbeiterin und jeder Mitarbeiter ist aufgerufen, den von dem Leitbild beschriebenen Handlungsrahmen auszufüllen und durch beispielgebendes Verhalten zu verwirklichen."[12]

Einzelbilder des Leitbildes:

– Verwaltung als Dienstleister,

– Kooperativ führen und vertrauensvoll zusammenarbeiten,

– Den Dienstbetrieb gestalten.[13]

---

[11] Zu den ersten Schritten einer Leitbildentwicklung für die Verwaltung des Landes Schleswig-Holstein, s. Simonis 1995, S. 270ff.

[12] Stabsstelle Verwaltungsstruktur, Information und Kommunikation 1996, S. 6

'Verwaltung als Dienstleister' heißt im einzelnen: für die Beschäftigten im Rahmen ihrer Aufgaben Partner zu sein, Selbstbeschränkung zu üben, Akzeptanz zu suchen und Qualität zu erbringen.

'Kooperativ führen und vertrauensvoll zusammenarbeiten' bedeutet ein Bekenntnis der Landesverwaltung zum kooperativen Führungsstil, mit folgender Bedeutung: Aufgaben und Verantwortung delegieren, Ziele gemeinsam festzulegen, Informationen auszutauschen, Mitarbeiter fördern und kollegial zusammenzuarbeiten.

'Den Dienstbetrieb gestalten' will heißen: Organisation optimieren, zweckmäßig und wirtschaftlich handeln, den Arbeitsplatz menschengerecht gestalten, Betriebsmittel umweltschonend einsetzen und Aufgabenkritik üben.

Initiator für die in Baden-Württemberg im Herbst 1993 durchgeführten **Mitarbeiterbefragungen** war die Regierungskommission Verwaltungsreform. Sie beauftragte das Innenministerium gemeinsam mit der Hochschule für Verwaltungswissenschaften Speyer, die Konzeption eines Modellprojekts Mitarbeiterbefragung im Innenministerium auszuarbeiten. In das Pilotprojekt wurden fünf Behörden mit unterschiedlichen Anforderungsprofilen und über 1000 MitarbeiterInnen eingebunden.[14] Durch die Fremdvergabe der Befragungen erwartete man eine höhere Akzeptanz bei den Beschäftigten und eine Verringerung der Skepsis gegenüber diesem Instrument und seinem Wirkungsgrad.

Die Laufzeit des Gesamtprojekts umfaßte zwei Jahre, in Vorphase, Entwicklungsphase, Durchführungs-, Auswertungs- und Umsetzungsphase gegliedert. Die Befragungsergebnisse wurden in Ergebnisbänden zusammengefaßt und mit Kurzkommentierungen versehen, den Beschäftigten bei der Präsentation der Resultate ein Substrat relevanter Aussagen aus dem Ergebnisband ihrer Behörde ausgehändigt.

Die Mitarbeiterbefragung hat sich Klotz/Mauch zufolge als Diagnoseinstrument in den Kernbereichen der Landesverwaltung von Baden-Württemberg bewährt; in den beteiligten Behörden habe sie einen Quantensprung in der Organisationsentwicklung ausgelöst.

„Ohne diese Entwicklungsstufe hätten weder das geplante Beratungs- und Förderungsgespräch den erforderlichen Zuspruch, noch das Thema Auswahl und Entwicklung der

---

[13] S. ebenda mit Erläuterungen zu den Einzelbildern ab S. 9, sowie S. Klotz/Mauch: VOP 5/1994, S. 341f.. Handlungsperspektiven für die Landesverwaltungen insgesamt ergeben sich, wie die Herausgeber des Bandes „Den Staat neu denken" hervorheben, vor allem durch drei Ansatzpunkte: „Leitlinien für die Modernisierung der Landesverwaltung ergeben sich aus den Prinzipien Kundenorientierung, der Mitarbeiterorientierung und der Kooperationsorientierung". S. Behrens, F. et al. 1995, S. 377ff.

[14] Es waren dies das Innenministerium und ein weiteres Ministerium, ein Regierungspräsidium und zwei Finanzämter, s. Klotz/Mauch: VOP 6/1994, S. 432.

Zum Speyerer Ansatz der Mitarbeiterbefragung, s. Klages/Gensicke/Haubner 1994

Führungskräfte die notwendige Unterstützung erhalten, die für die Implementierung dieser Folgeprojekte erforderlich sein wird." (Klotz/Mauch: VOP 1(1995, S. 31).

Das **Beratungs- und Förderungsgespräch** besteht entsprechend der Konzeption der Landesverwaltung aus den drei Einzelelementen Beratung, Zielvereinbarung und Förderung.

Im Element <u>Beratung</u> soll der Vorgesetzte die Leistungen seiner Mitarbeiterin oder seines Mitarbeiters anerkennen, die Arbeitszufriedenheit thematisieren, Aspekte der Zusammenarbeit besprechen, evtl. aufgetretene Mißverständnisse bereinigen und sich nach den Umständen für Erfolg oder Leistungsbeeinträchtigung erkundigen. Gemeinsam sollen Wege zur Beeinflussung von Erfolgs- oder Mißerfolgsfaktoren erarbeitet werden. Im Gespräch sollten auch die Interessen des Mitarbeiters zum Ausdruck kommen, ebenso ihre Verwirklichung in der Arbeit diskutiert werden.

Kernstück dieses Instruments stellt die <u>Zielvereinbarung</u>, also die Einigung über anzustrebende Arbeitsziele dar. Die Zielvorstellungen der Vorgesetzten und die Ziele der/des Beschäftigten sind im Rahmen bestehender Vorgaben zusammenzutragen, zu erörtern, zu gewichten und gemeinsam als bindendes Programm festzustellen.

Das Element <u>Förderung</u> wird als der gestalterische Aspekt des Gesprächs angesehen und hat folgende Funktionen:

- Hilfestellung beim Finden neuer Ziele und Wege zur Zielerreichung,

- realistische Einschätzung der fachlichen und persönlichen Voraussetzungen,

- Erkennen eines Qualifikationsbedarfs und Unterstützung bei der Qualifizierung (Anregungen zum Selbstlernen, Schulungen und Fortbildungen),

- Beurteilung von Potentialen und Entwicklung von Verwendungsvorstellungen, auch auf einem internen 'Stellenmarkt' (vgl. Klotz/Mauch: VOP 2/1995, S. 117f.).

Das Beratungs- und Förderungsgespräch wurde im Innenministerium, einem Regierungspräsidium und zwei Finanzämtern erprobt, in drei Phasen:

„- Phase I:
  Information der Mitarbeiterinnen und Mitarbeiter über die Ziele und wesentlichen Inhalte des Beratungs- und Förderungsgesprächs

- Phase II:
  Gesprächsdurchführung

- Phase III:
  Evaluation des Gesprächstyps und der Gesprächsdurchführung" (dies.: VOP 4/1995, S. 210).

Die Evaluation geschah auf der Grundlage einer Befragung von Gesprächsteilnehmern mit der Aufforderung, ihren unmittelbaren Gesprächseindruck in einem Bewertungsbogen wiederzugeben. Darüber hinaus wurden Leitfadeninterviews mit Führungskräften und Beschäftigten durchgeführt; ebenso Gesprächsrunden mit Führungskräften einberufen, die Teilnehmer (bis 20 Personen) nach dem Zufallsprinzip ausgewählt. Der Schwerpunkt dieser Gespräche lag auf Problemen der Transformation von Einzelelementen in die Verwaltungspraxis.

Klotz/Mauch stellten erhebliche Wahrnehmungs- und Bewertungsunterschiede mit Blick auf den Abschluß von Zielvereinbarungen fest. Während lediglich 40,8 Prozent der Führungskräfte eine Vereinbarung verwirklicht sahen, betrachteten 63,9 Prozent der Befragten Zielvereinbarungen als abgeschlossen.

„Die Zielfrage als Kulminationspunkt der Verwaltungsmodernisierung wird sich wohl erst dann mit aller Deutlichkeit stellen, wenn die verwaltungsökonomischen Reformansätze wie beispielsweise Globalhaushalt, dezentrale Ressourcenverantwortung und vor allen Dingen ein Controlling sowie die Möglichkeit, Leistungszulagen zu gewähren, eingeführt werden. *Das Arbeiten mit Zielen, Zielvereinbarung und Erfolgskriterien bilden die gemeinsame Schnittstelle von motivationalen und ökonomischen Ansätzen.* " (dies.: VOP 4/1995, S. 215)

Nach Ansicht der Autoren wächst der zukünftige Bedarf an fachlicher Förderung erheblich. Förderungsvorschläge schlossen seminaristische Bereiche, jedoch auch Anleitungen zur Lektüre von Fachliteratur und Wege zur Aufgabenveränderungen mit ein. Das Gespräch betrachteten die Beteiligten im Sinne eines 'besseren Beurteilungsfilter' mit höherer Relevanz als die Regelbeurteilung, es trage zu einer Versachlichung der Beurteilungslage bei. Zudem ermögliche das Gespräch eine differenziertere Leistungssteuerung als die Regelbeurteilung. Die Selbstdiagnose im Gespräch sei die bessere Lösung.[15]

5.3 „Qualitätsmanagement": Personalentwicklung unter Wettbewerbsbedingungen bei den gesetzlichen Krankenkassen

Etwa 90 Prozent der Bevölkerung der Bundesrepublik gehören der gesetzlichen Krankenversicherung (GKV) an. Gemäß ihrem Auftrag in § 11 SGB V hat die GKV folgende Leistungen zu gewähren:

„- zur Förderung der Gesundheit,

- zur Verhütung von Krankheiten,

- zur Früherkennung von Krankheiten,

- zur Behandlung einer Krankheit,

- zur medizinischen Rehabilitation,

- bei Schwerpflegebedürftigkeit,

- Zahlung von Krankengeld,

---

[15] Zu den Möglichkeiten und Grenzen der Personalbeurteilung und der Notwendigkeit, sie (zumindest teilweise) durch individualisierte Verfahren wie Mitarbeitergespräche zu ersetzen, s. Steinort 1995, S. 32ff. Dort finden sich auch weitere Literaturangaben zum Thema Personalbeurteilung.

- Zahlung von Sterbegeld."

(Bundesministerium für Arbeit und Sozialordnung 1995, S. 121)

Grundprinzipien der Absicherung des Gesundheitsrisikos sind:

"- Solidarprinzip,

- Subsidiaritätsprinzip,

- Zugang zur Hochleistungsmedizin ohne Rücksicht auf Alter oder Einkommen,

- Qualitätssicherung, nicht nur unter ökonomischem Aspekt, zugleich als ethische Forderung,

- freie Arztwahl,

- autonome Selbstverwaltung der gesetzlichen Kassen,

- pluralistisch geprägtes, gegliedertes System mit einer Vielfalt von Trägern, Verbänden und Selbsthilfeorganisationen" (ebd., S. 139f.)

Die gesetzliche Krankenversicherung wird von 990 Krankenkassen (Stand Januar 1995) durchgeführt, die nach regionalen, betrieblichen und berufsbezogenen Kriterien entstanden sind. Neben 92 Allgemeinen Ortskrankenkassen gibt es 707 Betriebskrankenkassen, 153 Innungskrankenkassen, 21 landwirtschaftliche Krankenkassen, die See-Krankenkasse, die Bundesknappschaft, 7 Ersatzkassen für Angestellte und 8 Ersatzkassen für Arbeiter. Bei allen gesetzlichen Krankenkassen handelt es sich um Selbstverwaltungskörperschaften, deren Organe sich im Regelfall paritätisch aus gewählten Vertretern der Versicherten und Arbeitgeber zusammensetzen. Abweichungen hiervon liegen bei den Ersatzkassen und der Bundesknappschaft vor. Ein Verwaltungsrat hat Aufsichts- und Kontrollfunktionen. Er entscheidet über den Haushalt und den Beitragssatz, überwacht den Vorstand, verfügt über ein erweitertes Recht der Amtsenthebung und hat generell alle Entscheidungen zu treffen, die von grundsätzlicher Bedeutung sind. Leitungs- und Organisationsaufgaben des bisherigen Geschäftsführers und des Vorstandes hat der hauptamtliche Vorstand übernommen, dessen Mitglieder (je nach Größe der Kasse 2 oder 3 Personen) durch den Verwaltungsrat auf sechs Jahre gewählt werden.

Das „Kerngeschäft" bestand für die Krankenkassen über einen langen Zeitraum beinahe ausschließlich in administrativen Funktionen: „Die Krankenversicherungen vermitteln ihren Versicherten eigene monetäre Leistungen (Krankengeld) sowie Sach- und Dienstleistungen, die von Dritten (Ärzten, Krankenhäusern, Pflegestationen oder Heil- und Hilfsmittelherstellern) produziert werden. Die Leistungen und sonstigen Ausgaben werden durch Beiträge der Versicherten und ihrer Arbeitgeber finanziert, die von den Krankenkassen berechnet, erhoben und mit den Leistungserbringern auf Basis von Kollektivverträgen abgerechnet werden." (Oppen 1995, S. 74f.)

Verschiedene externe Faktoren führten seit den 70er Jahren zu veränderten Bedingungen der Leistungserbringung, die ein für Innovationen relativ günstiges Klima schufen: Mit der präventiven Sozialpolitik sind die Krankenkassen zur Beteiligung an gesundheitssichernden Maßnahmen aufgefordert. Mit der Kostendämpfungspolitik seit Ende der 70er Jahre sind den Krankenkassen umfangreiche Steuerungskompetenzen gegenüber den Leistungsanbietern zugewachsen. Größere Autonomie der verselbständigten Verwaltungseinheiten sowie geringere staatliche Kontrolle eröffneten Handlungsspielräume und Flexibilitäten hinsichtlich der organisatorischen, technischen und personellen Anpassung an veränderte Umweltbedingungen. Budgetverantwortung und Beitragssatzautonomie führten immer schon zu einer relativen Kosten- und Leistungstransparenz und einer klaren Managementverantwortung für Ausgaben und Einnahmen und damit zu einem nicht unerheblichen Handlungsdruck, denn hohe Ausgaben erforderten hohe Beitragssätze, und diese machten die Kasse für die kassenwahlberechtigten Mitglieder unattraktiv (bei den Ortskrankenkassen waren dies bis zum Jahr 1995 die Angestellten und freiwillig Versicherten). Seit 1.1.1996 können auch die Arbeiter ihre Krankenkasse frei wählen, und zwar ohne Änderungen der Bedingungen für die Versicherten, wie dies bei einem Wechsel einer privaten Krankenkasse der Fall ist, denn der Beitragssatz in der GKV ist vom Einzelfall-Risiko unabhängig. Bereits im Vorfeld verschärfte die freie Kassenwahl den Wettbewerb vor allem um sog. günstige Risiken (vgl. Seehofer 1993, S. 263f.).

Hinzu tritt der schon seit längerem rückläufige Mitgliederbestand der Ortskrankenkassen. Im Zuge der Tertiarisierung der Wirtschaftsstruktur nahm der Anteil der wahlberechtigten Mitglieder mit der Folge einer Abwanderung der eher günstigen Risiken des Angestelltenbereichs zu den Ersatzkassen oder in die private Krankenversicherung zu.[16] Zudem haftete den Ortskrankenkassen ein historisch gewachsenes, strukturbedingtes Image als Arbeiter- oder Armenkasse an. Für die Ortskrankenkassen ging es deshalb zur Stabilisierung der Ausgaben und Einnahmen darum, eine ausgewogene Mitgliederstruktur zu erreichen. Mitgliedergewinnung und Bindung sollten durch eine neue Dienstleistungsorientierung unterstützt werden.

5.3.1 Personalentwicklungsstrategie des Bundesverbands der Ortskrankenkassen

In der ersten Hälfte der 80er Jahre wurde auf Verbandsebene ein Strategiekonzept entwickelt mit dem Ziel des Abschieds vom „Behördencharakter" und der Umgestaltung in ein modernes Dienstleistungsunternehmen, um besser auf die Herausforderungen des Marktes, auf die Erwartungen und Anforderungen der Versicherten, Arbeitgeber, Vertragspartner und der Gesellschaft eingehen zu können.

---

[16]   Durch das Gesundheitsstrukturgesetz wurde ab 1994 ein bundesweiter einnahmeorientierter Risikostrukturausgleich zwischen allen Kassen und Kassenarten eingeführt. Vor allem die Ersatzkassen mit günstiger Risikostruktur zahlen jetzt an die strukturschwächeren (Ortskranken-)Kassen. Dies wird zu einer Beitragssatzangleichung führen, was Einfluß auf die Abwanderung bei den Ortskrankenkassen haben könnte. Unter der Überschrift „HEK-Versicherte zahlen zuviel" informierte beispielsweise die Hanseatische Ersatzkasse in ihrem Versichertenmagazin (HEK INFORM, Heft 3/1995, S. 3) über Beitragssatzanhebungen im Jahr 1994 aufgrund des Strukturausgleichs. Für 1995 würden für diesen Aufwendungen in Höhe von 25 % Beitragseinnahmen erforderlich.

Kern der neuen „Unternehmensphilosophie" war neben der Stärkung der „corporate identiy" im Binnen- wie im Außenverhältnis durch öffentlichkeitswirksame Maßnahmen zur Selbstdarstellung und der ordnungsgemäßen Umsetzung von Gesetzen die Produktion eines „Zusatznutzens" für die Kunden sowie der technisch-organisatorische Umbau zur Ausbildung von Kapazitäten für bisher vernachlässigte Aufgaben. Es bestand die Absicht, sozusagen 'in einem Zug' die Arbeitsprozesse, Aufgabenzuschnitte, Steuerungsprozesse von Arbeitsabläufen, Personaleinsatzstrategien und Geschäftspolitik zu verändern. Um die Diffundierung des neuen Selbstverständnisses auf die Ebenen von Selbstverwaltungsmitgliedern, Geschäftsführern und Führungskräften der Ortskrankenkassen voranzutreiben, wurden im Nachgang zum Ortskrankenkassentag des Jahres 1983 mehrfach unternehmenspolitische Seminare unter Beteiligung von Wissenschaftlern und Praktikern zu kunden- und marktorientiertem Handeln vom Bundesverband oder den Landesverbänden organisiert und kassenübergreifende Projektgruppen zu unternehmenspolitischen Schwerpunkten gebildet. Das Ziel war, einen Innovationsprozeß entsprechend den sich wandelnden Umweltbedingungen in Gang zu setzen, mit dem sich auch längerfristig mutative Änderungen durchsetzen ließen. In diesem Zusammenhang wurde unterschieden nach:

- Produktinnovationen (zum Beispiel Leistungsgestaltung, Beitragspolitik),

- Prozeßinnovationen (zum Beispiel kundenorientierte Sachbearbeitung) und

- Sozialinnovationen (zum Beispiel verbessertes Kooperations- und Führungsverhalten (vgl. AOK-Bundesverband 1990).

Dabei nahm der Verband weniger eine reine Sparrationalisierung als eine stärkere Dienstleistungsorientierung in den Blick.

„Dieses Konzept verlangte von der Selbstverwaltung wie von den Beschäftigten 'Identifikation mit den gesetzten Zielen, Leistungsbereitschaft und engagierte Orientierung auf Versicherte und Arbeitgeber' (Balzer 1984: 94). Die Entwicklung und Nutzung der personellen Ressourcen für die Umgestaltung der Behörde in ein 'Dienstleistungsunternehmen' war neben der Ausschöpfung technischer Potentiale von Beginn an eine zentrale Vorgabe. Die Bereitschaft des/der Einzelnen zum Mitdenken, zur Flexibilität und zur verstärkten Eigenverantwortung sowie neue Kooperations- und Kommunikationsformen sollten entwickelt und gefördert werden. Die Reintegration ehemals sachgebietsbezogener, nach Anliegen der Klienten verteilter Betreuung und eine entsprechende Fortbildung sowie eine Leistungsbewertung, für die nicht nur Fachwissen, sondern auch die am 'Dienstleistungsgedanken ... orientierte Anwendung dieses Wissens ausschlaggebend sind' (ebenda), waren wichtige Programmpunkte einer grundlegenden Umgestaltung."[17]

---

[17] Oppen 1995, S. 78f.. Die angeführten Zitate aus Balzer 1984 hat Oppen dem Beitrag „Balzer 1984: AOK - Partner der Versicherten und Arbeitgeber - Gemeinsam und leistungsstark in die Zukunft, in: Die Ortskrankenkasse, Heft 3-4" entnommen.

Ein Bewußtsein über das Erfordernis von Personalentwicklung war, zumindest was die konzeptionelle Seite auf Verbandsebene anbelangt, im Bereich der Ortskrankenkassen früh verbreitet. Bereits ein flüchtiger Blick auf die Titelblätter des Magazins für Führungskräfte „AOK-MANAGEMENT" seit der ersten Ausgabe im Jahr 1977 zeigt, daß bereits Themen diskutiert werden, denen in anderen Teilen der öffentlichen Verwaltung gegenwärtig Aktualität zukommt:

- Wie motiviert man Mitarbeiter? (1/77)

- Bessere Kommunikation durch klare Auftragstechnik (5/78).

- Betriebsklima: Hoch oder tief; - Kritikgespräch aber richtig (5(80).

- Ohne Ziel kein Treffen; - Arbeitsplätze, die Spaß machen (1/81).

- Menschen im Betrieb: Psychologie, Mitarbeiterinformation, Autorität (6/82).

- Führungskräfte heute: Vorbilder ohne Sockel? (4/84).

- Führungspersönlichkeit entwickeln; Innere Kündigung (4/86).

- Modellvorgesetzte - Orientierungspunkte für den Führungsnachwuchs (2/87).

- Qualifikation als Schlüssel: Personalplanung und -entwicklung = qualifizierte Mitarbeiter für die Zukunft; Körpermanagement; Chefsache Information; Führungstraining (2/88).

Das Vorhandensein eines Führungskräftemagazins auf Verbandsebene ist für den öffentlichen Bereich ebenfalls nicht selbstverständlich. Anläßlich der Ausdehnung der Zuständigkeit der AOKen auf die neuen Bundesländer wurden die Beiträge zu Führungsthemen im Jahre 1990 zu einem Kompendium zusammengestellt. Im Vorwort heißt es:

„ ... Insbesondere vor dem Hintergrund eines scharfen Wettbewerbs spielen Führungsfragen eine herausragende Rolle. Diese Erkenntnis ist auch für die AOK nicht neu. Sie mußte in den siebziger und frühen achtziger Jahren dem alten verwaltungs- und hierarchieorientierten Führungsverhalten ihres Managements den Kampf ansagen und neues, mitarbeiter- und wettbewerbsorientiertes Führen fördern. Schon seit langem wird darum den AOK-Führungskräften durch vielfältige Schulungs- und Trainingsmaßnahmen zeitgemäße und effektive Mitarbeiterführung nähergebracht. Seit 1977 gibt es zudem das AOK-Führungskräftemagazin AOK-MANAGEMENT, das die Vermittlung von Managementwissen, besonders auch von Führungswissen, von Anfang an zu seinen Hauptaufgaben zählte. ..." (AOK-Bundesverband 1990, S. 3)

Einen Überblick über die aktuell vom Verband angebotenen Informationen zum Thema Personalentwicklung gibt das Stichwortverzeichnis der Jahresübersicht des Magazins für Führungskräfte AOK-MANAGEMENT (hier 1994):

Change-Management; Chef; Controlling; Erfolgsstrategien; Fragetechnik; Frauenförderung; Führungskonzepte; -rollen, -verhalten, -grundsätze; Führungskräfte, -motivation, -qualifizierung, -training, autoritäre Führungskräfte; Kommunikation; Kommunikationsstile, -test; Konflikte; Leitbild, -berater; Mitarbeiterkreativität. -qualifizierung; Moderationstechnik; Organisationsentwicklung; Personalentwicklung; Profit Center; Qualitätszirkel; Redetechnik; Streß; Trainee-Programm; Weiterbildung.

Die Verbandskonzeption sieht Personalentwicklung bei den AOKen im Rahmen eines Total-Quality-Services-Ansatzes (TQS). Inhaltlich bedeutet dieses die Ausrichtung des gesamten Unternehmens auf die Bedürfnisse des Kunden, auf den Kundennutzen. Eine Differenzierung nach unterschiedlichen Formen des Kundennutzens beinhaltet:

"1. Grundlegender Kundennutzen: Wer in ein Restaurant geht, möchte in einer akzeptablen und sauberen Umgebung etwas Genießbares essen.

2. Erwarteter Kundennutzen: Er erwartet dort eine gewisse Auswahl von Speisen und vernünftige Preise.

3. Erwünschter Kundennutzen: Er wünscht sich, daß der Kellner freundlich ist und seine Sonderwünsche erfüllt.

4. Unerwarteter Kundennutzen: Er ist überrascht, daß er auf Kosten des Hauses vor dem Essen einen Drink bekommt." (AOK-Management, 3/95, S. 5)

Aus der Perspektive der Personalentwicklung ist die Auffassung von Interesse, im Rahmen des TQS jede Person als Kunde eines anderen zu betrachten:

„der Mitarbeiter für die Führungskraft - und umgekehrt, der Kollege für den Kollegen, die eine Abteilung für die andere. 'Wenn Sie nicht dem Kunden dienen, so besteht Ihre Aufgabe darin, jemandem dienlich zu sein, der dem Kunden dient', so lautet das Gebot. Der innerbetriebliche Service fördert nicht nur die richtige Einstellung. Ohne ihn kann das Management-Modell TQS gar nicht funktionieren. Denn sonst käme der einzelne Mitarbeiter gegenüber dem Kunden schnell ins Schleudern: Er kann nicht so handeln, wie er möchte, weil sein Kollege nicht so gehandelt hat, wie er sollte. Ein guter innerbetrieblicher Service setzt jedoch eine offene Kommunikation voraus. Jeder Mitarbeiter muß seine Bedürfnisse mitteilen und auf der Einhaltung der Vereinbarungen bestehen können." (ebd., S. 8f.)

Neben der breit gefächerten Information, Motivation und Schulung der gesamten Mitarbeiterschaft werden zur Umsetzung des TQS weitere zehn Maßnahmen empfohlen:

1. Schulung und Motivation der obersten Führungskräfte,

2. Schulung und Motivation der Führungskräfte auf allen Ebenen,

3. Bildung von Qualitätsgruppen,

4. Schnelle Verbesserungen als konkrete Beispiele für die Mitarbeiter,

5. Analyse des Kundennutzens,

6. Festsetzung von Qualitätsverbesserungszielen,

7. Bestandsaufnahme der innerbetrieblichen „Psyche",

8. Einbeziehung des Mittelmanagements,

9. Schaffung von Feedbackmöglichkeiten,

10. Beurteilung der betrieblichen Maßnahmen immer auch unter dem Gesichtspunkt des Kundennutzens (vgl. ebd., S. 7).

Wie bereits erwähnt, bringt die freie Kassenwahlmöglichkeit ab dem Jahr 1996 erhebliche Änderungen für die gesetzlichen Krankenkassen mit sich, die das Erfordernis der Mitarbeiterqualifikation unterstreichen. Soll Personalentwicklung, vom Bundesverband der Ortskrankenkassen als Teil der 'Unternehmensphilosophie' propagiert, konkret werden, sieht sich der Verband veranlaßt, die AOK-Mitarbeiter und hier besonders die Führungskräfte bereits im Vorfeld über die Veränderungen zu informieren und zudem Qualifizierungsangebote bereit zu stellen.

Eine Durchsicht der Exemplare des Magazins für Führungskräfte AOK-MANAGEMENT seit dem Bekanntwerden der Eckwerte der Ergebnisse aus den Verhandlungen zwischen Regierungskoalition und SPD-Opposition im Oktober 1992 zum Gesundheitsstrukturgesetz (GSG) bis Mitte 1995 ergab eine durchgängige Information über die zu erwartenden Änderungen ab dem Jahr 1996. Beispielhaft sei erwähnt:

Bericht von der AOK-Bundestagung in Hamburg Mitte September 1992, Abdruck der Referate des Bundesgesundheitsministers Seehofer und des stellvertretenden Vorsitzenden der SPD-Bundestagsfraktion Dressler (6/92),

12 Thesen zum Gesundheitsstrukturgesetz; Interview mit Seehofer (1/93),

Artikel zur Wahlfreiheit: Seine Majestät der Kunde (2/93),

Artikel zur Service-Offensive AOK '96 (3/93),

Artikel zur Verbesserung der Risiko-Strukturen: Ran an die richtigen Zielgruppen (6/94),

Kolumne: Weiterbildung in Zeiten des Umbruchs (2/95),

Interne Kampagne: Sich „schönmachen" für den Kunden (5/95).

Zum zweiten Aspekt, der Qualifizierung anläßlich der neuen Situation im Jahr 1996, berichtet das Magazin über eine Qualifizierungsoffensive bei der AOK Baden-Württemberg: Im Jahr 1993 wurden u.a. 270 Führungskräfte in Veranstaltungen über die Konsequenzen aus dem GSG informiert, Ausbildungslehrgänge zugunsten wettbewerbsrelevanter Themen verändert, das Weiterbildungsprogramm 1994 um eine Anzahl von Seminaren zur Steigerung der Führungskompetenz und der Verkaufsqualifikationen erweitert, darüber hinaus die Seminare für die Außendienstler intensiviert.[18]

---

[18] Als „zusätzliche Aktivitäten im Rahmen eines Sonderprogramms" werden in AOK-Management 2/95, S. 12 genannt:

- Informationsveranstaltungen für AOK-Führungskräfte 'Herausforderung 96' (zum Beispiel Führen mit Zielvereinbarung, Gesundheitsreformen),

- Mein Team und ich machen uns stark,

- Controlling - Grundqualifizierung,

- Mitarbeiter mit Spezialaufgaben,

Zusammenfassend gilt: externe Anstöße führen seit den 70er Jahren bei den AOKen von Verbandsseite zu einem umfassenden Qualitätsmanagement und zu konkreten PE-Angeboten.

5.3.2 Qualitätsmanagement und Personalentwicklung auf betrieblicher Ebene

In einer Untersuchung des Managementkonzepts der Krankenkassen kommt Oppen zunächst zu einem ernüchternden Ergebnis:

„In der einzelbetrieblichen Umsetzungspraxis herrscht allerdings nach Aussagen von Experten (Unternehmensberatungen) ein Produktionsmodell vor, das als strukturkonservativer, aber marktorientierter Typus bezeichnet werden kann. Charakteristikum ist die asymmetrische Entwicklung von Produktinnovationen unter weitgehender Vernachlässigung von 'Prozeß- und Sozialinnovationen'. Der Kern der Dienstleistungserstellung, die Wahrnehmung der gesetzlich verankerten Aufgaben, bleibt traditionell bürokratischen Leitbildern verhaftet; der kundenorientierte Modernisierungsprozeß ist wesentlich auf die werbewirksamen, neuen Aufgabenfelder bzw. Abteilungen beschränkt: Marketing, Mitgliedergewinnung und imageförderliche Dienstleistungsangebote zur Gesundheitsförderung. Eine so verstandene Markt- und Kundenorientierung gerät leicht in das Dilemma, kostentreibend und zugleich wenig effektiv zu sein. Solange keine grundlegende Umstrukturierung der gesamten Leistungserstellungsprozesse erfolgt, können Mittel für Leistungserweiterungen nicht ausreichend durch innerorganisatorische Prioritätenverschiebungen mobilisiert werden." (Oppen 1995, S. 79f.)

In unserem Interview äußerte ein AOK-Mitarbeiter seine subjektive Einschätzung des Wandels durch die propagierte Unternehmensphilosophie etwa so:
"Die AOK verlegt ihren Schwerpunkt weg vom Verwaltungsdienst zum Außendienst. Sie löst sich von gesetzlichen Vorgaben. Gesucht sind Verkäufertypen. Es gibt Zielvorgaben beim Werben neuer Mitglieder. Ein Teil der Seriosität bleibt auf der Strecke.

- Multiplikatorenschulung für die AOK-bezirksdirektionsinternen
  Veranstaltungen 'Herausforderung Kundenorientierung - AOK 96',

- Multiplikatorenschulung: 'Mein Kunde jetzt - ein Versichertenpotential für die AOK',

- Alle Mitarbeiter, ohne Führungskräfte,

- Fünf Veranstaltungen in den Bezirksdirektionen,

- Wir machen uns stark,

- Wir verbessern unsere Kunden- und Serviceorientierung,

- Wir halten und gewinnen Mitglieder,

- Wir argumentieren erfolgreich bei Einwänden,

- Der Kunde im Mittelpunkt - neue Ziele.

Dagegen galt früher, daß die Zusagen der AOK stimmen. Man muß sich fragen, ob die AOK zu einem Selbstbedienungsladen für die Mitglieder wird. In der Folge der Fusionierung der AOKen im Jahr 1994 werden Abteilungen zusammengelegt. Gewisse Abteilungen existieren nur noch als Rumpfabteilungen. Innerhalb der AOKen regen sich auch Gegenkräfte, auch von Seiten des Personalrats."

Praktische Bedeutung erhielt die 'Unternehmensphilosophie' Oppen zufolge in ihrer Breite bisher bei „nicht vielmehr als einer Hand voll" Kassen. Unter Experten werde von 'einigen Stars, die eine ganze Ecke weiter sind', gesprochen. Dort habe man begonnen, die Arbeitsstrukturen konsequent aus der Perspektive der Kunden umzustellen. Als Kennzeichen des dort umgesetzten klientenzentrierten und qualitätsorientierten Produktionskonzeptes benennt Oppen neue Führungsstile, Organisations- und Personalentwicklung, orientiert am sozialpolitischen Grundverständnis der Aufgaben einer Krankenkasse.

Herzstück ist die weitreichende horizontale und vertikale *Aufgabenintegration*. Eine für fast alle Anliegen einer alphabetisch abgegrenzten Kundengruppe zuständige „allround-Sachbearbeitung" ist weitgehend umgesetzt. Ein weiteres Merkmal stellt die weitgehende *Dezentralisierung von Entscheidungskompetenz* dar. Zwar gibt es kundenorientierte Handlungsvorgaben und Richtwerte des Managements, jedoch liegt die Entscheidungsverantwortung im Einzelfall - so bei Kann-Leistungen - auf der Ebene der Berater und Beraterinnen. Neue *teamförmige Arbeits- und Kontrollstrukturen* entsprechen der Enthierarchisierung des Organisationsaufbaus und Arbeitsablaufs. Qualitätsverantwortung und -kontrolle wurden in die Leistungsproduktion reintegriert. Neben der Nutzung technischer Potentiale zur Eigenkontrolle findet innerhalb der Arbeitsgruppe eine sog. Kreuzprüfung zwischen zwei Beschäftigten statt, nach dem Vorbild des Vieraugen-Prinzips bei Banken und Versicherungen. Die im Zuge des technisch-organisatorischen Umbaus frei gewordenen personellen Ressourcen werden gezielt in *Produktinnovationen* und *Leistungsverbesserungen* reinvestiert. Man hat erkannt, daß Klientenzentriertheit nicht nur einzelner Ziele, sondern der Gesamtheit des Modernisierungsprozesses eine neue Qualität der *Kooperations- und Partizipationsformen* und -stile erfordert. Regelmäßige Teambesprechungen, die Einbeziehung von Arbeitsgruppen und Projekten zu spezifischen Themenbereichen unter Einbeziehung der hiermit operativ befaßten Beschäftigtengruppen sowie der strategisch relevanten Arbeitseinheiten sind ebenso zentrale Eckpfeiler dieses klientenzentrierten Produktionsmodells wie etwa die Suche nach neuen Formen der Einbeziehung der Versicherten in interaktive Maßnahmen der Gesundheitsförderung.

Dieses Modell scheint solange nicht mit einer sachgerechten Aufgabenerfüllung zu kollidieren, wie sich für die Beschäftigten das Aufgabenquantum bewältigen läßt. Als deutliche Grenze für Personalreduzierungen werde die Orientierung an Belangen und Interessen der Versicherten an zeitnaher, flexibler Gestaltung der Kommunikations- und Leistungserstellungsprozesse akzeptiert. Der sich entwickelnde kooperative Arbeitsstil sowie die erheblich erweiterten Handlungsspielräume und Entscheidungsbefugnisse würden positiv von den Beschäftigten hervorgehoben. Bei verbreiterten arbeitsinhaltlichen Anforderungen und direktem Bezug zu den Versicherten erschließe sich dem Einzelnen die Sinnhaftigkeit seiner Tätigkeit viel eher als dies früher im Rahmen zerteilter Arbeitsprozesse der Fall war, was sich förderlich auf die Arbeitsmotivation und -zufriedenheit auswirke. Den Umbauprozeß in ein klientenzentriertes „Produktionsmodell" bei den jeweiligen AOKen beschreibt Oppen wie folgt:

- Diagnose eines für die Organisation und ihre Mitarbeiter dysfunktionalen alten Leitbildes,

- Vorstellung des klientenzentrierten Leitbildes,

- Reorganisation des Bereiches mit dem häufigsten Kundenkontakt unter Belassung organisatorischer Strukturen, jedoch bei verändertem Aufgabenzuschnitt,

- Trainingsprogramme on-the-job, off-the-job,

- Nutzung des inzwischen erweiterten Potentials an Erfahrungen, Ideen und Visionen zur Reaktion auf die Umweltanforderungen in Arbeitsgruppen,

- Ausdifferenzierung des Leitbilds,

- Einbeziehung der Klienten in die weitere Umgestaltung durch Befragungen und Analyse von Beschwerden etc.,

- Übergreifende und grundlegende Umbaumaßnahmen, Abbau von Hierarchien, Änderung von Aufgabenzuschnitten und Kompetenzen,

- Bewertung der finanziellen Auswirkungen und sozialpolitischen Verträglichkeit,

- Umsetzung des durch die Reorganisation freigesetzten Personals in bisher vernachlässigte Aufgabengebiete,

- Neudefinition von Qualifikationen und Kompetenzen. Stärkere Betonung von klientenrelevanten, fachunspezifischen Qualifikationen,

- Umsetzung dieser Umwertung in Ausbildung, Beurteilungswesen, Anreiz- und Karrieresystem (vgl. Oppen 1995, S. 86ff.).

Typische Problemzonen für den Umbau stellen dar:

- Interessenkonflikte zwischen verschiedenen Beschäftigtengruppen beim Neuzuschnitt von Aufgabenbereichen und Kompetenzen,

- Divergenzen zwischen Beschäftigten- und Klienteninteressen,

- inkonsistente Anforderungen zwischen Klientenorientierung und Organisationsinteressen,

- Unsicherheiten beim Abbau gewohnter Haltungen und Routinen und Aufbau neuer Motive und Entscheidungsstile,
Überforderung quantitativer und qualitativer Art (vgl. ebd., S. 91f.).

5.4 Zusammenfassung

Kennzeichen der Ausgangslage von Personalentwicklung in den drei ausgewählten Verwaltungsbereichen ist ein intern und extern bedingter Handlungsdruck.[19] Dieser Druck macht sich in unterschiedlichen Behörden an jeweils anderen Stellen und unterschiedlich intensiv bemerkbar.

Viele Kommunen erfahren diesen Druck insbesondere durch die seit Jahren andauernde *Finanzkrise*, deren Ende noch nicht abzusehen ist. Personalentwicklung im Rahmen der neuen Steuerungsmodelle soll deshalb - unmißverständlich deutlich formuliert - zumindest auch der Kostenentlastung dienen. Allerdings reicht der Kostensenkungsansatz allein nicht aus. In der Folge sehen einige Städte eine neue Zielgröße in der Zufriedenheit der Bürgerinnen und Bürger, die über eine Verbesserung der Dienstleistungsqualität erreicht werden soll; diese wiederum hängt in einem erheblichen Umfang von der Qualität der Arbeitsergebnisse ab. Erste Anzeichen einer Umorientierung markieren die Einrichtung von Bürgerämtern bzw. die allround-Sachbearbeitung. Und auf diese Weise rückt neben dem Einsatz von Hochtechnologie der Mitarbeiter in den Mittelpunkt des Interesses der Reformer. Weniger Beschäftigte sollen qualitativ bessere Arbeitsergebnisse erzielen. Nach der Konzeption der KGSt kommen prinzipiell alle Beschäftigten(gruppen) für Personalentwicklungs-Maßnahmen in Betracht; dabei sind Mitarbeiterinteressen zu berücksichtigen (Betroffene müssen zu Beteiligten werden). Personalentwicklung bezieht sich jedoch nicht nur auf den Aspekt der Mitarbeiterqualifizierung. PE als Teil des Neuen Steuerungsmodells berücksichtigt ebenso interpersonale (z. B. Qualitätszirkel) und apersonale (z. B. Neuregelung von Verantwortlichkeiten) Aspekte. PE soll zu einer „lernenden Verwaltung" beitragen. Das Angebot der in diesem Sinne förderlichen Handlungs- und Gestaltungsinstrumente ist reichhaltig und erweiterungsfähig. Die Konzeption zielt auf eine grundlegende Neuorientierung der Personalarbeit, trifft allerdings auf rechtliche Rahmenbedingungen, die die Entwicklung und Implementierung behindern bzw. blockieren können (vgl. Kühnlein/Wohlfahrt 1995, S. 135). Andere PE-Konzeptionen im Bereich der Kommunen wie der Total-Quality-Ansatz widersprechen dem KGSt-Modell nicht grundlegend, häufig jedoch stehen andere Schwerpunkte im Mittelpunkt der Aktivitäten (z. B. Kundenorientierung, Mitarbeiterpartizipation). Inwieweit die Modelle der Städte Duisburg und Hagen einen „Erfolgsbericht" darstellen, der als Paradigma für andere Kommunen und Verwaltungsbereiche dienen kann, hängt nicht zuletzt von den finanziellen Rahmenbedingungen der Gemeinden ab.[20] Leere Kassen bieten freilich keine Motiva-

---

[19] Dies bestätigt die These von Jäger/Scharfenberger/Scharfenberger 1996, wonach ein starker fortwährender außerorganisatorischer Veränderungsdruck positiv auf die Veränderungsbereitschaft der Organisation und ihrer Mitglieder wirkt.

[20] S. hierzu DIE ZEIT Nr. 9 vom 23. Februar 1996, S. 33. Zum Duisburger Modell der Verwaltungsmodernisierung wird dort u. a. ausgeführt:

tionsgewähr zur Personalentwicklung. Im Sinne eines Rationalisierungsinstrument unter „sozialem Tarnmantel" bergen sie die Gefahr in sich, nicht nur unsozial, sondern auch unwirksam und somit unwirtschaftlich zu sein.

Der Reformprozeß in der Landesverwaltung Baden-Württembergs wurde durch die Landesregierung angestoßen, die angesichts erwarteter *neuer Herausforderungen* die Notwendigkeit sah, die Ressource Personal zu 'rüsten'. Die Konzeption einer strategischen Personalentwicklung ist Teil eines rational geplanten Personalmanagement-Konzeptes, im Rahmen des Reformvorhabens „Verwaltung 2000" entwickelt. Grundlage der PE-Konzeption ist eine leitbildorientierte Reformstrategie, deren Implementierung über ein Bündel von Handlungs- und Gestaltungselementen in einigen Pilotbereichen getestet und anschließend auf die gesamte Landesverwaltung ausgedehnt werden soll. Besondere Aufmerksamkeit kommt dabei dem Führen durch Zielvereinbarungen zu, als Schnittstelle zwischen motivationalen und ökonomischen Ansätzen betrachtet. Offen bleibt, ob PE sich zu einem „Selbstläufer" in der ganzen Landesverwaltung entwickelt oder das Strategiekonzept bei nachlassendem Interesse aus dem Bereich der Politik als (ein weiterer) Ansatz der Verwaltungsmodernisierung in den Schreibtischschubladen der Verwaltungspraktiker verschwindet. Nach der Landtagswahl im März 1996 weiten sich Sparmaßnahmen vor allem im Bereich der Weiterbildung aus; Einsparungen dieser Qualität könnten auch die Einsicht in die Notwendigkeit von Personalentwicklung auf der Ebene der Landesverwaltung trüben.

Wettbewerbsbedingungen fördern Verwaltungsinnovationen, wie das Beispiel der Ortskrankenkassen zeigt. Der Bundesverband der Ortskrankenkassen entwickelte bereits Anfang der achtziger Jahre ein Strategiekonzept, dessen Ziel die Einleitung eines Innovationsprozesses war, der - einmal in Gang gekommen - zur Anpassung an sich ändernde Umweltbedingungen befähigen soll. Er umfaßt neben Produkt- auch Prozeß- und Sozialinnovationen und berücksichtigt alle drei Perspektiven des Begriffs Personal. Im Rahmen des Total-Quality-Services-Ansatzes des AOK-Bundesverbandes steht ein 'gut gefüllter Werkzeugkasten' für die Bedarfsermittlung und -deckung zur Verfügung. Die Konzeption setzt hohe Erwartungen in die Motivation und Qualifikation der

---

„Monika Kubahn ist eine begehrte Vortragsrednerin. Zahllose Einladungen erhält die Duisburger Finanzdezernentin und Stadtdirektorin von Amtskollegen anderer Kommunen. Die Sozialdemokratin gilt als innovative Verwaltungsreformerin. Landauf, landab wird das von ihr zusammen mit dem Oberstadtdirektor entwickelte Konzept 'Duisburg 2000' gelobt. Die Hochschule für Verwaltungswissenschaften in Speyer zeichnete sie dafür mit einem Preis aus; und in dem internationalen Wettbewerb 'Demokratie und Effizienz in der Kommunalverwaltung' der Bertelsmann Stiftung erhielt Duisburg als einzige deutsche Stadt eine Ehrenurkunde.

Für Kubahn entbehren diese Auszeichnungen jedoch nicht einer gewissen Ironie. Denn geboren wurden die Reformen eher unfreiwillig - aus Geldnot. Und das Bitterste: Duisburgs Talfahrt konnte damit keineswegs gestoppt werden. 'Wir werden gegen den Baum fahren' prophezeit die Finanzdezernentin. Sämtliche Einspar- und Rationalisierungspotentiale seien nun erschöpft."

Beschäftigten, um - „mit allen Sinnen beim Kunden"[21] - flexibel auf dessen Wünsche eingehen zu können. Sozusagen im Gegenzug wird den MitarbeiterInnen die Delegation von Entscheidungsbefugnissen, das Abrücken von hierarchischer Kontrolle und bürokratischen Bewilligungsgrundsätzen, teamförmige Arbeitsorganisation und Projektgruppenarbeit angeboten. Allerdings: auch eine umfangreiche konzeptionelle Begleitung scheint keine Garantie für eine mitarbeiterorientierte Personalentwicklung in den einzelnen Ortskrankenkassen zu sein. Zudem stellt sich die Frage, ob die Ausrichtung allein an dem Kunden den übrigen Prinzipien öffentlicher Dienstleistungserstellung zuwiderläuft.

---

[21]   AOK-Management 3/95, S. 3

6 Rentenversicherung vor dem "Take-Off"?
Personalentwicklung in Landesversicherungsanstalten

6.1 Verband Deutscher Rentenversicherungsträger und Personalentwicklung in den Landesversicherungsanstalten

Die Entscheidung zu Gunsten der Personalentwicklung treffen die Landesversicherungsanstalten in eigener Verantwortung. Der VDR stellt Bildungsangebote in Form von Seminaren bereit und bietet Ordnungsmittel zur Strukturierung der Aus- und Fortbildung an; so war der Verband beispielsweise an der Ausarbeitung einer neuen Ausbildungsordnung für Sozialversicherungsfachangestellte beteiligt. Außerdem entwickelte er eine Leittextmethode zur Verbesserung selbständigen Lernens bei den Nachwuchskräften und erarbeitete in einem Pilotprojekt computerunterstützte Lernprogramme.

Neben fachbezogenen Weiterbildungsveranstaltungen etwa im Versicherungs-, Renten- oder Rehabilitationsrecht offeriert der Verband in jüngerer Zeit vermehrt auch fachübergreifende Veranstaltungen zur Datenverarbeitung oder zur Führung und Kommunikation (vgl. den Geschäftsbericht des VDR von 1994 sowie das VDR-Bildungsprogramm 1996). Was die konzeptionelle Seite der Personalentwicklung und deren Implementierung in einzelne Versicherunganstalten anbelangt, fehlt bislang eine Koordination oder Betreuung durch den Verband. In Interviews artikulierten Trainer der Bildungsarbeit beim VDR Defizite der Personalentwicklung bei den Verbandsmitgliedern. Danach gibt es inbesondere folgende Mängel:

- fehlende Präzisierung der Behördenziele und künftiger Anforderungen an die Landesversicherungsanstalten und an ihre Mitarbeiter sowie unpräzise Überlegungen zum Mitarbeiterbild,

- ein Mangel an einer Dienstleistungsorientierung gegenüber Klienten und Mitarbeitern sowie ein wenig entwickeltes Bewußtsein über die Möglichkeiten beruflicher Qualifizierungsmaßnahmen, zudem unzeitgemäße Kommunikationsstrukturen und ein autoritäres Führungsverhalten.

Im Jahr 1996 hat der VDR den 'Stand' der Personalentwicklung (Ziele, Instrumente und Maßnahmen, Ergebnisse, Planungshorizonte, Planabstimmungen, organisatorische Einbindung der Mitglieder) erhoben. Im Rahmen seiner Vorstandskommission 'Organisationsstruktur' befaßte sich eine Arbeitsgruppe mit Personalplanung und Personalentwicklung. Ferner beabsichtigt der Verband, seine Mitglieder über Einzelaspekte wie 'Führungskräfteentwicklung' zu beraten und zudem Trainingsangebote zur Verfügung zu stellen. Angedacht ist zudem die Herausgabe eines Handbuchs zur Personalentwicklung. Offenbar fehlt jedoch eine Konzeption, die sich an einer spezifischen 'Unternehmensphilosophie' orientiert (wie beispielsweise beim Bundesverband der Ortskrankenkassen) und welche die Herleitung und Festschreibung von Kommunikationsformen und Handlungs'spielregeln' in Aussicht stellte. Gleichwohl liegt ein 'Leitbild' der gesetzlichen Rentenversicherung vor, es beinhaltet diese sechs Kernsätze:

- "Die soziale Rentenversicherung ist eine tragende Komponente der Altersversorgung der Bundesrepublik Deutschland, des gegliederten sozialen Sicherungssystems und hat damit elementare Verantwortung in unserem sozialen Rechtsstaat."
- "Unsere Beitragszahler und Rentner bilden eine selbstverwaltete Solidargemeinschaft."
- "Wir tragen mit unseren Leistungen wesentlich zur Lebensstandardsicherung unserer Versicherten/Rentner bei."
- "Wir sind moderne Dienstleistungsinstitutionen, d. h. wir betreuen orts-/bürgernah kompetent und erledigen unsere Aufgaben mit modernster Technik effizient und wirtschaftlich."
- "Wir sind verläßliche Partner für andere Institutionen der sozialen Sicherheit."
- "Unsere Mitarbeiterinnen und Mitarbeiter übernehmen Verantwortung für die bestmögliche Erfüllung unserer Aufgaben." (Berger und Partner 1994, S. 4).

Dieses Leitbild stellt möglicherweise eine Diskussionsgrundlage zu personalpolitischen Komponenten der angestrebten Verwaltungsreform dar. Zu diskutieren wären u.a. die konkreten Inhalte einer "modernen Dienstleistungsinstitution"[1], das daraus ableitbare Verhältnis von Arbeit und Technik, die Beziehung zwischen "effizient(er) und wirtschaftlich(er)" Aufgabenerledigung und Mitarbeiterorientierung; des weiteren die Frage, inwieweit die Beschäftigten dazu veranlaßt werden können, ihre 'gewachsene' DV-Systemorientierung zu Gunsten wirtschaftlichen Handelns in "Verantwortung für die bestmögliche Erfüllung unserer Aufgaben" aufzugeben, wenn sie weiterhin in arbeitsteilige Strukturen eingebunden sind; nicht zuletzt auch das Problem, inwiefern das Leitbild nicht auch ein Angebot zur Partizipation der Mitarbeiter am Reformprozeß enthalten müßte.

---

[1] Kritisch zum Leitbild auch Pitschas in: Landesversicherungsanstalt Baden (Hrsg.), S. 82, FN 26: "...was bedeutet z.B. die Aussage 'verläßliche Partner für andere...' zu sein im Verschiebebahnhof der Sicherungslasten? Hat sich die Selbstverwaltung wirklich als solche bewährt? Welcher Begriff der Moderne wird gebraucht?"

6.2 Personalentwicklung in den Landesversicherungsanstalten

6.2.1 Landesversicherungsanstalt A

6.2.1.1 Zur Umbruchsituation

Die regionale Zuständigkeit der LVA A, einer Anstalt mit etwa 1500 Beschäftigten, liegt in den alten Bundesländern.

Im Jahre 1989 - und damit deutlich lange Zeit vor den übrigen Landesversicherungsanstalten - entschlossen sich die Geschäftsführer auf Initiative des Vorstandes, Personalentwicklung einzuführen. Vornehmlich angenommene Defizite bei der Führung und Kooperation lagen diesem Entschluß zugrunde. Im Jahr 1990 wurde ein Referat für Personalentwicklung eingerichtet und eine Leiterin eingestellt. Die Probleme bei der LVA A unterschieden sich nach Einschätzung der Leiterin nicht von denen anderer Landesversicherungsanstalten oder Unternehmen. Unterschiedlich sei lediglich das Bewußtsein, diese Problemlage verändern zu müssen und zu können. Die Erarbeitung einer Situationsanalyse in Form von Gesprächsrunden mit Beschäftigten unterhalb der Abschnittsleiterebene, aber auch mit Führungskräften stellte den ersten Schritt der Aktivitäten dar. Die Ergebnisse der Analyse stellte die Leiterin in Schriftform allen Beteiligten zur Verfügung, Vereinbarungen über den künftigen Umgang miteinander schlossen sich an, das Gesamtergebnis dem Management vorgelegt (vgl. Hauszeitschrift LVA A, 1/92, S. 8).

Insbesondere im Bereich Führung, Beurteilungswesen, bei Arbeitsabläufen und im Informationsbereich von oben nach unten ließen sich Schwachstellen ausmachen. Als erste Umsetzung der Ergebnisse entwickelte das Referat für Personalentwicklung ein Seminarkonzept für Führungskräfte und ein neues Beurteilungs- und Fördersystem. Die Einrichtung von Führungskräfteseminaren (mehrtägige, auf drei Seminarsequenzen aufgeteilte Veranstaltungen) zielte darauf, die Relevanz effektiven Führungshandelns für die LVA ins Bewußtsein zu bringen (vgl. Geschäftsbericht 1993, S. 43). Im September 1991 begann eine hierarchie- und abteilungsübergreifend zusammengesetzte Projektgruppe, das alte Beurteilungssystem zu überprüfen und ein neues Beurteilungsverfahren zu entwickeln. Die Einführung dieses neuen Systems geschah anhand einer umfassenden Beurteilerschulung (ca. 200 Beurteiler) auf der Grundlage eines ebenfalls entwickelten Beurteilerhandbuchs. Außerdem fand eine Informationsveranstaltung für alle MitarbeiterInnen statt, ebenso berichtete die Hauszeitschrift über das neue Beurteilungssystem. Die innovative Qualität des Beurteilungssystems liegt im Förderaspekt, der in einer Prognose zu den Potentialen der zu beurteilenden Person zum Ausdruck kommt. Neu sind auch Beurteilerkonferenzen, welche die Leistungsausprägungen für die einzelnen Beurteilungsstufen definieren, zudem ein Beurteilungs- und Fördergespräch, das einmal jährlich stattfindet. Gegenstand dieses Gespräches sind die Leistungs- und Arbeitssituation sowie Absprachen über Zielsetzungen (vgl. Hauszeitschrift 3/93).

Die Personalentwicklungsarbeit beschäftigt sich vornehmlich mit

- einem Potentialanalyse- und -entwicklungsprogramm,
- Führungskräfte- und Mitarbeitertraining,
- der Weiterbildungsbedarfsanalyse, Bildungscontrolling,
- der Begleitung eines "kontinuierlichen Verbesserungsprozesses" bei Qualitätszirkeln,
- Frauenförderung,
- der Anwendung des neuen Beurteilungs- und Fördersystems.

6.2.1.2 Strukturen und Prozesse der Personalentwicklung

1. Personale Aspekte

Die Personalentwicklung bei der LVA A richtet sich bislang insbesondere an die Zielgruppen Führungskräfte, Frauen und neu eingestellte Mitarbeiter. Sie orientiert sich der Leiterin zufolge am Bild eines engagierten, selbständigen, initiativen, flexiblen, kreativen Mitarbeiters mit gutem Fachwissen, der kommunikativ, überzeugungsstark, teamfähig und durchsetzungsfähig ist. Diesem Bild entsprechen Teile der Mitarbeiter bereits, wie die Leiterin feststellt. "Es gibt jedoch immer noch etwas zu verbessern. Und manche brauchen mehr 'Kooperation', während andere mehr 'Durchsetzung' brauchen". Mit diesem Profil entsprechen die Mitarbeiter etwa jenen Eigenschaften, die Klages dem Typus des "aktiven Realisten" zuschreibt. Zudem stehen mitarbeiterbezogene Kompetenzen wie Führungsfähigkeit und Sozialkompetenz im Mittelpunkt der Personalentwicklung.

2. Interpersonale Aspekte

Sie beziehen sich auf Aktivitäten wie allseits zufriedenstellend zu lösende Konflikte, die Durchführung von Mitarbeiter- und Beurteilungsgesprächen, die Information der Mitarbeiter sowie die Gewährleistung einer abteilungsübergreifenden Zusammenarbeit. Angestrebt ist, von Seiten der Vorgesetzten wie auch der Mitarbeiter vorbehaltlos über die "wichtigen Dinge" (Leiterin) wie Leistungsverhalten, Führungsverhalten oder andere Konflikte zu sprechen und diese Probleme im beiderseitigen Einvernehmen anzgehen. Das konfliktuöse Verhältnis von Vorgesetzten und Mitarbeitern stand im Zentrum einer Seminarreihe für Führungskräfte zu optimaler Kooperation ("ok-Training", vgl Hauszeitschrift 1/92, S. 9).

3. Apersonale Aspekte

Untersuchungen der Arbeitsabläufe und Aufbauorganisation stellen hierarchische Strukturen in Frage und verändern sie teilweise. Diese Maßnahmen fallen jedoch nicht in die Zuständigkeit des Referats für Personalentwicklung. Die Leiterin führt dazu aus: "... nicht generell, möglich in dem Bereich, der den 'kontinuierlichen Verbesserungsprozeß' durch Personalentwicklung begleiten läßt." PE in apersonaler Perspektive bedeutet zudem die Veränderung des Beurteilungswesens und des Personalauswahlverfahrens durch die Einführung von Assessment-Center-Verfahren. Ferner entwickelte die LVA A, nach Überzeugung der Leiterin ein "Dienstleistungsunternehmen nach außen und innen" , folgende Grundsätze für Führung und Zusammenarbeit:

1. Der Mensch im Mittelpunkt unseres Handelns,

2. Einander vertrauen,

3. Verantwortung übernehmen,

4. Verantwortliches Handeln ermöglichen,

5. Zusammenarbeit gestalten,

6. Mit Konflikten umgehen,

7. Die Organisation entwickeln.

In diesem Kontext bildete sich eine "Projektgruppe Führungsleitlinien" mit neun Führungskräften verschiedener Ebenen aus sechs Abteilungen sowie einem Personalratsmitglied. Sie legte den Entwurf der Führungsgrundsätze zur Diskussion vor, die folgende vier Kerngedanken enthalten:

1. Auf Qualität achten - die Aufgaben erfüllen,

2. Miteinander reden und gemeinsam Probleme lösen,

3. Transparenz schaffen - informieren und motivieren,

4. Die Organisation entwickeln (vgl. Hauszeitschrift 1/94, S. 10).

Punkt 3 des Entwurfs enthält ein konkretes Angebot zur Partizipation, das allerdings in der Endfassung nicht mehr auftaucht. Erläuternd hält der Entwurf fest: "Richtig, umfassend informieren (und) an Entscheidungen beteiligen führt zu: Wir-Gefühl, Identifikation, Motivation". Die Veränderung der Endfassung verweist auf die Problematik von "bottom-up-Ansätzen", einen kleinsten gemeinsamen Nenner finden zu müssen (Stöbe), sofern sie nicht auf eine Intervention des Managements zurückzuführen ist

4. Entwicklung

Die LVA A versteht Personalentwicklung im Sinne eines rational geplanten Prozesses der Veränderung zur Überbrückung der Diskrepanz zwischen Soll und Ist-Zustand. Zugleich soll PE die Voraussetzungen schaffen, flexibel auf Störungen, jedoch auch auf unerwartete Chancen reagieren zu können und für unerwartete Konstellationen offen zu sein. Insbesondere der Prozeß der Implementierung der PE erinnert an das im

Kap. 2 beschriebene Entwicklungsverständnis eines rationalen Problemlösungsvorgangs. Die Leiterin beschreibt PE als einen kontinuierlichen Verbesserungsprozeß. Einige Anzeichen, beispielsweise die Maßnahmen zur Verbesserung der Kooperation und der Konfliktlösungsfähigkeit, sprechen für die Annahme, PE diene der Idee einer "lernenden Organisation".

5. Zielvorstellungen

Ziel der PE ist der Leiterin zufolge die "Optimierung des Miteinanders sowie der Auswahl und Qualifikation für höherwertige Tätigkeiten". Es handelt sich um die Anpassung des Personals an definierte Zielvorstellungen, beispielsweise an einen bestimmten Mitarbeitertypus oder an Standards des Umgangs miteinander.

6. Handlungs- und Gestaltungselemente

Personalentwicklung bei der LVA A umfaßt sowohl Maßnahmen zur Potentialermittlung als auch zur Bedarfsdeckung. Als Bedarfsermittlungsinstrumente kommen in Betracht:
- Experten- oder Betroffenenbefragung,
- Beobachtung der Arbeitsdurchführung,
- Dokumentanalyse (z.B. die Analyse von Beurteilungsbögen, Folgerungen aus Führungsgrundsätzen und Leitbildern oder aus Stellenbeschreibungen).
Der Bedarfsdeckung dienen "into-the-job-Hilfen" (wie ein Leitfaden für neue Mitarbeiter), "on-the-job-Lernen" am Arbeitsplatz, "near-the-job-Instrumente" (wie Qualitätszirkel) oder "off-the-job-Seminare" für Führungskräfte sowie die traditionelle Aus-, Fort- und Weiterbildung.

6.2.1.3 Zusammenfassung

Die Schwerpunkte der Personalentwicklung bei der LVA A liegen im Personbereich bei der Führungskräfteentwicklung, wobei als Ziel des wünschenswerten Mitarbeiters der von Klages beschriebene Typus des "aktiven Realisten" angestrebt wird. Die Beziehungen sollen durch Maßnahmen zur Konfliktlösung und Kooperationsfähigkeit optimiert werden. Apersonale Aspekte konzentrieren sich auf das Beurteilungswesen, das Personalauswahlverfahren und auf Führungsgrundsätze. Dem Entwicklungskonzept liegt die Vorstellung einer rationalen Planbarkeit der Personalentwicklung zugrunde. Nach Einschätzung der Leiterin lassen sich seit Einführung von PE Veränderungen insbesondere in den Bereichen interner Dienstleistungsqualität, Mitarbeiterzufriedenheit und -motivation sowie beim Führungsverhalten feststellen:
"Es sind keine empirisch belegbaren Daten zur Veränderung vorhanden; die .. Einschätzungen basieren auf Gruppen- sowie Einzelgesprächen während der letzten Jahre.

Es ist daneben auch zu beobachten, daß Mitarbeiter nun eine höhere Erwartungshaltung haben, kritischer geworden sind und z. T. Unzufriedenheit über das noch nicht erreichte Optimum äußern."

Problematisch erscheinen im PE-Zusammenhang einige Besonderheiten des öffentlichen Personalrechts: "Es geht nicht darum; wer ist der Beste, sondern wer steht besoldungsmäßig zur Verfügung."[2]

6.2.2 Landesversicherungsanstalt B

6.2.2.1 Zur Umbruchsituation

Die LVA B mit über 2600 Beschäftigten (davon etwa 2300 in der Hauptverwaltung) liegt ebenfalls im alten Bundesgebiet.

" (...) Es wird in den nächsten Jahren darum gehen, die inneren und äußeren Strukturen dieses Hauses zu verändern. In unserer Verwaltung wird es in Zukunft außerdem darum gehen müssen, das System einer zentral gesteuerten, teilweise sehr arbeitsteiligen Organisation der einzelnen Tätigkeitsbereiche abzubauen und den Mitarbeitern größere Handlungs- und Entscheidungsfreiräume mit mehr Verantwortung und Kompetenz zu geben."[3]

Im Zuge des Reformprozesses will die Geschäftsführung "Wissen und Erfahrung von Mitarbeitern stärker nutzen" und die Behörde zu einem modernen Dienstleistungsunternehmen weiterentwickeln. "Der Versicherte wird Kunde", so einer der Leitgedanken. "Denn: Auch wir müssen uns der Qualitätskontrolle und dem Wettbewerb stellen, uns zum Beispiel auch vergleichen lassen mit der privaten Versicherungswirtschaft. In dieser Wettbewerbsrolle sehen sich die Krankenkassen ab 1996 aufgrund gesetzgeberischer Maßnahmen. (...) Jeder Mitarbeiter unseres Hauses muß sich von dem Gedanken tragen lassen, daß wir alle gemeinsam eine Serviceleistung zu erbringen haben, daß wir für unsere Versicherten da sind. (...) Ein solches Umdenken kann nicht von oben nach unten angeordnet oder delegiert werden. Darum sind in den Prozeß sämtliche Mitarbeiterinnen und Mitarbeiter einbezogen" (Hauszeitschrift LVA B, 2/95, S. 6).

Seit Beginn der 80er Jahren verändert die LVA B ihre Ablauforganisation. Im Jahr 1985 wurde ein Modell der integrierten Sachbearbeitung erarbeitet und ein Testabschnitt eingerichtet, um die Auswirkungen der Integration auf die Arbeitsverteilung, die Arbeitserledigung, Arbeitsqualität, auf die technische Ausstattung und die Qualifi-

---

[2]   So die Aussage der Leiterin im Interview.

[3]   Aussage des ersten Direktors der LVA B bei der Einführung der neu zusammengesetzten Geschäftsführung im Jahr 1992, zitiert in der Hauszeitschrift der LVA B 2/92, S. 6.

kation der Mitarbeiter festzustellen. Der Prozeß der Integration kommt im Jahr 1997 zum Abschluß. Ziele der Integration sind:

"- Versichertenbetreuung aus einer Hand,
- Ausgleich von Arbeitsspitzen,
- Auffangen von Aufgabenveränderungen,
- effektivere Aufgabenerledigung,
- Qualifikationsniveau erhalten,
- Abbau von Konkurrenzdenken,
- Chancengleichheit,
- verbesserte Arbeitssteuerung,
- integrierte Aktenführung" (Gleitze/Frericks 1996, S. 10).

Der gegenwärtige Reformprozeß umfaßt jedoch mehr als die Integration von Sachbe-arbeitertätigkeiten. Im Sinne eines Business-Reengineering gelten als erforderliche Gestaltungsarbeiten die Optimierung der Prozesse auf der Grundlage der Information-stechnologie und die Durchführung der notwendigen Anpassungen der Organisati-onsstrukturen wie auch die Neuregelung der Aufgabenverteilung, der Kompetenzver-teilung oder der Führungsstrukturen. Das Management der LVA B betrachtet die Um-setzung neuer Strukturen in erster Linie nicht im Sinne einer technischen Angelegen-heit ist, vielmehr sie vollzieht sich in den Köpfen der Beteiligten.

Mit Blick auf den Einsatz der Informationstechnologie hat die LVA B Zielvorstellun-gen formuliert:

"- Sämtliche Geschäftsprozesse müssen integriert unterstützt werden.

- Eine einheitliche Oberfläche für sämtliche Arbeitsplätze mit sämtlichen Geschäfts-vorfällen ist erforderlich.

- Geschäftsprozesse müssen mittels Workflow, der elektronischen Vorgangsbearbei-tung, gesteuert werden können.

- Die Integration der Aufgaben und die Abflachung der Hierarchie müssen beachtet werden.

- Bilddokumente müssen eingebunden werden können.

- Standardsoftware muß über Schnittstellen integrierbar sein.

- Elektronische Informationsquellen müssen von allen Arbeitsplätzen erschließbar sein.

- Neben zentralem Ausdruck muß auch lokaler Ausdruck möglich sein" (dies., S. 19).

Die Anpassung der Organisationsstrukturen geschieht durch eine Reduzierung der am Prozeß beteiligten Personen und Funktionsbereiche. Zudem sollen Schnittstellen zwi-schen den einzelnen Funktionsbereichen beseitigt oder zumindest verbessert werden. Schließlich sind für jeden Verwaltungsprozeß eindeutige Verantwortlichkeiten und Kontrollen im geringst möglichen Ausmaß vorgesehen.

Im Anschluß an einen von der Hochschule für Verwaltungswissenschaften Speyer be-gleiteten Selbstbewertungsworkshop, an dem neben der Geschäftsführung die Abteilungsleiter teilnahmen, entschied sich die Leitung für die Einführung einer Personalentwicklungskonzeption. Einer der Gründe hierfür lag in einer allseits bemerkbaren Unzufriedenheit mit dem veralteten Beurteilungssystem. Die Einbeziehung der Mitarbeiter bei der Entwicklung der Konzeption war von Beginn an das Ziel des federführrenden Referats Aus- und Fortbildung, in der Hoffnung auf eine breitere Akzeptanz des neuen Beurteilungssystems durch die MitarbeiterInnen. Nach Rücksprache mit Landesversicherungsanstalten, die bereits eine konzeptionelle Personalentwicklung betrieben, entschied sich die Geschäftsführung bei der Implementierung der Konzeption für eine externe Begleitung durch Moderatoren einer Beratungsfirma bis etwa 1997/98. Dieser Schritt dient auch der Akzeptanz des neuen Systems.

Die erste Maßnahme bestand Mitte 1995 in einer von der Verwaltung und dem Personalrat vorgenommenen Auswahl von dreizehn Personen (später fünfzehn) für eine 'Steuerungsgruppe' aus allen neun Hierarchiestufen, unterschiedlichen Verwaltungsbereichen und Berufsgruppen sowie Vertretern des Personalrats. Aufgabe der Steuerungsgruppe ist es, Richtziele zu erarbeiten und den Entwicklungsprozeß zu koordinieren sowie Vorschläge zur Einführung der Konzeption zu formulieren. "In einer Schnittmenge von Gedanken und Gefühlen sollen sich konkrete Aussagen bündeln, die für alle Mitarbeiter der LVA relevant sind" (Hauszeitschrift B, 4/95, S. 13). Daran schloß sich die Bildung von berufsspezifischen Projektgruppen an: "Jede einzelne Berufsgruppe (Referenten, Ärzte, Büroleiter, Abschnittsleiter, Gruppenleiter, Sachbearbeiter/Zuarbeiter, Registratoren, Schreibdienst/Bearbeiter, Hausdienste usw.) wird in der Projektgruppe mit etwa 7 bis 10 Personen besetzt sein. Diese wiederum sollen und können dabei auch die Gedanken und Vorschläge ihrer jeweiligen Kollegenschaft (Berufsgruppe) berücksichtigen. Auf diesem Wege sollen so viele Mitarbeiterinnen und Mitarbeiter wie eben möglich in den Prozeß einbezogen werden. 'Ideenlieferant' sind also die 'berufsbezogenen' Projektgruppen. Sie sagen der Steuerungsgruppe, was sie und die einzelnen Berufsgruppen erwarten" (Hauszeitschrift B, 2/95, S. 7).

Zu Beginn des Jahres 1996 informierte die LVA B ca. 450 MitarbeiterInnen im Rahmen einer Versammlung über die Funktionen der Projektgruppen. Das Projektgruppenvorhaben stieß auf gute Resonanz und die Bereitschaft zur Mitarbeit. Über 100 MitarbeiterInnen haben in Projektgruppen oder in der Steuerungsgruppe an der Entwicklung des Behörden-Leitbilds und der Führungsgrundsätze der LVA B mitgewirkt. Eine fortwährend aktualisierte Ausstellung informierte die Beschäftigten über den Verlauf dieser Arbeit, die im November 1996 zum Abschluß kam. Noch im selben Jahr wurden Leitbild und Führungsgrundsätze der Geschäftsführung symbolisch in der Form einer Broschüre überreicht, wenig später durch das Management und den Personalrat an die Beschäftigten weitergeleitet. Diesen eröffnet sich nun die Möglichkeit, auf freiwilliger Basis an zweitägigen workshops zu Leitbild und Grundsätzen teilzunehmen (Mitte 1997 hatten bereits annähernd 500 Beschäftigte von diesem Angebot Gebrauch gemacht; zum Inhalt des Leitbilds s. Kap. 6.2.2.2).

Der nächste Schritt sieht die Änderung der Beurteilungsrichtlinien auf Grundlage des Leitbilds vor, eine Pädagogin begleitet den Reformprozeß. Sofern erforderlich wird auf eine weitere externe Unterstützung zur Moderation der Projektgruppenarbeit zurückgegriffen. Unser Gesprächspartner äußerte Zufriedenheit mit der Tätigkeit der Beratungsfirma während des ersten Reformteils, positiv wertete er die Kontinuität der Moderatoren als Ansprechpartner, ebenso deren Zurückhaltung im Zuge der inhaltlichen Gestaltung der vornehmlich durch die Beschäftigten vorangetriebenen Entwicklung. Aus seiner Sicht begründet diese Zurückhaltung die Akzeptanz bisheriger Arbeitsergebnisse auf Seiten der Beschäftigten.

6.2.2.2 Strukturen und Prozesse der Personalentwicklung

1. Prämissen

Personalentwicklung stellt einen Teil des Innovationsprozesses dar, dem die gesamte Verwaltungsorganisation mit dem Ziel unterliegt, arbeitsteilige Strukturen abzubauen, MitarbeiterInnen größere Entscheidungsfreiräume mit mehr Verantwortung und Kompetenz zuzugestehen. Was bedeutet dieses im Detail?

2. Personale Aspekte

Betroffene werden zu Beteiligten - das ist das Ziel. Aus diesem Grund sah die Geschäftsführung davon ab, die Reform in eigener Regie durchzuführen, und sie übertrug die Ablaufgestaltung in der Anfangsphase der Moderation einer Beratungsfirma. Bereits zu Beginn des Reformprozesses ist die Einbindung möglichst vieler Beschäftigter intendiert. Diesem Zweck dienten beispielsweise ein Rundbrief der Geschäftsführung an die Mitarbeiterschaft vom Mai 1995, die fortlaufende Berichte in der Hauszeitschrift, die Ausstellung, ebenso die Informationsveranstaltung zur Arbeit der Projektgruppen, die im Jahr 1996 neun Projektgruppen mit jeweils ca. acht Mitgliedern über 70 Beschäftigte der verschiedenen Bereiche und Ebenen aktiv und kreativ in den Innovationsprozeß zusammenführte. Einen wesentlichen Diskussionsschub löste zudem die 1995 vorgenommene Umfrage unter dem Titel "Was sind für Sie die wichtigsten Kriterien eines modernen Dienstleistungsbetriebs?" aus. Knapp zwei Jahre nach dem ersten Bericht in der Mitarbeiterzeitschrift liegen die Ergebnisse einer Umfrage zum Thema "Was erwarten Sie vom Leitbild und von den Führungsgrundsätzen?" und fünfzehn Stellungnahmen von Beschäftigten vor, die noch nicht die workshops besucht haben. Hier zeigt sich ein nach wie vor hoher Erklärungsbedarf zum Gesamtprojekt, zudem herrscht weitgehend Skepsis vor. Sie beruht vor allem auf der Einschätzung, daß der Erfolg der Umsetzung von Leitbild und Führungsgrundsätzen als wesentlich von der Bereitschaft eines jeden einzelnen abhängig betrachtet wird. Allein in der Arbeit und im Verhalten der Subjekte zeige sich, ob und in welchem Umfang das 'neue Denken' auch das Organisationsgeschehen der LVA präge (Hauszeitschrift, Heft 1/1997, S.14f.). Eine erneute Befragung dieser Beschäftigten im Abstand etwa eines Jahres ist vorgesehen.

Insgesamt betrachtet trägt die Projektgruppenarbeit zu einer Verbesserung der Sozialkompetenz bei, ebenso begünstigt die bereichsübergreifende Zusammenarbeit das Entstehen unternehmensbezogener Wertvorstellungen und somit die Identifikation mit der LVA.

3. Interpersonale Aspekte

Hier steht die Optimierung kommunikativer Aspekte im Mittelpunkt. Die Projektgruppenarbeit verbessert die abteilungsübergreifende Kooperation sowie die Problemlösungsfähigkeit in und von Gruppen.

4. Apersonale Aspekte

Aus diesem Blickwinkel bezeichnet die Projektgruppenarbeit einen ersten Schritt zur Neuregelung der Inter-Gruppenbeziehungen und der Über- bzw. Unterordnungsrelationen. Zum Ende des Jahres 1996 lagen das Leitbild und die Führungsgrundsätze vor. Das *Leitbild* "...stellt gewissermaßen das Grundgesetz der LVA dar. Es beschreibt Ziele und Wertvorstellungen, die wesentlichen Aufgaben, Funktionen und Leistungen, Vorstellungen über Führung und Zusammenarbeit und liefert Grundsätze für abgestimmtes Handeln" (Vorsitzender der Geschäftsführung in: Hauszeitschrift, Heft 1/1997, S.4). Es setzt sich aus folgenden Handlungsfeldern zusammen: Verantwortliches Handeln, Zusammenarbeit, berufliche Chancen, Führung, Leistungsbewertung, Arbeit und Umfeld, Ausstattung und Technologie. Zudem enthält das Leitbild u.a. Aussagen zur Sicherung von Arbeits- und Ausbildungsplätzen, ebenso zur Beteiligung der Beschäftigten an Entscheidungen, sofern diese die MitarbeiterInnen unmittelbar betreffen, oder zur Transparenz anderer, für die Beschäftigten relevanter Entscheidungen (beispielsweise im Personalbereich). Schließlich gehen auch Überlegungen zu einer sachlich, gerecht und fair durchgeführten Leistungsbewertung in das Leitbild ein. Die *Führungsgrundsätze* betreffen den Umgang miteinander, die Zusammenarbeit und Information, Kommunikation, Aufgaben und Kompetenzen, Delegation und Leistungsbewertung.

Die gemeinsame Entwicklung eines Leitbildes und der Führungsgrundsätze erlauben zukünftig die Strukturierung ausgewiesener Problembereiche wie Beurteilungswesen, Grundlagen der Zusammenarbeit oder des Informationsflusses.

5. Entwicklung

Diesem Entwicklungsprozeß scheint eine gewisse Offenheit eigen zu sein. So überließ die Geschäftsführung die Organisation des Reformvorgangs einer externen Beratungsfirma, die sich lediglich als Moderatorin des von den Beschäftigten forcierten Entwicklungsprozesses versteht (entsprechend die Aussage eines Moderators gegenüber dem Referenten: "Bis jetzt haben wir von einer Pflanze die Blüte und den Stengel. Wie ihr Duft in der LVA sein wird, wird sich im Laufe der Zeit zeigen").

6. Zielvorstellungen

Aus der Sicht des Managements dient die Beteiligung der Mitarbeiter am Reformprozeß einer stärkeren Identifikation mit den Reformzielen Wirtschaftlichkeit und Dienstleistungsorientierung. Es besteht also die Absicht, diese Ziele vorerst über eine indirekte Steuerung zu erreichen; inwieweit direkte Interventionen folgen, läßt sich derzeit nicht beurteilen.

6.2.2.3 Zusammenfassung

Personalentwicklung in der Landesversicherungsanstalt B ist Teil eines umfassenden Reformprozesses, in dessen Verlauf Wirtschaftlichkeit und Kundenorientierung auf der Grundlage von Informationstechnologie, durch den Abbau von Zentralisierung und Arbeitsteilung sowie durch Verantwortungsdelegation erreicht werden sollen. Mit Hilfe einer externen Begleitung entstand ein Behördenleitbild zur angemessenen Auseinandersetzung der Problembereiche Führung, Kooperation, Information und Beurteilungswesen. Die Akzeptanz der Reform unterstützt eine frühzeitige Einbindung der Beschäftigten; ein reger Diskussionsprozeß begleitet das Gesamtvorhaben bis heute. Das Ausmaß des Managementinteresses an (und die Bereitschaft zu) einer Mitarbeiterpartizipation und an größerer Autonomie des einzelnen Beschäftigten ist gegenwärtig nicht absehbar: Wird es die erarbeiteten Ergebnisse (beispielsweise ein neues Beurteilungssystem) akzeptieren? Zudem bleibt gegenwärtig offen, ob die Grundsätze lediglich "moralisch einklagbar" (Referent) sind oder die MitarbeiterInnen daraus konkrete Rechte ableiten können. Möglicherweise läßt sich die bereits eingeleitete Zusammenlegung der Renten-, Versicherungs- und Beitragsabteilungen sowie der allgemeinen Reha-Abteilung zu den Leistungsabteilungen 1 und 2 als ein erster Schritt zum Abbau arbeitsteiliger Strukturen interpretieren.[4] Für den weiteren Innovationsprozeß dürften dessen Gestaltung durch die Belegschaft und das Flexibilitätspotential auf unvorhersehbare Situationen mit gegebenenfalls auch kurzfristigen Änderungen entscheidend sein. Zudem stellt sich die Frage nach der 'Selbstläufer'-Eigenschaft des Prozesses nach dem Ende der externen Begleitung. Dennoch: die ersten zwei Jahre der Reform geben zu Optimismus Anlaß.

Auch aus der Sicht der Personalvertretung stellen Leitbild und Führungsgrundsätze keine 'leeren Worte' dar. "Damit wurden einklagbare Grundsätze aufgestellt", so der Vorsitzende (Pressebericht vom 10. Juli 1997). Nach Aussagen des Ersten Direktors werde mit der Beteiligung bei der Umgestaltung der Behörde die Motivation der LVA-

---

[4] Vgl. Hauszeitschrift B, 1/95, S. 16f. Freilich wird es von der konkreten Ausgestaltung der neuen Stellen abhängen, ob die Zusammenlegung größere Freiräume für einzelne Mitarbeiter erbringt.

Mitarbeiter entscheidend gefördert, und davon wiederum profitierten vor allem die Versicherten (ebd.).

6.2.3 Landesversicherungsanstalt C

6.2.3.1 Zur Umbruchsituation

Die LVA C, eine Anstalt in einem neuen Bundesland mit ca. 1300 Beschäftigten, wurde im Jahr 1991 mit vier weiteren Landesversicherungsanstalten im Zuge der Übertragung des westdeutschen Rentenversicherungssystem auf die Länder in Ostdeutschland eingerichtet. In den Jahren bis 1994 stand vor allem der Aufbau der organisatorischen Strukturen zur Gewährleistung der Rentenzahlungen und zur Bewältigung der Antragsrückstände im Vordergrund der Arbeit. Zudem konzentrierte sie sich auf die Qualifizierung beinahe aller SachbearbeitInnen in einer für sie neuen Rechtsmaterie. Der Geschäftsführer nennt diese Zeit die "Phase des Aufbaus".

Mit dem Jahr 1995 trat die LVA C in einen neuen Abschnitt ein, den der Geschäftsführer als "Phase des Aufbruchs" kennzeichnet. In der Hauszeitschrift der LVA C führte er am Jahreswechsel 1994/95 u.a. aus:
"War der Aufbau der (...) in den vergangenen Jahren weitgehend von den quantitativen Erfordernissen der Bescheidproduktion diktiert, werden jetzt qualitative Erfordernisse unserer Arbeit stärker in den Mittelpunkt rücken. (...) Es geht dabei um die optimale Ausgestaltung unseres Serviceangebotes für unsere Beitragszahler, Versicherten und Rentner. Es geht um die Entwicklung zu einem modernen kundenorientierten Dienstleistungsunternehmen nicht nur dem Namen nach, sondern auch hinsichtlich der Organisation und des Selbstverständnisses. Dieser Anspruch wird auch die Formen unserer bisherigen Zusammenarbeit nicht unberührt lassen. Vor diesem Hintergrund werden unsere Themen in den nächsten Monaten und Jahren insbesondere zukunftsorientierte Konzepte für die Verwaltungsorganisation sein. Wir können nicht länger davon ausgehen, daß die vorliegenden und tradierten Organisationsformen unserer Arbeit, die Verwaltungsabläufe und Führungsweisen sich von vornherein auch in der Zukunft bewähren werden. (...) Die gegenseitige Abhängigkeit und die Verzahnung unserer Aufgaben nimmt zu, und nur durch gemeinsame Konzeptentwicklung in Projekten, durch wechselseitige Abstimmung und Unterstützung werden wir optimale Lösungen finden. (...) Aus meiner Sicht geht es z.B. insbesondere um mehr Effizienz unserer Arbeit, um die Verankerung von kostenorientiertem Denken und Handeln in allen Geschäftsbereichen. Es geht weiterhin darum, Kunden- und Dienstleistungsausrichtung des gesamten Verwaltungsapparates (...) zu überprüfen und zu vertiefen. Und nicht zuletzt soll die Arbeit für jeden einzelnen von Ihnen interessanter, womöglich befriedigender werden, indem Gestaltungsmöglichkeiten und Selbstverantwortung an jedem Arbeitsplatz wachsen. Die Präzisierung und Ausgestaltung unserer Ziele sollten wir als eine der wichtigsten Aufgaben der nächsten Monate ansehen, jede Mitarbeiterin und jeder Mit-

arbeiter sollte darin einbezogen sein. Zur Verwirklichung ihrer Ziele benötigt die LVA
(...) Mitarbeiterinnen und Mitarbeiter, die an der Gestaltung ihres Unternehmens mit
Engagement, Kreativität und Verantwortung mitwirken wollen. Nur wenn Sie bereit
sind, mitzumachen, haben wir Aussicht auf Erfolg. Ich bin mir bewußt, daß in einem
modernen Unternehmen nur die Konzepte und Programme eine Chance haben, die gemeinsam mit den Mitarbeiterinnen und Mitarbeitern erarbeitet und umgesetzt werden.
Ohne Ihren Sachverstand und erst recht nicht dagegen werden wir kaum etwas erreichen. (...) Gefordert ist Ihre Bereitschaft zum Experiment. Manche Lösung, die wir uns
erarbeiten, wird nicht sofort befriedigen. Hier ist weiterhin Geduld und Ausdauer auch
für den wiederholten Lösungsversuch erforderlich. Ich baue auch auf Ihr Interesse an
der persönlichen Weiterentwicklung, auf die Bereitschaft zur Übernahme neuer und
vielleicht ungewohnter Aufgaben, auf den Spaß am Lernen, usw. Und natürlich sollten
Sie auch kritische Stellungnahmen nicht für sich behalten. Wir benötigen Ihre Meinung
und Ideen zu allen Fragen, die unsere Arbeit betreffen" (Hauszeitschrift LVA C, 1/95,
Geleitwort des Geschäftsführers).
Wie beabsichtigt das Management dieses Bekenntnis zu wirtschaftlichem Handeln,
Klientenorientierung und Mitarbeiterpartizipation umzusetzen?
Gespräche mit der Referentin im Geschäftsführungsreferat ergaben drei wesentliche
Komponenten der Verwaltungsinnovation: Umsetzung eines Controlling-Konzeptes,
Projektarbeit und Personalentwicklung.

6.2.3.1.1 Controlling

"Controlling hat eine Nachfragefunktion. Es ist ein alles in Frage stellen" (Referentin).
Dieses Infragestellen bezieht sich beispielsweise auf die Organisation von Arbeitsab-
laufterminierung (Leistungserstellung, Reduzierung der Laufzeiten für die Rentengewährung), Revision der Arbeit, Qualität der Arbeit. In den Jahren 1994 und 1995
wurde ein "Rahmenkonzept für die Einführung des Controlling bei der LVA (...) "
entwickelt. Eine Unternehmensberatungsfirma erarbeitete hierfür eine Vorstudie, die
Umsetzung erfolgt in eigener Regie. Zur Akzeptanzsicherung werden die MitarbeiterInnen frühzeitig eingebunden. Dem Vorschlag der Beratungsfirma aus einer Vorstudie
folgend stehen zunächst ein Informationscontrolling (auf der Grundlage eines auf vorhandenen Statistiken aufbauenden Berichtswesen), ein Ergebniscontrolling (über Kostenrechnung, Qualitäts- und Laufzeituntersuchungen) sowie ein Organisationscon-
trolling (über Teamarbeit, Arbeitsablaufanalyse, Verhalten) im Mittelpunkt der Aktivitäten. Ein Controlling-Koordinierungsausschuß, aus sechs Mitgliedern (Finanzen,
Rente, Reha, Organisation und Datenverarbeitung, Projektmanagement, Personalrat)
gebildet, ist für die bereichsübergreifende Kommunikation verantwortlich, erabeitet ein
fortzuschreibendes Rahmenkonzept und koordiniert alle Aktivitäten. Multiplikatoren
wurden geschult und die Fortschritte der Reform in der Hauszeitschrift veröffentlicht;
die Einführungsphase diente der Ausbildung eines "Controlling-Bewußtsein" bei den
Beschäftigten.

Die Entwicklung der Controlling-Instrumente erfolgt wesentlich in Projektform:
- Die Projektgruppe Statistik soll die Grundlagen für die Einführung eines Führungsinformationssystems erarbeiten, vorhandene Statistiken überarbeiten und übersichtlich und einheitlich aufbereiten.
- Die Projektgruppe Laufzeiten soll die Laufzeit der Rentenanträge untersuchen und unter 30 Tage senken.
- Die Projektgruppe Kostenstellenrechnung soll sich mit der Bildung von Kostenstellen, der Festlegung der Kostenarten für direkt zurechenbare Kosten und der technischen Realisierung der Erfassung dieser Kosten beschäftigen.
- Die Projektgruppe Qualität schließlich soll Qualitätsvergleichskriterien definieren wie Fehlerquoten, Rentenüberzahlungen, unerledigter Bestand, Anzahl der Beschwerden und Widerpruchsstatistik, zeitliche Erreichbarkeit, Wartezeiten der Versicherten.

6.2.3.1.2 Projektarbeit

"Projektarbeit ist die Entwicklung von Problemlösungen und/oder Vorbereitung von Entscheidungen durch umfangreiche Analysen und Studien mit nachfolgender abschließender Darstellung von beauftragten Mitarbeitern unterschiedlicher Bereiche ggf. in Zusammenarbeit mit externen Auftragnehmern. Die für die Organisation zu treffenden Entscheidungen der Führungsverantwortlichen können jedoch keine Projektaufgabe sein."[5]
Die Bedeutung von Projektarbeit begründet der Geschäftsführer mit Verweis auf die Komplexität der vielfach zu bewältigenden Aufgaben, die Verflechtung und übergreifende Abhängigkeit von einzelnen Problemlösungen und Maßnahmen, die Überforderung einzelner Personen oder hierarchisch gegliederter, traditioneller Organisationsstrukturen sowie das Synergiepotential im koordinierten Zusammenwirken heterogener Fachkompetenzen, Erfahrungen und Persönlichkeiten. Durch Projektarbeit sollen interdisziplinäres Denken und Handeln sowie die Überwindung von persönlichen Hemmnissen und Differenzen erleichtert werden. Projekte sollen Freiräume für das selbständige und selbstverantwortliche Handeln von Mitarbeitern schaffen, die im Rahmen von traditionellen Strukturen nur schwer möglich sind. Projektarbeit soll dazu beitragen, Kreativitätspotentiale, Kompetenzen und persönliche Entwicklungsbedürfnisse von Mitarbeitern stärker zu nutzen. Gelingt dies, so der Geschäftsführer, "wird Projektarbeit auch dazu dienen, die Identifikation der Mitarbeiter mit dem Unternehmen zu steigern. Letztlich kann Projektarbeit so für eine Veränderung der Unternehmenskultur hilfreich sein" (ebd.).

Projektarbeit dient nicht nur der Entwicklung der Instrumente des Controlling-Konzepts, sie ersetzt bei der LVA C auch das betriebliche Vorschlagswesen. Auf diese

---

[5]   Aus: Grundlagen der Projektarbeit und Projektorganisation der LVA (...) 1995

Weise erhalten Mitarbeiter der mittleren und gehobenen Ebene die Möglichkeit zur Realisierung eigener Vorschläge. Eine streng vorgegebene Ablauforganisation der Projektarbeit schafft die Voraussetzung der Umsetzung dieser Vorschläge in verwertbare Ergebnisse. Mitarbeiter der Führungsebene scheiden in der Regel für Projektarbeit aus, auch arbeiten Vorgesetzte und Mitarbeiter desselben Bereichs nicht in einer Projektgruppe. Alle Phasen des Projekts werden durch die/den Projektbeauftragte(n) begleitet und mit anderen Projekten koordiniert.

6.2.3.1.3 Personalentwicklung

Im März 1996 beschloß das Management der LVA C die Implementierung eines Personalentwicklungskonzeptes. PE soll der Verbesserung der fachlichen Kompetenz, der methodischen Kompetenz sowie der Führungskompetenz dienen. Es ist beabsichtigt, diese Ziele mittels eines Coaching-Systems und 'Führen durch Zielvereinbarung' zu erreichen. Die bisher übliche off-the-job-Weiterbildung wird aus Kostengründen und wegen der damit verbundenen Transfer-Probleme vom Lernfeld ins Funktionsfeld zu Gunsten von on-the-job-Maßnahmen abgebaut. Coaching bedeutet nach dem Verständnis der LVA C, Mitarbeiter möglichst derselben Hierarchieebene, auch aus anderen Bereichen, als Berater und Informationsträger für ihre Kollegen fungieren zu lassen. (Beispiel 'Fachcoaching im Rentenbereich': Ein Mitarbeiter des Grundsatzreferats steht seinen Kollegen zu bestimmten Zeiten als Berater in Problemfällen durch Hilfe an deren Arbeitsplatz zur Verfügung).

Da das Coaching unter Umgehung der Hierarchie und abteilungsübergreifend geschieht und dem Coach keine Beurteilerfunktion zukommt, erhofft man sich Offenheit zwischen Coach und Gecoachtem sowie den Abbau abteilungsbezogener Egoismen. Coaching zielt auf Teamorientierung in den organisatorischen Strukturen. Zur Einführung des Coaching-Konzeptes bildet ein externes Institut wenige Personen als Coaches aus, welche als Multiplikatoren in der LVA selbständig weitere Multiplikatoren schulen. Auf diese Weise sollen Kosten für die externe Beratung gespart und sozusagen nebenbei auch ein Bewußtsein für das Controlling-Konzept entwickelt werden. Das Controlling liefert die Daten zum Aufspüren von Problembereichen, mit Hilfe des Controlling läßt sich auch das Einhalten der vereinbarten Ziele überprüfen; es dient zudem den jeweiligen Personen und Bereichen zur "Standortbestimmung" (Beispiel: Laufzeiten der Renten-Anträge oder Papier-Verbrauch). Über das Controlling kann eine vom Management gewünschte Wettbewerbssituation zwischen Personen oder Bereichen entstehen, die durch "das Schaffen von Erlebnissen positiver wie negativer Art" (Referentin) gefördert wird (Beispiel: Veröffentlichung der besten 'Zielrealisierer' in der Hauszeitschrift).

Controlling, Projektarbeit und Personalentwicklung stehen in der LVA C nicht isoliert nebeneinander. Das Controlling liefert die Daten für die PE, die wiederum ist Teil des Organisationscontrollings. Projektarbeit trägt zur Verbesserung der Sozialkompetenz bei und entwickelt die Instrumente des Controlling. Letztlich stellen Personalentwicklung und Projektarbeit einen Teil des Controlling-Konzepts dar.

6.2.3.2 Strukturen und Prozesse der Personalentwicklung

1. Prämissen

Personalentwicklung wird als Teil eines umfassenden Reformprozesses in der "Phase des Aufbruchs" gesehen, bei dem qualitative Aspekte der Arbeit in den Vordergrund rücken. PE bezeichnet in der LVA C Teile der Reform, die sich auf die Optimierung von Kompetenzen erstrecken. Im Sinne eines breiteren Begriffsverständnis, wie es dieser Arbeit unterliegt, zählen auch weitere Teile des Reformprozesses (beispielsweise die Projektarbeit) zur Personalentwicklung, wie die Ausführungen des Geschäftsführers zu den indirekten Zielen der Projektarbeit anzeigen.

2. Personale Aspekte

Aus dieser Sicht zielt PE zunächst auf die Ausbildung von Schlüsselpersonen mit Multiplikatorenwirkung, die als Coaches zur Förderung der fachlichen Kompetenz, der Methodenkompetenz und der Führungskompetenz der Beschäftigten eingesetzt werden. Im Kern geht es um die Vermittlung funktionaler, für die Arbeitsaufgabe wichtiger Qualifikationen, implizit jedoch auch um die Förderung von Persönlichkeitseigenschaften wie Wettbewerbsdenken und Leistungsorientierung entsprechend dem Controlling-Ansatz. Zudem intendiert Projektarbeit die Identifikation mit der Landesversicherungsanstalt und die Einflußnahme auf die Unternehmenskultur. Personalentwicklung, so die Absicht, erstreckt sich vor allem auf on-the-job- und, nimmt man die Projektarbeit hinzu, auch auf near-the-job-Maßnahmen, wohingegen off-the-job-Seminare auf Personen in Schlüsselpositionen beschränkt bleiben.

3. Interpersonale Aspekte

Ein weiteres implizites Ziel der Personalarbeit betrifft die Optimierung der interpersonalen Beziehungen durch Projektarbeit. Deren Stärke liegt, so der Geschäftsführer, in der Problemlösungskompetenz von Gruppen gesehen, im "koordinierten Zusammenwirken heterogener Fachkompetenzen, Erfahrungen und Persönlichkeiten".

4. Apersonale Aspekte

Projektarbeit besitzt auch in apersonaler Perspektive PE-Relevanz. Zum einen ermöglicht sie die Optimierung gruppenübergreifender Beziehungen, das Durchbrechen tayloristisch abgeschotteter Bereichsgrenzen bei weiterhin bestehenden hierarchischen

Strukturen. Projektarbeit dient zweitens der Steuerungsunterstützung; in der LVA C soll sie die Organisationsleitung durch die Erarbeitung von Instrumenten der Verwaltungsreform entlasten.

Das Besondere dieses Ansatzes besteht im folgenden:

Der Schwerpunkt der Steuerungsunterstützung durch Projektarbeit liegt auf der operativen, nicht auf der Ebene unmittelbar unterhalb der Steuerungsebene (vgl. zu den Ebenen das Modell der KGSt). Auf diese Weise lassen sich Transferprobleme durch für die Praxis inadäquate Lösungen vermeiden; indem die operativ Tätigen die Lösung selbst erarbeiten, entschärft sich darüber hinaus das Akzeptanzproblem. Drittens dient Projektarbeit der Entwicklung apersonaler Verfahren wie ein Controlling-Konzept (eine Projektgruppe befaßt sich mit der Bewertung der Stellen in der LVA). Viertens stellt Projektarbeit - als Ersatz für das betriebliche Vorschlagswesen - selbst wiederum ein apersonales Verfahren dar. Fünftens soll Projektarbeit nach dem Willen des Geschäftsführers zu einer Verbesserung der Unternehmenskultur beitragen. Projektarbeit stellt schließlich sechstens eine Möglichkeit dar, gegen den Willen der unmittelbar untergeordneten hierarchischen Ebene, also gegen die Abteilungsleiter und ohne Rückgriff auf ihr Fachwissen, Organisationsänderungen zu entwickeln.

Die Abteilungsleiter stehen der Arbeit der Projektgruppen kritisch gegenüber; potentiell gelten sie als 'Bremser' der Verwaltungsreform, zumal sie teilweise aus West-LVAen stammen, deren Karriere-Schub bereits in der Vergangenheit liegt und Veränderungen des gewohnten, vom Westen übernommenen hierarchischen Gefüges keine in Geld oder Machtzuwachs ausdrückbaren Vorteile in Aussicht stellen. An der konzeptionellen Entwicklung der Reform nicht beteiligt, besitzen sie nur geringe Möglichkeiten, den Innovationsprozeß zu verhindern, obwohl ihre hierarchische Stellung derzeit unantastbar ist (sie bleiben die Vorgesetzten im Routinegeschäft). Angehörigen der mittleren und gehobenen Ebene bieten die Projektgruppen dagegen die Chance, sich als förderungswürdige Mitarbeiter zu profilieren mit der Aussicht, höher bewertete Positionen einnehmen zu können. Der Geschäftsführer wiederum erhält auf diese Weise ohne den Filter von Zwischeninstanzen einen Überblick über das Potential an Nachwuchskräften. Allerdings ist bei Beförderungen das Auftauchen neuer 'Dankbarkeiten' nicht auszuschließen, welche die Position des Geschäftsführers stärken.[6]

5. Entwicklung

Die LVA C begreift Personalentwicklung im Sinne eines rationalen Problemlösungsprozesses zur Überbrückung von Abweichungen der Ist-Zustände von Soll-Vorstellun-

---

[6] Hier bestätigt sich die These von Jäger/Scharfenberger/Scharfenberger 1996, wonach Wandel in Verwaltungen zunächst zur Neubalancierung der Machtkonstellationen genutzt wird, Veränderungen der Handlungsabläufe vorrangig also nicht mit dem vorgeblichen Ziel der Rationalisierung geschehen, sondern Folge der Neukonstruktion der Machtbeziehungen in einer Organisation sind.

gen. Defizite im Bereich des Fachwissens, in der Methodenbeherrschung und im Füh-rungsverhalten sollen behoben werden; Personalentwicklung dient also in erster Linie als Lückenmanagement. Das Controlling-Konzept stützt und überprüft diesen Prozeß. Zunächst schuf Projektarbeit das Instrument zur Erarbeitung des Controlling-Konzepts, das wiederum die Grundlage der Personalentwicklung darstellt.

6. Handlungs- und Gestaltungselemente

Neben Projektarbeit und Coaching stehen 'Führen durch Zielvereinbarung' und unter-schiedliche On-the-job-Trainings; zudem werden gegenwärtig die Stellenbeschreibun-gen in Projektarbeit aktualisiert. Über den Reformprozeß, insbesondere über die Pro-jektarbeit und zukünftig vermutlich auch über das Controlling-Konzept und die vorge-sehene Personalentwicklung informiert fortwährend die Hauszeitschrift. Der Einsatz weiterer Instrumente bleibt offen.

6.2.3.3 Zusammenfassung

Personalentwicklung in der LVA C ist Teil eines Reformprozesses in der "Phase des Aufbruchs", in dem der Geschäftsführer die qualitativen Aspekte der Arbeit zu stärken beabsichtigt. Neben der Erhöhung der Wirtschaftlichkeit steht die Verbesserung der Dienstleistungsqualität im Vordergrund. Die Instrumente der Reform schafft wesent-lich die Projektarbeit von Mitarbeitern der operativen Ebene; dieser Umstand erhöht die Akzeptanz auf Seiten der Beschäftigten und hilft Transfer-Probleme zu vermeiden. Außerdem unterliegt der Reformprozeß, da er sich auf die Motivation der Beschäftig-ten des gehobenen Bereichs stützt, einer geringeren Gefahr, an der passiven Resistenz höherer hierarchischer Ebenen zu scheitern. Personalentwicklung konzentriert sich zunächst auf die Behebung von Defiziten im Fachwissen und auf die Verbesserung der Kooperationsfähigkeit. Neben einer reaktiven Anpassungsstrategie wird der proaktive Aspekt in der Projektarbeit gesehen.

Allerdings stellt sich die Frage, inwiefern diese Möglichkeit zur Beteiligung auch nach Implementation der neuen Verwaltungsinstrumente Bestand hat. Ist das Controlling erst einmal etabliert, besteht durchaus die Gefahr einer verstärkten Überwachung der Mitarbeiter. Träte dieser Zustand ein, wendete sich die Projektarbeit gegen die Inten-tionen der Beschäftigten, sie hätten sich selbst Fesseln angelegt. Andererseits eröffnet sie die Chance, Dienstleistungsarbeit durch weiteren Abbau von Arbeitsteilung und direkter bürokratischer Kontrolle interessanter und befriedigender zu gestalten.

6.2.4 Landesversicherungsanstalt D

6.2.4.1 Zur Umbruchsituation

„Im Dezember 1992 hat die LVA (...) damit begonnen, unter dem Arbeitstitel 'LVA 2000' eigene Überlegungen zur effizienten und wirtschaftlichen Aufgabenerfüllung unter Berücksichtigung von Modellen zur versichertennahen Organisation im Sinne eines modernen Dienstleistungsunternehmens anzustellen. Diesen Überlegungen lag die Erkenntnis zugrunde, daß jede öffentliche Einrichtung ihre Organisation durchaus auch innerhalb des bestehenden Rechts verbessert, daß sie - ohne eine Vorschrift zu verletzen - viele der eigenen Fesseln ablegen kann. (...) Ziel war es, die Dienstleistungen gegenüber den Versicherten und Rentnern umfassend, bei möglichst kurzen Laufzeiten und auf möglichst hohem Qualitätsniveau zu erbringen. Alle Maßnahmen, die dazu notwendig waren, verfolgten vier zentrale Anliegen. Sie sollten den Kundenservice weiter optimieren, die Kosten senken, den Mitarbeiterinnen und Mitarbeitern mehr Selbständigkeit, Verantwortung und Mitgestaltungsmöglichkeiten eröffnen sowie- nicht zuletzt- den Optimierungs- und Konsolidierungsprozeß in der LVA (...) fortsetzen" (Horsch u.a. 1996, S. 512).

Das Management der LVA D orientiert sich am Modell einer "schlanken Verwaltung", also an "einer an kompletten Geschäftsvorfällen ausgerichteten Organisation mit weniger Prüfinstanzen und flacheren Hierarchien, d. h. neugeordneter Verantwortungs- und Entscheidungskompetenz ..." (ebd.). Konkret bedeutet das:

„- Erhöhung des Kundennutzens; vom Kunden her wird die Arbeit organisiert,

- Verbesserung des Angebotes an Dienstleistungen,- Wertschätzung und Entfaltung der menschlichen Arbeitskraft; der Mitarbeiter steht im Mittelpunkt des unternehmerischen Geschehens,

- Vergabe der Entscheidungsbefugnis an den Ort der Wertschöpfung,

- Abbau der Bereichsegoismen; Arbeitsabläufe müssen in größerem Zusammenhang gesehen werden,

- Rücknahme starker Arbeitsteilung, Hinwendung zu ganzheitlicher Geschäftsvorfall bearbeitung,

- kompromißlos einfache Arbeitsabläufe unter Aussparung aller überflüssigen Arbeits gänge" (ebd., S. 513).

Der Reformprozeß betrifft wesentlich die Veränderung von Arbeitsabläufen und die Dezentralisierung der Verwaltungsarbeit, d.h. es ist das Ziel, Bereiche zusammenzulegen, Verantwortung zu delegieren, Hierarchien abzuflachen, Arbeitsabläufe zu straffen, Entscheidungskompetenzen zu verlagern und die Sachbearbeitung neu zu strukturieren. Diese Maßnahmen führten zu einem Abbau von 108 Stellen im Jahr 1996, insgesamt sollen 187 Stellen wegfallen. Es ist vorgesehen, die damit verbundene Kosteneinsparung teilweise durch Anhebung der unteren Einkommensgruppen an die Mitarbeiter weiterzugeben. Darüber hinaus wurde ein Dezentralisierungsprozeß durch die Einrichtung von 12 'Service-Zentren' eingeleitet; sie dienen der Optimierung der Versichertenbetreuung sowie der Effizienz und Wirtschaftlichkeit der Arbeitsabläufe, zudem der Überwindung eines Büroflächendefizit am Standort der Hauptverwaltung.

6.2.4.2 Strukturen und Prozesse der Personalentwicklung

1. Prämissen

Dem Verständnis der LVA D zufolge bezieht sich der Begriff Personalentwicklung eher auf das Tagesgeschäft der Weiterbildung, Führungskräfteentwicklung, Reformierung des Beurteilungssystems und Überarbeitung der Stellenbeschreibungen als auf den Gesamtkomplex der Verwaltungsmodernisierung. Auch ist der Bereich Aus- und Fortbildung organisatorisch einer eigenen Abteilung zugeordnet. Entsprechend dem breiteren Verständnis von Personalentwicklung hingegen werden sämtliche Aspekte der Umformung des Arbeitsvermögens des Personals vom Begriff PE erfaßt, unabhängig von der Zuordnung zu bestimmten Abteilungen.

2. Personale Aspekte

"Gut ausgebildete Mitarbeiter und die besten arbeitstechnischen Bedingungen allein helfen aber nicht, wenn es an der Identifikation mit Arbeitsplatz und Arbeitgeber mangelt. Der Angestellte (...) will vor allem selbständig arbeiten und in Verantwortung miteinbezogen werden. Diese veränderte Einstellung zur Arbeit erfordert natürlich auch Führungskräfte, die eine solche Arbeitsweise unterstützen, den Mitarbeiter begleiten und ihm die nötigen Freiräume schaffen, um sich entfalten zu können. Fazit: Die Aufgabe einer Führungspersönlichkeit hat sich stark verändert" (Hauszeitschrift der LVA D, 3/93, S. 9).
Führungskräfte (bei dieser Landesversicherungsanstalt Referatsleiter und Dezernenten, jedoch auch Sachbearbeiter mit nur wenigen Mitarbeitern) als Verantwortliche für die Förderung ihrer Mitarbeiter stellen daher eine Zielgruppe der Personalentwicklung bei der LVA D dar. Personalführungsseminare bereiteten sie auf ihre Aufgaben vor. Stellungnahmen in der Hauszeitschrift bewerten die Seminare insgesamt positiv, wenngleich Zweifel bestehen, inwieweit sich das Erlernte vom Lernfeld ins Funktionsfeld übertragen läßt. Diese Führungskräftetrainings werden nicht weiter fortgeführt, dennoch läßt sich die Sensibilisierung der Führungskräfte zur Übernahme von PE-Aufgaben weiterhin als ein Schwerpunkt der PE betrachten. Adressaten der Personalentwicklung stellen zudem Personen mit internen und externen Kundenbeziehungen dar; dazu zählen seit dem Jahr 1996 auch die Betriebsprüfer, deren Aufgaben die Landesversicherungsanstalten von den Krankenkassen übernommen haben. Die Förderung von Kompetenzen gebieten darüber hinaus die Bestrebungen zur Dezentralisierung und Verselbständigung der LVA-Kliniken, in diesem Zusammenhang werden workshops für die Mitarbeiter der Klinikverwaltungen angeboten.

3. Interpersonale Aspekte

An den Bedürfnissen der Mitarbeiter orientiert, richtet sich das Führungsverhalten in der LVA D stärker an Kommunikation und Kooperation aus, bekräftigt die Verantwortung der Führungskräfte für die Beschäftigten. Entsprechend soll Personalentwicklung als feste Führungsaufgabe in den Köpfen der Vorgesetzten verankert werden, verfolgt daher vor allem interpersonale Ziele. Einen Problembereich scheint der Informations- und Kommunikationsfluß von 'oben nach unten' darzustellen, wie die Anfang 1997 durchgeführte Umfrage ("Fühlen Sie sich für Ihre Arbeit gut genug informiert?") zeigt (vgl. Hauszeitschrift, Heft 1/1997, S. 18f.).

4. Apersonale Aspekte

Personalentwicklung im Sinne des Wandels geformten Arbeitsvermögen vollzieht sich nicht allein in der eigens geschaffenen Arbeitsstelle der Abteilung für Verwaltung, wie die mit dem Konzept "Verwaltung 2000" verbundenen Strukturveränderungen zeigen. Einerseits trägt die Zusammenführung mehrerer Leitungsbereiche beispielsweise der Abteilungen Versicherung und Rente sowie Rehabilitation und Zentrale Heilstättenverwaltung zum Abbau der Arbeitsteilung bei. Auf diese Weise werden Entscheidungswege verkürzt, abteilungsübergreifende Abstimmungsprozesse obsolet und die Laufzeiten der Anträge verringert, die Effektivität und Effizienz der Arbeit erhöht, Synergieeffekte genutzt und Kapazitäten freigesetzt. Ebenso beseitigt die Einrichtung einer Abteilung für Aus- und Fortbildung die Zuständigkeit verschiedener Bereiche. Erste Erfahrungen mit der dezentralen Sachbearbeitung in Service-Zentren lassen nach Einschätzung der Geschäftsführung kurz-, mittel- und langfristige Ressourcengewinne erwarten (vgl. Horsch u.a. 1996, S.514 ff).

Zum anderen zielt das Reformvorhaben auf flache Hierarchien, beispielsweise wurde die Anzahl der in der Normsachbearbeitung des Bereichs Versicherung und Rente vorhandenen Hierarchieebenen von bisher fünf auf drei reduziert.[7] Das Management verweist in diesem Zusammenhang auf den Vorteil, 187 Personalstellen einsparen zu können. In der Hauszeitschrift heißt es dazu kritisch: "Im Rahmen der Sparmaßnahmen wurden Prüfungsinstanzen wegrationalisiert, obgleich die Anzahl der Arbeitsanweisungen mit immer neuen Änderungen - verursacht durch die neuen umfangreichen Gesetze und deren Umsetzung in die Praxis - angestiegen ist. Die sogenannte Hierarchieverflachung wird vermutlich zu einer Qualitätsverflachung führen. Der Gedanke hieran bereitet (..) Sorgen" (Hauszeitschrift D, 3/95, S. 3f.).

---

[7] Ebd., S. 10. Vgl. die folgenden Auszüge aus dort wiedergegebenen Zitaten: "...Die Vorstellungen, die der Trainer so hatte, paßten meiner Meinung nach nicht immer auf eine Behörde. Bei unseren Hierarchie-Strukturen ist es oft schwer, Sachen durchzusetzen" oder: "Der Umsetzung in die Praxis sehe ich mit Interesse entgegen" oder: "Ob sich das alles in die Praxis umsetzen läßt, wird sich noch zeigen. Ich würde meine Haltung als 'verhalten optimistisch' bezeichnen."

Ein weiterer Schwerpunkt der Reform liegt in der apersonalen Fixierung von Handlungsimperativen durch Formalisierung, Standardisierung und Normierung. Stellenbeschreibungen dienen zur Kristallisation fachlicher und außerfachlicher Anforderungsprofile für einzelne Funktionen, und die Reform des Beurteilungssystems zählte zu den ersten Aufgaben des für die PE Zuständigen nach seiner Einstellung im Jahre 1994. Eine zehnköpfige "Projektgruppe Personalentwicklung" erarbeitete neben einem neuen Beurteilungsverfahren zudem einen neuen Beurteilungsbogen. Der Entwurf eines detailliert geplanten Beurteilungsverfahrens sah vor, den Selektionsaspekt (Beurteilung von Leistung und Befähigung) und den Kommunikationsgesichtspunkt (Rückmeldung von Beschäftigten über eine weitere Förderung und Verwendung, Motivierung) zu verbinden. Die Beurteilung von Leistung und Verhalten wäre entsprechend diesem Entwurf anhand der auf einer neunstufigen Skala bewerteten Hauptmerkmale Aufgabenerledigung, Qualität der Arbeitsergebnisse, Arbeitsweise, Verhalten im Arbeitsbereich, Führungsverhalten und allgemeines dienstliches Verhalten vorgenommen worden.

Seit dem Jahr 1996 begleitet eine Beraterfirma den Prozeß der Verwaltungsmodernisierung. Diese stellte nach offiziell unbestätigten Angaben außenstehender Beobachter das von der Arbeitsgruppe vorgeschlagene Beurteilungsverfahren in Frage. Anläßlich einer Informationsveranstaltung im Frühjahr 1997 sei ein neues Beurteilungssystem präsentiert worden, das nun seinerseits bei den Beschäftigten, auch bei Angehörigen des höheren Dienstes, auf Akzeptanzproblem stieß. In der Folge gäbe es auf Seiten der MitarbeiterInnnen Unsicherheit hinsichtlich der Reformziele der LVA.

5. Entwicklung

Personalentwicklung in der LVA D ist in ein Netzwerk von Einflußgrößen eingebunden und muß nach Auffassung des Personalentwicklers sich ständig an geänderte Bedingungen anpassen, quasi als Stückwerkstechnologie pragmatisch überraschende Chancen nutzen und sich für unvorhergesehene Konstellationen offenhalten.

6. Handlungs- und Gestaltungselemente

Die Entwicklung von Unternehmenszielen erfolgt seit dem Jahr 1996 unter externer Begleitung. Die PE des "Tagesgeschäfts" bedient sich zur Ermittlung des Bedarfs beispielsweise der Instrumente der Experten-/Betroffenenbefragung, der Beobachtung der Arbeitsdurchführung, der Analyse von Dokumenten wie von Planunterlagen, von Personalbeurteilungen und von Stellenbeschreibungen. Die Bedarfsdeckung wendet insbesondere Into-the-job-Hilfen (z. B. bei Berufsrückkehrerinnen), On-the-job-Maßnahmen wie Lernen am Arbeitsplatz, Off-the-job-Seminare sowie Near-the-job-Projekte, z. B. workshops, an. Ziel ist, Personalentwicklung als feste Führungsaufgabe in den Köpfen der Vorgesetzten zu verankern. Relevante Instrumente wurden zentral - also über den Bereich Personalentwicklung - entwickelt und zur Verfügung gestellt, Beratungsleistungen für den jeweiligen PE-Prozeß vor Ort erbracht. Probleme und Aufgaben strategischen Rangs scheinen bislang top-down entschieden und zentral gesteuert worden zu sein. Die teilweise Beteiligung der Beschäftigten an der Konzeptentwicklung geschah in Projektgruppen oder in Form von Mitarbeitergesprächen; zur Akzeptanzsicherung wurde ein größerer Kreis zu den Maßnahmen gehört (im Rahmen des Beurteilungssystems ca. 200 Personen). Mit Blick auf angestrebte Dezentralisierung fanden Informationsveranstaltungen und Umfragen statt (vgl. Hauszeitschrift D, 1/95, S. 5 ff), zur Mitarbeiterbeteiligung am Reformprozeß "Verwaltung 2000" liegt diese Bilanz vor:

" ... Denn ein solcher Veränderungsprozeß, der praktisch die gesamte Organisation mit ihrer Gestaltung nach außen und innen erfassen muß, kann nur gelingen, wenn dies dem erklärten Willen aller Verantwortlichen, also Vorstand, Geschäftsführung und Personalvertretung entspricht und darüber hinaus eine ausreichende Zahl von Meinungsführern die Überzeugung teilt, daß die LVA neue Strukturen und Arbeitsweisen braucht. Von Beginn der Überlegungen war folglich die Personalvertretung eingebunden. Die Verwaltung hat zudem frühzeitig gegenüber der Personalvertretung deutlich gemacht und zugesichert, ein Höchstmaß an Sozialverträglichkeit zu gewährleisten, Entlassungen und Vergütungsminderungen als Folge neuer Strukturen auszuschließen und, falls erforderlich, neue Kenntnisse und Fertigkeiten im Rahmen gezielter Fort- und Weiterbildungsmaßnahmen zu vermitteln. Ausgehend davon, daß ein Konsens sowohl insgesamt als auch bei Einzelschritten herrschen muß, wurden die jeweiligen Auswirkungen aus geänderten Verfahren und Abläufen auf die Strukturen und das Personal gemeinsam analysiert und die Vorgehensweisen zur flächendeckenden Umsetzung in neue Prozesse einvernehmlich festgelegt. Insgesamt ist es somit sicher nicht falsch zu formulieren, daß der schwierige und auch die kommenden Jahre noch andauernde Prozeß des organisatorischen Umbaus der LVA (...) sozusagen begleitet wird durch ein Modernisierungsbündnis zwischen Unternehmensleitung und der Personalvertretung" (Horsch u.a. 1996, S. 572f.).

6.2.4.3 Zusammenfassung

Personale Aspekte der Personalentwicklung bei der LVA D betreffen insbesondere die Sensibilisierung der Führungskräfte zur Übernahme von PE-Aufgaben und die Schulung von Personen mit internen und externen Kundenbeziehungen. In interpersonaler Hinsicht geht es um die Verbesserung von Kommunikation und Kooperation, etwa um die Verbesserung der Kommunikation durch die Hierarchien. Apersonale Aspekte beziehen sich auf die Entwicklung von Unternehmenszielen, den Abbau von Arbeitsteilung, die Abflachung von Hierarchien und die Erarbeitung von apersonalen Verfahren zur Fixierung von Handlungsimperativen. Solche Verfahren schließen derzeit v. a. Stellenbeschreibungen und Personalbeurteilungen mit ein. Personalentwicklung bei der LVA D setzt pragmatisch da an, wo der "Schuh drückt" und will sich an geänderte Bedingungen anpassen. Inwiefern sie unter den Bedingungen eines ausgeprägten Sparkurses in der gesetzlichen Rentenversicherung hauptsächlich zur Kostensenkung und Personalreduzierung beiträgt, ist gegenwärtig nicht abschließend zu beurteilen.

Der Reformprozeß scheint top-down orientiert 'abgewickelt' zu werden. Reibungsverluste könnten sich aus dem Faktum der Erarbeitung des Beurteilungssystems ergeben haben, *bevor* Klarheit über die Formen der indirekten Steuerung, über Unternehmensziele, Leitbilder und Führungsgrundsätze bestand. Der nachträglich beauftragten Beraterfirma kommen, so scheint es, Aufgaben zu, die über die bloße Moderation eines von den Beschäftigten erarbeiteten und getragenen Reformprozesses hinausgehen. Diese Vermutung könnte die o.a. (angebliche) Intervention im Kontext des Beurteilungsverfahrens erklären. In einem solchen Fall stellt sich jedoch zwangsläufig die Frage nach der Bereitschaft der Basis, die beabsichtigte Modernisierung mitzutragen.

6.2.5 Landesversicherungsanstalt E

6.2.5.1 Zur Umbruchsituation

Die LVA E, im Jahr 1991 gegründet, befindet sich wie die LVA C auf dem ehemaligen Gebiet der DDR; in 46 (!) Geschäftsstellen sind ca. 2.300 Personen beschäftigt.
Die erste Geschäftsführung entschloß sich früh zur Modernisierung der LVA. Im Jahr 1993 nahm die Anstalt an einem Qualitätswettbewerb der Hochschule für Verwaltungswissenschaften in Speyer teil und zählte zu jenen 12 Verwaltungen, die als Sieger ausgezeichnet wurden. In diese Zeit fällt eine Befragung aller Mitarbeiter zur Arbeitszufriedenheit, und damals entschloß sich die Abteilung Personal und Verwaltung auf Initiative der Geschäftsführung, neben Finanzcontrolling auch Personalentwicklung zu betreiben. Vermutete Defizite in den Bereichen Führung und Kooperation, Beurteilungswesen, Personalgewinnung und -erhaltung wie auch in der Aufbau- und Ablauforganisation begründeten diesen Schritt. Das Management erhoffte zudem höhere Wirtschaftlichkeit und Sparsamkeit, die Verbesserung der Kunden- und Mitarbeiterorientierung und günstigere Chancen zur Bewältigung von "Zukunftsaufgaben". Ebenso trug auch die besondere Personalstruktur durch den schnellen Aufbau der LVA zum Reformvorhaben bei. Zu den Hauptaufgaben der Personalentwicklung zählten aus diesem Grund die Nachqualifizierung und kontinuierliche Weiterbildung von zahlreichen Mitarbeitern und der Aufbau eines einheitlichen Beurteilungssystems.

6.2.5.2 Strukturen und Prozesse der Personalentwicklung

1. Prämissen

"PE umfaßt alle Aufgaben, die zur Personalplanung, -betreuung, -entwicklung, Personalcontrolling usw. relevant sind" (Referentin). Personalentwicklung im engeren Sinne hat nach dem Verständnis der LVA E in erster Linie mit Weiterbildung als Erhaltung

und Förderung der Grundqualifikationen der Mitarbeiter und Fortbildung als Aufstiegsqualifizierung zu tun. Der Referentin zufolge läßt sich PE zusammenfassend wie folgt charakterisieren:
Sie stellt auf die Leistungssteigerung aller Struktureinheiten ab, fordert und fördert Innovationen in allen Arbeitsstrukturen und -prozessen, ist auf die Kompetenz und Verantwortungsbereitschaft aller Mitarbeiter ausgerichtet, setzt die bestmögliche Erfüllung des gesellschaftlichen Auftrags der Rentenversicherung zum Ziel.

2. Personale Aspekte

PE bezog sich bislang vornehmlich auf Führungskräfte, je nach dienstlichem Erfordernis allerdings auch auf weitere Personengruppen, beispielsweise im Rahmen der fachlichen Weiterbildung etwa Reha- oder Rentensachbearbeiter oder Berufsanfänger. Der Mitarbeiter der "LVA 2000" soll nach Auffassung der Referentin verantwortungsvoll und kompetent seine Aufgaben erfüllen, kundenorientiert arbeiten und auftreten, aktiv seine Qualifikation erhalten und kontinuierlich verbessern.

3. Interpersonale Aspekte

Aus dieser Perspektive geht es im Kern um die Verbesserung des Führungsverhaltens der Vorgesetzten, angestrebt ist eine leistungsbezogene Mitarbeiterführung mittels Zielvereinbarungen. Bereits zuvor eingerichtete Qualitätszirkel firmieren heute unter dem Begriff 'Arbeitsberatungen', deren Ergebnisse allerdings nicht - wie bei Qualitätszirkeln üblich - direkt der Geschäftsführung, sondern der nächsthöheren hierarchischen Ebene (in der Regel den Abteilungsleitern) vorgetragen werden, mit dem Risiko der Informationsfilterung. Den Arbeitsberatungen kommt neben dem fachlichen auch ein kommunikativer Sinn innerhalb der Struktureinheiten der Organisation zu.

4. Apersonale Aspekte

Vermutlich als Reaktion auf recht weitgehende Modernisierungspläne des früheren Geschäftsführers fordert der Vorstand nun "... die Konzentration auf die Kernprozesse und Kernaufgaben des Hauses. Schwerpunkte wie Beitragseinzug, Prüfdienst, Fehlerquote, Bearbeitungszeiten beschäftigen uns heute."[8] Konzeptionelle Arbeiten zur Entwicklung eines Leitbildes wurden zunächst zurückgestellt. Die "LVA 2000" soll leistungsstark, kundenorientiert und innovativ sein. Die Festlegung von Führungsgrundsätzen befindet sich noch in der Phase der Erarbeitung, jedoch orientiert man sich der Referentin zufolge an den Positionen "Wahrnehmung der Verantwortung, Zusammenarbeit, leistungsorientierte Leitung und Führung". Der Schwerpunkt apersonaler Personalentwicklung lag bisher auf der Erarbeitung eines einheitlichen Beurtei-

---

[8] So die Geschäftsführung in der Hauszeitschrift E, 2/96, S. 3.

lungssystems: "... Die Mitarbeiterinnen und Mitarbeiter der LVA wollten ein gerechtes Beurteilungssystem, eins, das die wirkliche Leistung widerspiegelt, Rechenschaft und Entwicklung ermöglicht und von einheitlichen Kriterien ausgeht. Diese Forderung war Ausgangspunkt für ein neues Herangehen an Leistungseinschätzungen. Einerseits sollten Maßstäbe und Normen gesetzt werden und andererseits wollte man leistungsmotivierend wirken" (Hauszeitschrift E, 2/96, S. 6).

Nach der Studie von 150 (!) Beurteilungssystemen fiel die Entscheidung zugunsten eines eigenen, auf die Bedürfnisse der LVA E zugeschnittenen Systems. Hierzu richtete man im Frühjahr 1995 eine Arbeitsgruppe ein, welcher die stellvertretenden Leiter der Abteilungen, der Sonderreferate, Vertreter des Personalrats und des Personalreferats angehörten. Bereits im Frühsommer desselben Jahres legte die Gruppe ihre konzeptionellen Vorstellungen den Referatsleitern, Sachgebietsleitern und ausgewählten Abschnittsleitern der einzelnen Bereiche vor, deren Anregungen in das Beurteilungssystem eingingen. Über 600 Beurteiler wurden geschult, eine Dienstvereinbarung über das Beurteilungssystem mit dem Persoanlrat abgeschlossen.

Im Rahmen der LVA E dient die alle drei Jahre durchgeführte Beurteilung der Analyse des Leistungsstands der Beschäftigten, zeigt deren Stärken und Schwächen auf. Das Besondere des Systems liegt in der Beurteilung durch den *unmittelbaren* Vorgesetzten (z.B. Gruppenleiter), der auch verantwortlich unterzeichnet. Repräsentanten höherer hierarchischer Ebenen besitzen zwar Informationsrechte, unterzeichnen die Beurteilung jedoch nicht. Gegenstand der Beurteilung ist zunächst das Leistungs- und Arbeitsverhalten, zudem Kommunikationsfähigkeit und Kreativität. Den Beurteilungsmaßstab gibt eine definierte und personenunabhängige, stellenbezogene Normalleistung ab - um zu verhindern, daß jemand nach der "Nase" beurteilt wird, wie die Referentin es ausdrückt. "... Normal ist gut - dieser Grundsatz muß zur Selbstverständlichkeit werden, auch um in jedem Bereich solche Maßstäbe zu setzen, die die ganze LVA nach vorne bringen." Die Beurteilung vereinigt den Förderaspekt (Wo liegen die Stärken und Schwächen?) mit dem Auswahlgesichtspunkt (Ist der oder ein anderer Beschäftigter für die Stelle geeignet?). Assessment-Center-Verfahren zur alltäglichen Personalauswahl stehen solange nicht zur Diskussion, wie unklar bleibt, "was mit denen ist, die durchfallen" (Referentin). Der Gefahr von Willkürbeurteilungen der direkten Vorgesetzten begegnen Schulungen und das Beurteilerhandbuch. Auf Wunsch des Beurteilten kann ein Mitglied des Personalrats der Eröffnung der Beurteilung beiwohnen. Zum System zählt des weiteren ein fakultatives, strukturiertes Mitarbeitergespräch, das entweder vom unmittelbaren Vorgesetzten im Zeitraum zwischen den obligatorisch abzugebenden Regelbeurteilungen oder auf besonderen Wunsch des Mitarbeites oder des Vorgesetzten durchgeführt wird; es findet einmal jährlich statt. Als PE in apersonaler Perspektive können auch das qualifizierte Fort- und Weiterbildungssystem sowie die ersten Überlegungen zur Definition von Normalleistungen der Dienststellen gelten.

5. Entwicklung

Die LVA E versteht Personalentwicklung weitgehend als rational geplante Veränderung zur Steuerung der Diskrepanz zwischen Soll und Ist. Anforderungen an eine PE ergeben sich der Referentin zufolge jedoch auch aus der Aufbauphase, in der sich die noch junge Landesversicherungsanstalt befindet.

6. Handlungs- und Gestaltungselemente

Befragungen von Experten und Betroffenen ermittelten den Bedarf - so bei der Entwicklung des Beurteilungssystems wie auch des neuen Fort- und Weiterbildungssystems. Zukünftig ist daran gedacht, auch aus der Beobachtung der Arbeitsdurchführung Handlungs- und Gestaltungselemente abzuleiten. Zudem werden Stellen- und Tätigkeitsbeschreibungen (einschließlich Normalleistung) hinzugezogen, ebenso Analysen der Anforderungs- und Qualifikationsstruktur analysiert sowie Beurteilungsergebnisse und Zielvereinbarungen.
Der Bedarfsdeckung dienen Into-the-job-Hilfen, ein Einarbeitungsprogramm liegt vor. On-the-job-Maßnahmen betreffen beispielsweise die Einarbeitung am Arbeitsplatz; zudem werden Fördermaßnahmen aus der Beurteilung abgeleitet. Sie beziehen auch Off-the-Job-Seminare mit ein. Near-the-job wären die angeführten Arbeitsbesprechungen zu verorten.

6.2.5.3 Zusammenfassung

Wie im Fall C handelt es sich bei der LVA E inzwischen nicht mehr primär um eine quantitative Bewältigung eines Aktenstaus, sondern um die qualitative Verbesserung der Arbeitsergebnisse. Der Schwerpunkt der PE liegt im apersonalen Bereich (Beurteilungs- bzw. Fort- und Weiterbildungssystem). Daraus erwachsen im interpersonalen und personalen Bereich PE-Maßnahmen (z.B. Beurteilerschulungen). Der Referentin zufolge lassen sich seit Einführung der Personalentwicklung Veränderungen in folgenden Bereichen feststellen:
- Dienstleistungsqualität: über die Bestimmung der Normalleistung,
- Mitarbeiterqualifikation: über Weiterbildung,
- Mitarbeiterzufriedenheit/Motivation: durch ein einheitliches Beurteilungssystem,
- Führungsverhalten: gefordert über Anforderungsprofile des Beurteilers als unmittelbarer Vorgesetzter,
- Kooperation: als Merkmal des Arbeitsverhaltens in der Beurteilung fest verankert,
- Arbeitsorganisation: in Ansätzen, weil die Bestimmung der Normalleistung erforderlich war.

6.3 Fazit: Personalentwicklung in den Landesversicherungsanstalten

Schwachstellen im Personalbereich vor Einführung der Personalentwicklung zeigten sich insbesondere im Bereich der Führung, bei der Personalbeurteilung, der Top-down-Information und der Kooperation. Demotivation und Unzufriedenheit der Mitarbeiter waren die Folge. Entsprechend liegen die konzeptionellen Schwerpunkte der PE in diesen Bereichen. In personaler Perspektive stehen Führungskräfte- und Kompetenzentwicklung im Vordergrund; bei den PE-Konzeptionen lassen sich partizipative Elemente feststellen. Im interpersonalen Bereich dürften die Schwerpunkte in der Optimierung der Kooperation und Konfliktlösungsfähigkeit sowie der abteilungsübergreifenden Kooperation liegen. Apersonale Kernpunkte liegen in der Reform des Beurteilungssystems, der Entwicklung von Anforderungsprofilen sowie der Bestimmung von Führungsgrundsätzen. Dies gilt, was das von hohen Erwartungen gekennzeichnete Beurteilungssystem angeht, besonders für die Landesversicherungsanstalten A, D und E. Bei der LVA B liegt ein weiterer Schwerpunkt in der Entwicklung eines Behördenleitbilds und in der Verknüpfung verschiedener Aspekte der Verwaltungsmodernisierung ('business reengineering'). Innerhalb der LVA C zeichnen sich apersonale Zentren in der Änderung von Verantwortlichkeiten, der Entwicklung apersonaler Verfahren sowie bei der Durchsetzung von (bzw. Verhinderung von) Interessen und der Neustrukturierung des Machtgefüges ab.

Das Management der Landesversicherungsanstalten C und E geht im Vergleich zu den anderen Organisationen offensichtlich von einer rationalen Planbarkeit des Entwicklungsprozesses und von der Notwendigkeit seiner managerialen Steuerung aus. Ein Grund könnte darin zu finden sein, daß diese jungen Landesversicherungsanstalten Strukturen noch als gestaltbar und gestaltungsbedürftig erleben. Die LVA B läßt zumindest zu Beginn der Reform ein in diesem Sinn 'offenes Ende' des Entwicklungsprozesses der Organisation zu. Problematischer stellt sich möglicherweise die Lage in der LVA D dar: Die aktive Beeinflussung der Reform und das Infragestellen bereits kollektiv erarbeiter Ergebnisse durch Externe könnte Akzeptanzprobleme auf Seiten der Betroffenen nach sich ziehen.

7 Personalverwaltung im Umbruch

7.1 Spezifika der Umbruchsituation in den Landesversicherungsanstalten

Die Klienten der Landesversicherungsanstalten befinden sich, zumal im Vergleich zu den Mitgliedern der Ortskrankenkassen sowie den Nutzern kommunaler Dienstleistungen, in einer schwächeren Lage. Die Landesversicherungsanstalten besitzen (noch) ein Monopol auf das Angebot an Leistungen; zwar ist es ihnen nicht möglich, die Angebotspalette von sich aus - zumindest im Bereich der Rentenleistungen - zu erweitern, gleichwohl können die Klienten vom Bezug der 'Produkte' (beispielsweise einer Erwerbsunfähigkeitsrente) hoheitlich ausgeschlossen werden. Ihnen bleibt ein Ausweichen auf andere 'Produkte' lediglich in einem eingeschränkten Maß offen, nicht selten sind sie sogar vom Leistungsangebot der LVAen existentiell abhängig. Nicht einmal der Mitgliedschaft in der Rentenversicherung können sie sich entziehen (sofern es den Klienten nicht aus rechtlichen Gründen gestattet ist) und 'ihre' Landesversicherungsanstalt auch nicht frei wählen. Ebenso wenig besitzen sie Einfluß auf die Mitgliedsbeiträge; entsprechend richtet sich das Interesse an der Rentenversicherung allenfalls auf die Höhe des monatlich zu zahlenden Beitragssatzes. Ingesamt betrachtet ist der Kontakt der Klienten zu der LVA auf ein Minimum beschränkt.

Ganz anders die Stellung der Kunden bei den Krankenkassen und zumindest teilweise auch die der Bürger der Gemeinden.[1] Die Kunden einer Krankenkasse können 'ihre' Kasse frei wählen, spätestens bei Eintritt in das Berufsleben machen sie davon Gebrauch. Die Wahrscheinlichkeit, die vielfältigen Leistungen einer Krankenkasse während einer häufig lebenslangen Mitgliedschaft schon früh und wiederholt in Anspruch zu nehmen, ist außerordentlich hoch. Krankenkassen können ihr Angebot - zumindestens in Grenzen - erweitern oder beschränken; Kasse und Kunde stehen in reger Interaktion.

Auch die Dienstleistungen der Gemeinden werden insgesamt häufig genutzt; als Teil der Kommunalpolitik stehen sie im Mittelpunkt des öffentlichen Interesses, sind Bestandteil der Berichterstattung durch die lokale Presse. Die Kommunalpolitik ihrerseits wiederum verfolgt das Verwaltungsgeschäft aufmerksam, da Mißstände mitunter direkte, sicherlich mittelbare Folgen für Kommunalwahlen nach sich ziehen. Die Kommunalverwaltung ist dem Bürger folglich eher präsent als die Rentenversicherung, zudem unterliegt sie einer stärkeren externen Kontrolle durch Medien und Politik.

---

[1] Die Situation der Klienten von Einrichtungen der Landesverwaltung mit Dienstleistungsfunktionen ist teilweise ebenfalls durch monopolartige Abhängigkeit gekennzeichnet. Der Wille der baden-württembergischen Landespolitik zu einer Verwaltungsreform könnte als externer Druck auf die beiden LVAen in Baden-Württemberg wirken, sofern der von der ehemaligen Regierung Lothar Späth eingeschlagene Weg in Richtung auf eine "Verwaltung 2000" weiterhin beschritten werden soll.

Diese feinen Differenzierungen werfen Licht auf die geringe Bedeutung des 'Kunden' einer Verwaltung im Zusammenhang des Verwaltungshandelns. Seltener Klientenkontakt, fehlende Wettbewerbssituation sowie ein Mangel an Interesse seitens der Klienten und der Öffentlichkeit am Tagesgeschäft der Verwaltung ließen die 'Kundenpflege' aus der Sicht der LVA-Verwaltungen lange Zeit als weniger bedeutsam erscheinen. Während auf Seiten der Krankenkassen und Kommunen dem Faktor 'Personal' prinzipiell eine größere Aufmerksamkeit zukam, daher nicht zufällig eine Reform der Verwaltung durch Personalentwicklung auf der Überzeugung beruht, allein qualifizierte MitarbeiterInnen entsprächen dem ausgeprägten Kontaktniveau zu den Klienten (beispielsweise werden nicht programmierbare Gesprächssituationen favorisiert), substituierten demgegenüber die Landesversicherungsanstalten in der Vergangenheit den Faktor Personal oftmals durch die Standardisierung von Arbeitsabläufen mit Hilfe von Technik. Da das Personal in den Managementstrategien der LVAen offenbar eine geringere Rolle als bei Kommunen und Krankenkassen einnahm, schien das Erfordernis, unflexible, bürokratische Strukturen aufzubrechen, machtpolitisch-zwangsorientierte oder rational-empirische Ansätze der Mitarbeiterführung zu Gunsten partizipatorischer Konzepte aufzugeben, ein weniger dringliches Problem darzustellen. Zudem trugen auch die - gemessen an den Gesamtausgaben einer Landesversicherungsanstalt - lediglich anfallenden 2 Prozent Verwaltungs- und Verfahrenskosten dazu bei, die Reform im Personalbereich erst jetzt einzuleiten, zumal die finanzielle Situation der Rentenversicherung durch eine Korrektur des Beitragssatzes eher beeinflußbar erschien als durch die Reform der Verwaltungsorganisation (anders dagegen die Kommunen, deren Personalausgaben einen größeren Prozentsatz an den Gesamtkosten ausmachen).

Insgesamt: Bürokratische Arbeitsteilung in der Rentenversicherung galt lange Zeit als 'Königsweg' zur Erledigung anfallender Geschäftaufgaben in der Rentensachbearbeitung - funktional und kostensparend. Dieser Auffassung wird zunehmend die Grundlage entzogen:

1. Der gesellschaftliche Strukturwandel beeinflußt das Anspruchsniveau der Klienten grundlegend - eine fachlich kompetente Sachbearbeitung sowie eine fundierte Beratung kennzeichnen die Erwartungshaltung.

2. Mitarbeiter und deren Personalvertretungen artikulieren vehement Unzufriedenheit über Führungsverhalten und Beurteilungssystem der Verwaltungsleitungen, zudem fordern sie sinnstiftende Arbeitsinhalte. Der Personalratsvorsitzende einer süddeutschen Landesversicherungsanstalt anläßlich einer Personalversammlung im Jahr 1994: "Das Personalmanagement der LVA ... ist veraltet. Es ist geprägt von obrigkeitlichem Verhalten, überflüssiger Hierarchisierung, mangelnder Beweglichkeit und wenig Spielräumen für eigenverantwortete Entscheidungen der Beschäftigten. Es wird den heutigen und künftigen Anforderungen an den öffentlichen Dienst nicht mehr gerecht. Wir fordern daher:

- Maßnahmen zur offensiven Erneuerung des Personalmanagements, die mit den Beschäftigten und der Personalvertretung abzustimmen sind.
- Durch die Einführung von mehr Autonomie am Arbeitsplatz ist für mehr Sinnhaftigkeit im Arbeitsvollzug, für höhere Arbeitszufriedenheit der Beschäftigten sowie für eine stärkere Eigenverantwortung und Selbstbestimmung Sorge zu tragen.
- Das althergebrachte Beurteilungssystem ist durch zielorientierte Mitarbeitergespräche und abgestimmte Auswahlverfahren für Beförderungen/Höhergruppierungen zu ersetzen."[2]

Ein Jahr später beantwortet der Personalratsvorsitzende an gleicher Stelle die Frage, aus welchem Grund die Führungskräfte "dauernd Ärger mit dem Personalrat haben", in der Hauszeitschrift so: "Der Grund liegt nicht selten darin, daß diese Führungskräfte sich nicht mit der Tatsache abfinden wollen, daß sie nicht mehr das alleinige Sagen im Betrieb haben. Wir suchen Führungskräfte, wir haben keine. Was wir haben, sind Tageskräfte, Manager des Tagesgeschäftes, manchmal mehr schlecht als recht. Wir erwarten von unseren Führungskräften, daß sie im Sinne einer gut funktionierenden Dienststelle gemeinsam aktiv werden ... statt in läppischen Kleinkriegen Eigensinn und Selbstsucht aufzupolieren. Was wir derzeit geliefert bekommen, sind lediglich Aussichten auf einen massiven Stellenabbau, Qualitätsminderung statt Qualitätsverbesserung, Schwarzmalerei, Informationsdefizite und selbstbemitleidende Äußerungen der Resignation und infolgedessen eine wesentliche Verschlechterung des Betriebsklimas. (...) (Daß) die Modernisierung der öffentlichen Verwaltung und damit auch in unserer Landesversicherungsanstalt unausweichlich ist, braucht eigentlich nach diesen Ausführungen kaum noch erwähnt werden. Allerdings: die Modernisierung unter dem Vorzeichen der Haushaltskonsolidierung gibt es nicht zum Nulltarif. Eine wesentliche, wenn nicht zentrale Erfolgsvoraussetzung für eine gelingende Binnenmodernisierung der Landesversicherungsanstalt ist die umfassende Einbeziehung und Beteiligung der Beschäftigten und ihrer Interessenvertretung. Die Beschäftigten wissen am besten, wo es klemmt, da diese letztlich Träger des Arbeitsprozesses sind."[3] Diese Einschätzung entspricht weitgehend den Interview-Aussagen des Trainers in der Bildungsarbeit beim VDR, der ebenfalls Defizite im Führungskräftebereich der Träger der Rentenversicherung aufzeigte.

3. Der technische Fortschritt eröffnet neue Dimensionen der Versichertennähe und der Arbeitsgestaltung.

4. Der europäische Binnenmarkt trägt vermutlich zu einem Wettbewerb der sozialen Sicherungssysteme oder zu einem Wettbewerbsmodell mit der privaten Alterssiche-

---

[2] Zitiert in: Beilage (des Personalrats) zum Blickpunkt Freiberg, 3/94, S. 5. Der 'Blickpunkt Freiberg' ist die Hauszeitschrift der LVA Württemberg.

[3] Zitiert in: Beilage zum Blickpunkt Freiberg, 3/95, S.11.

rung in der EU bei Einführung einer auf der Solidarverantwortung beruhenden nationalen "Grundrente" bei.

5. Die Gestaltung der Rentenbeiträge könnte zudem eine regionale Komponente bekommen (vgl. Pitschas in LVA Baden, S. 65 ff).

6. Die Sozialpartner fordern Leistungsvergleiche in der Rentenversicherung, die Einführung von Controlling und Personalentwicklung, ja eine grundlegende Reform des gesamten Systems der gesetzlichen Rentenversicherung. Sie fordern Versichertennähe durch dezentrale Rentensachbearbeitung in den Auskunfts- und Beratungsstellen und Kundenorientierung.

7. Die Bundesregierung strebt seit dem Herbst 1995 massive Einsparungen bei den Ausgaben der Landesversicherungsanstalten an.

Diese Sachverhalte erhöhen den Reformdruck auch bei den LVAen. Für die erforderlichen Organisationsveränderungen erscheinen Mitarbeiter wie Vorgesetzte mit den Merkmalen "perfekter bürokratischer Persönlichkeiten" (Oppen) denkbar ungeeignet. Sie scheuen Verantwortung, bevorzugen das Handeln auf Anweisung, und ihre Interessen richten sich (neben persönlichen Angelegenheiten) vorwiegend auf ihren (beschränkten) Zuständigkeitsbereich, weniger auf die Belange der Gesamtorganisation oder der Klienten. Der Wandel vom ´verwalteten´ zum ´entwickelten´ Mitarbeiter, der selbstverantwortlich im Interesse der Gesamtorganisation und der Klienten entscheidet, vollzieht sich nicht durch Schulungen allein, vielmehr sind zudem Korrekturen in interpersonalen und apersonalen Bereichen unumgänglich.

7.2 Einschätzung der Verwaltungsreform durch Personalentwicklung

7.2.1 Personale Perspektive

1. Zielgruppen

Führungskräfte scheinen die bevorzugte Zielgruppe von Personalentwicklung in den untersuchten Verwaltungsbereichen zu sein. Ihnen kommt eine Schlüsselposition als Adressaten und Träger der PE zu. Jedoch gerät Personalentwicklung bei einer Forcierung der Führungskräfteentwicklung schnell in den Verdacht, lediglich ein Instrument zur Karrriereförderung einzelner Personen oder spezifischer Personengruppen zu sein. Stattdessen muß PE im Interesse übergreifender Ziele und aller Mitarbeiter - zumal ihre Wirksamkeit vom Vertrauen der Beschäftigten abhängt - weitere Zielgruppen ansprechen, etwa Neulinge, Berufsrückkehrer, Umschüler u.a.m.

2. Kompetenzen

Sofern sich die Kompetenzentwicklung lediglich auf die Förderung von Fähigkeiten, Fertigkeiten, Wissen oder Kenntnissen bezieht, besteht die Gefahr des alleinigen Lückenmanagements. Die proaktive Förderung nicht direkt leistungsbezogener Kompetenzen dagegen unterstützt die Fähigkeit zum Selbstlernen und zum angemessenen Handeln in fremden Situationen. Darüber hinaus bleibt zu fragen, in welchem Maß Kompetenzen lediglich die 'flexible' Einsetzbarkeit der Beschäftigten erhöhen oder auch ihre Mündigkeit fördern. Soll der 'entwickelte' Mitarbeiter - von normativen Bezügen unbedrängt - allein danach streben, 'besser' zu werden, oder auch die Fähigkeit entwickeln, sich zu verweigern, sofern seine Arbeit gegen rechtliche Bestimmungen, sozialstaatliche Ziele oder ethische Prinzipien verstößt? Wird der 'kreative Opportunist' gesucht, dessen Wandlungsfähigkeit selbst zur Tugend gerinnt, der zwar 'selbständig' arbeitet, jedoch lediglich im Rahmen der propagierten ökonomischen Vernunft, also zu einer "Marionette eines zum Götzen erhobenen Nützlichkeitsdenkens" (Psychologie heute, 4/96, S. 56f.) mutiert? Auf die Arbeit in der gesetzlichen Rentenversicherung bezogen bedeuten diese Fragen: Die bürokratische Persönlichkeit entspricht kaum den zukünftigen Anforderungen an die gesetzliche Rentenversicherung. Gefragt ist der flexibel einsetzbare Mitarbeiter, der in der Lage ist, kompetent Auskunft zu geben, ebenso mit den ihm anvertrauten Versichertengeldern wirtschaftlich umzugehen. Seine Handlungen orientieren sich darüber hinaus weniger an der technischen Umsetzbarkeit als an der Rechtmäßigkeit, zudem nicht allein an Wirtschaftlichkeitskriterien, sondern auch an sozialpolitischen Intentionen der Rentenversicherung und am Einzelfallschicksal. In diesem Zusammenhang besitzt er die Fähigkeit, die Widersprüchlichkeiten dieser Zieldimensionen in eigener Verantwortung zu lösen. Kompetenzentwicklung bedeutet dann allerdings auch, ihn als ersten 'Experten' seiner Arbeitsbedingungen ernst zu nehmen und am Reformprozeß zu beteiligen - eine Reform, welche auch die Demokratisierung von Entscheidungsprozessen beinhaltet.

3. Mitarbeitergespräche

Aus allen Materialien der untersuchten Landesversicherungsanstalten geht - neben den Auswahlgesprächen - das Mitarbeitergespräch als zentraler Bestandteil der Personalentwicklungs-Konzeptionen eindeutig hervor. In der Form des Zielvereinbarungsgespräch dient es ebenso unmißverstandlich vorwiegend im Sinne eines Steuerungsmittels (management by objectives). Sein Einsatzpotential als Kooperationsgespräch, als ein Gespräch über die Modernisierung der Verwaltung sowie als Gespräch über die Entwicklung und Erhaltung der Leistung (Fördergespräch) wird bislang auffallend weniger genutzt. Im einseitigen Gebrauch wie auch in der unvorbereiteten Durchführung liegt die Gefahr, das Vertrauensverhältnis zwischen Vorgesetzten und Mitarbeitern zu trüben oder gar aufzulösen; dieser Umstand zöge kontraproduktive Wirkungen für die Personalentwicklung nach sich.

4. Aus-, Fort- und Weiterbildung

Auch wenn Pesonalentwicklung im wesentlichen 'on-the-job' und 'near-the-job' statt-findet, der Verzicht auf 'klassische' Weiterbildungsveranstaltungen und Seminare steht nicht zur Diskussion. Eine integrierte Weiterbildungskonzeption bezieht das Problem des Praxistransfers bereits in die Planung von Weiterbildungsmaßnahmen mit ein, bei-spielsweise durch Vorbereitungs- und Nachbereitungsgespräche. Das Transferproblem stellt sich u.a. auch in der Situation, in welcher lernwillige und fortgebildete Beschäf-tigte Wissen in 'festgefahrenen' Strukturen anwenden wollen (und sollen). Daher ist zu prüfen, auf welche (strukturelle/subjektive) Verursachung Transfer-Probleme zurück-führen und in welchem Maß neben lernfähigen Mitarbeitern nicht auch eine 'lernfähige' Organisation den Transfer erleichtert.

7.2.2 Interpersonale Perspektive

Einen Problemschwerpunkt bildet offenbar die Kooperation in der Verwaltung, beson-ders das Verhältnis zwischen Vorgesetzten und Mitarbeitern, ebenso das Konfliktver-halten wie auch die Zusammenarbeit in Gruppen.

Bürokratische Strukturen, wie sie in einigen Landesversicherungsanstalten noch vor-herschen, lassen aus der Sicht des Managements einen autoritären Führungsstil (immer noch) als für die Zielerreichung der Verwaltung funktional erscheinen. Der Abbau bü-rokratischer Strukturen wirkte sich daher vermutlich auch positiv auf das Führungsver-halten aus. Projektgruppen und Qualitätszirkel begünstigen die Fähigkeit zur argumen-tativen Auseinandersetzung in Gruppen und wirken 'Einzelkämpfertum' entgegen. Sie tragen zur Integration der Arbeit verschiedener Stelleninhaber bei. Bildungsseminare bieten Experimentierfelder für Kommunikation unter fachkundiger Anleitung und för-dern Kontakte zwischen Angehörigen verschiedener Verwaltungen.

7.2.3 Apersonale Perspektive

1. Vernetzung von Gruppen

Verwaltungen mit ausgeprägter hierarchischer Gliederung und fein differenzierter Ar-beitsteilung wie die Landesversicherungsanstalten fördern Abschottungstendenzen zwischen hierarchischen Ebenen und horizontalen Bereichen, mit dysfunktionalen Fol-gen für die Aufgabenerfüllung. Diesen Tendenzen wirkt die Förderung von Netzwer-ken entgegen, beispielsweise durch Projektarbeit oder durch den Einsatz von Multipli-katoren. Netzwerke erleichtern die Aufgabe, die Gruppeninteressen unter gemeinsame Behördenziele zu bündeln.

2. Hierarchie, Verantwortlichkeiten, Entscheidungsdezentralisation

Die Qualifizierung der Beschäftigten stellt zweifellos einen wichtigen Bestandteil von Personalentwicklung dar, jedoch gelangt Personalentwicklung erst zu voller Wirksamkeit, sofern sie über gängige Fort- und Weiterbildung hinausgeht. Als ein zentrales Instrument der Verwaltungsreform bewirkt sie zudem Veränderungen in inter- und apersonaler Perspektive; dazu bedarf es der entsprechenden Entscheidungsbefugnisse und der Unterstützung durch die Organisationsspitze. Personalentwicklung lediglich zentral über die Weiterbildungsabteilung voranzutreiben, reicht nicht aus, vielmehr muß sie von den Vorgesetzten in der Linie getragen und von den Beschäftigten als für sie sinnvoll akzeptiert und unterstützt werden. Aus-, Fort- und Weiterbildung wären daher in ein Gesamtkonzept der Personal- und Organisationsentwicklung auf eine Weise zu integrieren, die alle Bildungsaktivitäten im Sinne eines Teils von PE und OE, keinesfalls lediglich als 'Anhängsel' der Weiterbildungsabteilung konzipiert.

Eine umfassende Verwaltungsreform setzt Personalentwicklung zur Dezentralisierung von Verantwortung ein. Formen indirekter Steuerung wie Leitbildorientierung und Controlling gewährleisten die Koordination dezentraler Entscheidungen. Die intendierte Neuregelung von Verantwortlichkeiten stellt eine außergewöhnliche Herausforderung für die PE-Praxis dar; dieser Umstand legt eine teilweise externe Begleitung nahe. Dezentralisierung ohne zentrale Vorgabe der Rahmenbedingungen haften Risiken für das Management wie für die Beschäftigten an: Die Leitungsebene verzichtet auf Entscheidungsgewalt (und unmittelbare Machtausübung) mit der möglichen Konsequenz 'chaotischer' Zustände auf nachrangigen Verwaltungsebenen; aus der Perspektive der Beschäftigten birgt Dezentralisierung die Gefahr in sich, der Willkür einzelner Abteilungsleiter unterworfen zu sein, ohne den Schutz durch Expertenwissen und/oder die neutrale Distanz der Personalabteilung.

Gleichwohl bleibt eine Reihe von Fragen offen:

- Wer kontrolliert die Einhaltung von Schutzgesetzen oder Tarifverträgen, wenn die Verantwortlichen gleichzeitig Profit-Center leiten?
- Wer verhindert die Einstellung ausschließlich junger, gesunder Mitarbeiter, die das dezentrale Budget weniger belasten und nicht wegen Krankheit oder Mutterschutz auszufallen drohen?
- Welche Arbeitsplätze stehen für ältere Arbeitnehmer und sog. 'Problemgruppen' zur Verfügung, deren Anpassungspotentiale den Erfordernissen einer 'schlanken Verwaltung' nicht mehr genügen?
- Wer besitzt Detailkenntnisse der Schutzgesetze und Tarifverträge, wenn dezentrale Personalverwaltung neben der Facharbeit vollzogen werden muß?
- Welche Möglichkeiten bestehen, um entsprechendes Wissen anzueignen? In welchem zeitlichen Rahmen kann das geschehen?

- Wer schützt vor dem Druck der Kollegen, sofern diese spezifische (auch partikularen) Zielsetzungen durch einen 'Sozialfall' gefährdet sehen?
- Wer sichert die Mitbestimmungsrechte der Personalvertretung, wenn sie über dezentrale Entscheidungen wissentlich oder versehentlich nicht informiert wird?

In der Gegenwart beinhaltet Dezentralisierung bei den Landesversicherungsanstalten zunächst die Stärkung der Auskunfts- und Beratungsstellen, ihre Zusammenlegung mit ärztlichen Dienststellen und gegebenenfalls die Kooperation mit den entsprechenden Einrichtungen der Bundesversicherungsanstalt für Angestellte. Vorerst angestrebt ist die dezentrale Rentenberechnung; entsprechende Umstrukturierungen finden sich bei einigen Landesversicherungsanstalten, beispielsweise bei der LVA Rheinprovinz oder in Form von Pilotprojekten bei den LVAen Baden und Württemberg. Die LVAen der neuen Bundesländer haben mit den Dienststellen des Systems der Alterssicherung der DDR bereits weitgehend dezentrale Strukturen übernommen; die Einführung von Hauptverwaltungen wie bei West-LVAen stellte in diesem Sinn ein Novum dar (beispielsweise besaß im Jahr 1995 die LVA Sachsen 46 Geschäftsstellen; derzeit ist beabsichtigt, kleinere mit größeren Geschäftsstellen zusammenzulegen, jedoch soll die dezentrale Struktur grundsätzlich beibehalten werde).[4] Dezentralisierung könnte in einem nächsten Schritt auch zur Budgetierung der Abteilungen führen. Um möglichen negativen Wirkungen von Dezentralisierung (s.o.) wirkungsvoll zu begegnen, empfiehlt sich die Beteiligung der Betroffenen, wie teilweise in den Kommunen im Zuge der Einrichtung von Bürgerämtern geschehen (s. das Beispiel des Bürgerladens der Stadt Hagen) und die Festschreibung verbindlicher Rahmenbedingungen zum Schutze der Beschäftigten.

3. Formalisierung, Standardisierung, Normierung

Das traditionelle Gebiet bürokratischer Verwaltung, die apersonale Fixierung von Handlungsimperativen, bedarf offenbar einer Neuregelung, wie die Ansätze zur Reform des Beurteilungswesens, zur Formulierung von Führungsgrundsätzen und zur Überarbeitung der Stellen- und Anforderungsprofile in den untersuchten Landesversicherungsanstalten zeigen. Apersonale Vor-Regelungen sollen zu mehr Verhaltenssicherheit beitragen und Entscheidungen berechenbarer machen, Vorgesetzten-Willkür vermeiden. Die beabsichtigte Versachlichung schließt jedoch gegenteilige Wirkungen wie starre Verfahren mit unsachgemäßen Ergebnissen nicht grundsätzlich aus; zur Vermeidung dysfunktionaler Nebenwirkungen müßten die apersonalen Verfahren die Rückbindung an den Einzelfall ermöglichen.

Am Beispiel der Personalbeurteilung werden die Vor- und Nachteile standardisierter Verfahren deutlich. Einerseits stellt die Beurteilung den Versuch dar, über eine Stan-

---

[4]   Vgl. die Hauszeitschrift der LVA Sachsen, Sachsenspiegel 4/95, S. 3.

dardisierung zu einer rationalen Personalauswahl und Leistungsbewertung zu gelangen, und dieser Versuch ist ein beachtlicher Fortschritt gegenüber - auch heute noch verbreiteten - machtorientiert-subjektiven, also willkürlichen Selektions- und Förderpraktiken. Der Nachteil besteht aber darin, daß standardisierte Verfahren ihren Ansprüchen selten entsprechen. So bleiben individuelle Besonderheiten - etwa außerbetrieblich erworbene Qualifikationen - oftmals unberücksichtigt. Anstatt Willkür zu verhindern, können Beurteilungsbögen zudem der Legitimation von Willkür dienen, auch erfüllen sie weitere verdeckte Funktionen (s.o.). Möglicherweise tragen oben dargestellte Auswahlverfahren zu einer gerechteren Personalselektion bei. Freilich mögen sie bei den Beschäftigten auch Ängste vor einer 'psychologischen Durchleuchtung' wecken.[5] Ein gemeinsam mit den Beschäftigten entwickeltes Beurteilungssystem dagegen dürfte Ängste abbauen helfen und die Akzeptanz erhöhen.

4. Organisationskultur, Leitbilder, Leitlinien

Die Orientierung an Leitbildern markiert den Anspruch nahezu aller Konzeptionen der Personalentwicklung. Die Erfahrung mit PE in den Gemeinden oder auch bei Krankenkassen lehrt anderes: die Umsetzung konzeptioneller Überlegungen zum Leitbild einer Verwaltung gelingt selten. In der Verwaltungswirklichkeit scheint sich das Management an Leitbildern zu orientieren, die kaum in Verbindung mit den intendierten stehen. Letzteren kommt offenbar eher symbolischer Charakter zu, mitunter lenken sie sogar von eigentlich verfolgten Zielen ab (PE dient beispielsweise als Rationalisierungsinstrument oder der Einlösung von Partikularinteressen). Auch in diesem Kontext ist die Entwicklung von Leitbildern und ihre Konkretisierung in Leitlinien (mit partizipativen Rechten für die Beschäftigten) unter Beteiligung der Mitarbeiter ratsam, allein auf diesem Weg gerinnen sie zu einem Bestandteil der gelebten Organisationskultur. Fehlen Leitbilder vollständig, degeneriert Personalentwicklung zu einer (teuren) Reparatureinrichtung.

5. Interessen, Macht

Politik und Selbstverwaltung fordern die Reform der gesetzlichen Rentenversicherung, Beschäftigte und Personalvertretungen beklagen die Defizite der vorherrschenden Lage. Da in bürokratischen Organisationen allein die Leitung über Entscheidungsmacht verfügt, ist das Management aufgefordert, die erforderlichen Reformen einzulei-

---

[5]   Vgl. das folgende Zitat aus der Hauszeitschrift Blickpunkt Freiberg, 6/95, S. 9: "Wird bei *internen* Bewerbern, den Hausbewerbern, nun ein Assessment-Center durchgeführt, wie zuweilen behauptet wird? Um die Antwort gleich vorwegzunehmen: Nein! Es werden weder Psychologen eingeschaltet noch tagelange Tests durchgeführt."

ten. Dieser Forderung kann die Leitung kaum nachkommen, selbst im Falle der Reformeinsicht nicht. Der Hauptgrund liegt im wesentlichen am Mangel an Konzeptionen einer Verwaltungsreform in der gesetzlichen Rentenversicherung - eine Situation, in der selbst das (trotz allen Bemühens) gegenwärtig noch geringe Reformniveau der Kommunen oder Krankenkassen bereits als ein außerordentlicher Fortschritt erscheinen mag. Abhilfe ist kaum in Sicht: Selbst wenn auf Seiten des Managements zumindest erste konzeptionelle Überlegungen vorhanden sind, fehlt ihnen durchgängig, wie unsere Studie ergibt, die Umsetzungsreife. Hinzu tritt, daß diese Überlegungen besonders im öffentlichen Dienst, in welchem immer noch eine Vielzahl der Mitglieder in gesicherten Beschäftigungsverhältnissen arbeitet, nicht ohne die Mitwirkung der Beschäftigten, erst recht nicht gegen sie umzusetzen sind. Im Reformvorhaben bedeutet dieser Sachverhalt einen unbestritten Machtverlust des Managements in der bürokratischen Organisation 'GRV'.

Jäger/Scharfenberger/Scharfenberger 1996 zeigen am Beispiel der Einführung neuer Techniken in Verwaltungen eine mögliche Strategie der Leitung als (vermeintlichen?) Ausweg aus dem Dilemma, Reformforderungen nachzukommen, ohne auf Macht verzichten zu müssen. Zunächst scheint die Leitung zur Streuung von Macht, zur Demokratisierung des Entscheidungsprozesses bereit zu sein. Tatsächlich ist dieser Machtverlust für das Management entsprechend dem Prinzip monokratischer Verwaltungen, die Verantwortung für Organisationsentscheidungen und -handlungen in einer Hand zu konzentrieren, auf Dauer kaum akzeptabel. Den Ausweg sieht die Leitung in der Kontrolle größerer Entscheidungszusammenhänge mithilfe moderner technischer Möglichkeiten anstelle der Kontrolle einzelner Arbeitsschritte. 'Demokratisierung' der Entscheidungsprozesse besitzt dann für die Organisationsspitze lediglich einen Entlastungscharakter, sie zieht keinen signifikanten Machtverlust nach sich.

Daß Personalentwicklung in Verbindung mit neuen technischen Möglichkeiten und Controlling einen Aspekt jener beschriebenen Managementstrategie darstellt, ist nicht auszuschließen. Tritt dieser Fall ein, könnte das Insistieren auf Personalentwicklung in öffentlichen Verwaltungen zunächst im Sinne eines Eingeständnisses der Unzulänglichkeit bürokratischer Management-Methoden bei der Bewältigung gegenwärtiger Herausforderungen gewertet werden. Fraglich bliebe dann, inwiefern Personalentwicklung tatsächlich ein Angebot zu mehr Partizipation beinhaltet, vielmehr eher als ein Instrument zur Sicherung bestehender Machtverhältnisse dient. Bemühungen in personaler Perspektive zur Kompetenzentwicklung hätten dann vornehmlich die Förderung der flexiblen Einsetzbarkeit der Beschäftigten zum Ziel. Interpersonale Maßnahmen zur Verbesserung der Kooperation stünden vorrangig unter dem Primat der Nützlichkeit zur Aufgabenbewältigung, apersonalen Appellen an gemeinsame Organisationsziele käme eine eher symbolische Bedeutung zu. Hoffnungen der Beschäftigten, einer bürokratischen Bevormundung durch die Verwaltungsreform auf der Grundlage von Personalentwicklung zu entkommen, erwiesen sich als trügerisch.

Freilich besäße eine Reformstrategie dieser Ausrichtung, die Mitarbeiterinteressen lediglich unter instrumentellen Gesichtspunkten einbezöge, letztlich wenig Aussicht auf

Erfolg. Diese Perspektive legt es nahe, Personalentwicklung im Interesse beider Seiten zu konzipieren, nämlich im Sinne einer Modernisierung der öffentlichen Verwaltung als *Auseinandersetzungprozeß* (Bäumer 1997).

Es lohnt also allemal die Mühe, diesem Reformprozeß auf der Spur zu bleiben, belegen doch die Ergebnisse der Untersuchung zumindest den Beginn, in einigen Fällen auch bereits den Fortschritt des 'Aufbruchs aus der Routine', an dessen Ende, so bleibt zu hoffen, der 'entwickelte' Mitdenker den 'verwalteten' Mitarbeiter abgelöst haben wird.

7.3   Soziologische Nachlese

Das vorläufige Ende unserer Studie reizt zu einer (auch kritischen) Bilanz aus soziologischer Sicht. Wir knüpfen an eingangs vorgestellte Überlegungen an.

1. Auch die differenzierte Auseinandersetzung mit Personalentwicklung in der öffentlichen Verwaltung trägt nicht unmittelbar dazu bei, den residualkategorischen Charakter von 'Dienstleistungsarbeit' abzustreifen. Die im Begriff Dienstleistung enthaltene Fülle von heterogenen Funktionen und Organisations- wie Handlungsformen (dazu jüngst Baethge u.a. 1997) tritt auch an dem hier untersuchten Gegenstand zum Vorschein; insofern erschwert sie zunächst die für die wissenschaftliche und politische Diskussion unumgängliche Verständigung über Eindeutigkeiten von Dienstleistungsarbeit und -ökonomie. Gleichwohl zeigt die Untersuchung Elemente aus der Praxis auf, die in die kategoriale Arbeit am Gegenstand eingehen können - vorausgesetzt, die (Arbeits- und Organisations-)Soziologie ließe sich zumindest versuchsweise auf die Idee einer 'Entwurfswissenschaft' (Jäger/Weinmann-Rausch 1996) ein.

In der Materialfülle des Personalentwicklungstopos schlummern wenigstens Kleinteile zum allmählichen Auffüllen der 'Dienstleistungsarbeit', und sei es zunächst auch nur in Form von *Chancen* zur Selbstregulierung durch kontrollierendes Feedback u.a.m.

2. Wie diese Studie organisationsinterne Vorteile des 'Neuen Steuerungsmodells' für die öffentliche Verwaltung am Beispiel der Personalentwicklung zweifelsfrei bestätigt, so eindeutig offenbart sie Schwachstellen aus soziologischer Perspektive. Diese umspannen die Bandbreite von der Gefahr einer legitimatorischen Vereinnahmung von Bedürfnissen, Wünschen und Interessen der MitarbeiterInnen bis zu der nicht notwendigerweise intendierten, eher 'unter der Hand' durchgesetzten 'Logik der politischen Rationalität' in Organisationen wie die LVAen.

Eine Konsequenz wäre beispielsweise die stärkere Berücksichtigung von Aspekten der 'Macht' in Konzeptionen zur Personalentwicklung. Allerdings ginge es hier um feinere Unterscheidungen als die Kennzeichnung des Machtbegriffs im Sinne einer Einbahnstraße mit Endstation 'Unterdrückung'. Eine Differenzierung in 'Vorschlagsmacht', 'Bewertungsmacht', 'Entscheidungsmacht' etc. eröffnete vielleicht bislang übersehene

Chancen (sic!) auf dem Weg zum 'entwickelten' Mitarbeiter bei abhängig geleisteter Dienstleistungsarbeit.

3. In der Tradition einer soziologisch orientierten Verwaltungswissenschaft steht u.a. die Frage im Zentrum, wie es um die Möglichkeiten der Beschäftigten bestellt ist, sich in und durch Arbeit zu 'verwirklichen'. Diese Intention drückt sich in Kategorien wie 'Handlungsspielräume', 'Autonomie', 'Empathie' und besonders auch in Begriffen wie 'Demokratisierung des Arbeitslebens' aus. Die Einräumung von Emanzipationschancen gilt in Ablehnung der Übernahme von tayloristisch-fordistischen Organisationsprinzipien in der Industrieproduktion als ein *anderer Weg*, um dem Ziel der Effektivitäts- und Effizienzsteigerung auch in der öffentlichen Verwaltung näher zu kommen.

Konzeptionen wie 'Neue Steuerungsmodelle', 'New Public Management', in dieGesamtkonzeption von *'Lean Administration'* integriert, jedoch stellen diese Tradition tendenziell in Frage, insofern sie Effektivität und Effizienz an *erster* Stelle plazieren und in der Folge auch von den (abhängig) Beschäftigten eine Denk- und Handlungsweise *'wie ein Unternehmer'* anstreben. Es ist zwar auch weiterhin davon auszugehen, daß mit Selbstorganisationskonzepten in der Lean Administration auch Emanzipationschancen bestehen (bleiben), gleichwohl hat eine Analyse die Ansätze zum Personalmanagement mit dieser konzeptionellen Orientierung am 'Markt' zu konfrontieren und auf ihre Schlußfolgerungen hin zu prüfen.

Das Bemühen der öffentlichen Verwaltung um attraktive Personalentwicklung, welche die Leistungsmotivation fördert, ist einer weiteren soziologischen Aufmerksamkeit daher gewiß.

Literaturverzeichnis

AOK-Bundesverband 1990 (Hrsg.): AOK-Management. Kompendium zu Führungs-fragen. Ausgewählte Beiträge aus mehr als einem Jahrzehnt AOK-Management. Frankfurt/Main.

Baethge, M./Oberbeck, H. 1986: Zukunft der Angestellten. Neue Technologien und berufliche Perspektiven in Büro und Verwaltung. Frankfurt/Main.

Baethge, M./Oberbeck, H./Glott, R. 1997: Zwischen tertiärer Wohlstandsgesellschaft und tertiärer Krise. Bericht aus dem Arbeitskreis 'Entwicklungstrends im Dienst-leistungsbereich' (BMBF Initiative 'Dienstleistung 2000 plus'). In: SOFI-Mitteilun-gen Nr. 25/Juli, S. 71-84.

Bäumer, H. 1997: Ein Drittel motzt, ein Drittel wartet ab und ein Drittel macht mit. Modernisierung der öffentlichen Verwaltung als Auseinandersetzungprozeß. In: Frankfurter Rundschau vom 10. Juli, Dokumentation, S. 12.

Banner, G. 1991: Von der Behörde zum Dienstleistungsunternehmen. Die Kommunen brauchen ein neues Steuerungsmodell. In: VOP 1/1991, S. 6-11.

Banner, G. 1994: Neue Trends im kommunalen Management. In: VOP 1/1994, S. 5-12.

Barth, H.J. 1995: Verwaltung 2000 - 2005 - 2010. In: Bundesakademie für öffentliche Verwaltung im Bundesministerium des Innern (Hrsg.): Öffentliche Verwaltung von morgen. Baden-Baden.

Barthel, C. 1993: Personalentwicklung als strategischer Erfolgsfaktor bei der Verwal-tungsmodernisierung. In. Gewerkschaft ÖTV (Hrsg.): Personalentwicklung in der öffentlichen Verwaltung. Hannover. S. 53 ff.

Beck, T. 1995: Das Tarifrecht der Arbeitnehmer bei den gesetzlichen Rentenversiche-rungsträgern. In: ZTR 7/1995, S. 303-308.

Beckenbach, N./van Treeck, W. (Hrsg.) 1994: Umbrüche gesellschaftlicher Arbeit. Sonderband 9 der Sozialen Welt. Göttingen.

Becker, A./Küpper, W. /Ortmann, G. 1992: Revisionen der Rationalität. In: Küpper, W./Ortmann, G. (Hrsg.): Mikropolitik. Opladen, S. 89-113.

Becker, M. 1993: Personalentwicklung: die personalwirtschaftliche Herausforderung der Zukunft. Bad Homburg vor der Höhe.

Behrens, F./Heinze, R.G/Hilbert, J./Stöbe, S./Walsken, E.M. (Hrsg.) 1995: Den Staat neu denken. Reformperspektiven für die Landesverwaltungen. Berlin.

Bell, D. 1975: Die nachindustrielle Gesellschaft. Frankfurt/Main.

Berger & Partner 1994: Organisationsgutachten zur gesetzlichen Rentenversicherung. Kurzzusammenfassung.

Bickenbach, J. 1993: Personalentwicklung in der Stadtverwaltung Duisburg. In: Gewerkschaft ÖTV, Bezirk Niedersachsen (Hrsg.) (1): Personalentwicklung in der öffentlichen Verwaltung. Hannover. S. 83 ff.

Böckel, M. 1995: Projektmanagement in Verwaltungsverfahren. In: DÖV 3/1995, S. 102-108.

Bogumil, J./Kißler, L. 1995: Vom Untertan zum Kunden? Möglichkeiten und Grenzen von Kundenorientierung in der Kommunlaverwaltung. Berlin.

Bogumil, J./Kißler, L. (Hgs.) 1997: Verwaltungsdemokratisierung und lokale Demokratie. Risiken und Chancen eines Neuen Steuerungsmodell für die lokale Demokratie. Baden-Baden.

Bosetzky, H./Heinrich, P. (1982): Mensch und bürokratische Organisation. In: Politikwissenschaft und Verwaltungswissenschaft. Sonderheft 13.

Braczyk, H.-J./Ganter, H.-D./Seltz, R. (Hrsg.) 1996: Neue Organisationsformen in Dienstleistung und Verwaltung. Stuttgart.

Brinkmann, H. 1994: Strategien für eine effektivere und effizientere Verwaltung. In: Naschold, F./Pröhl, M. (Hgs.): Produktivität öffentlicher Dienstleistungen. Gütersloh, S. 167-243.

Bsirske, F. 1993: Reform der Kommunalverwaltung - Herausforderung für Verwaltung, Personalräte und Gewerkschaften. In: Gewerkschaft ÖTV, Bezirk Niedersachsen (Hrsg.) 1993 (1) : Personalentwicklung in der öffentlichen Verwaltung. Hannover.

Budäus, D. 1994: Public management - Konzepte und Verfahren zur Modernisierung öffentlicher Verwaltungen. Berlin.

142

Bundesministerium des Innern (Hrsg.) 1994: Bericht der Bundesregierung über die Fortentwicklung des öffentlichen Dienstrechts - Perspektivbericht. Bonn.

Bundesministerium für Arbeit und Sozialordnung (Hrsg.) 1995: Übersicht über das Sozialrecht. Bonn.

Damkowski, W./Precht, C. 1994: Neuere Steuerungsmodelle für die Kommunalverwaltung. In: VOP 6/1994, S. 412-416.

DGB-Bundesvorstand (Hrsg.) 1994: Synoptische Darstellung von Forderungen/Ergänzungswünschen der Fraktionen des Deutschen Bundestages und des DGB vom 4. August 1994 zum Perspektivbericht der Bundesregierung.

Dieckmann, J./Löhr, U. 1995: Steigerung der Attraktivität und Sicherheit der künftigen Funktionserfüllung des öffentlichen Dienstes. In: VOP 5/1994. S. 347-350.

Ellwein, T. 1994: Das Dilemma der Verwaltung. Verwaltungsstruktur und Verwaltungsreform in Deutschland. Mannheim.

European Group of Public Administration (EGPA) 1997: Ethics and Accountability in a Context of Governance and New Public Management. Annual Conference. Leuven/Belgium.

Faulstich, P. 1996: Qualifikationsbegriffe und Personalentwicklung. In: Zeitschrift für Berufs- und Wirtschaftspädagogik. 92. Jahrgang, Juli/August, S. 366-379.

Garvin, D.A. 1994: Das Lernende Unternehmen I: Nicht schöne Worte - Taten zählen. In Wiendieck, G.: Organisationsgestaltung und -entwicklung. Fernuniversität Hagen.

Geißler/v. Landsberg/Reinartz (Hrsg.) fortlaufend: Loseblattsammlung: Handbuch Personalentwicklung und Training. Ein Leitfaden für die Praxis. Köln.

Gewerkschaft ÖTV, Bezirk Niedersachsen (Hrsg.) 1993 (1) : Personalentwicklung in der öffentlichen Verwaltung. Hannover.

Gewerkschaft ÖTV, Bezirk Niedersachsen (Hrsg.) 1993 (2) : Verwaltungsreform unter den Bedingungen der Haushaltskonsolidierung. Hannover.

Gewerkschaft ÖTV, Kreisverwaltung Düsseldorf, 04. Juli 1995: Wir bei der Stadtverwaltung Düsseldorf. Düsseldorf.

Hablützel, P. 1995: New Public Management. Ein Verwaltungsreformkonzept für die Schweiz? In: VOP 3/1995. S. 142-147.

Hager, G. 1995: Führungskräftefortbildung im föderalen Vergleich. In: VOP 1/1994. S. 56-60.

Harenberg 1993: Lexikon der Gegenwart 94. Dortmund.

Harrach, E.-M.v. 1995: Neuer Wind in Deutschlands Amtsstuben - ohne die Soziologen? Zur Rolle der Soziologie in der Verwaltungsausbildung. In: Bögenhold, D. u.a. (Hrsg.): Soziale Welt und soziologische Praxis. Soziologie als Beruf und Programm. Festschrift für Heinz Hartmann zum 65. Geburtstag. Göttingen, S. 175-188.

Heeg, F. J./Münch, J. 1993 (Hrsg.): Handbuch Personal- und Organisationsentwicklung. Stuttgart; Dresden.

Heeg, F..J./Meyer-Dohm, P. 1994 (Hrsg.): Methoden der Organisationsgestaltung und Personalentwicklung. München/Wien.
Heisig, U./Littek, W. 1993: Soziologie der Dienstleistungsarbeit. FernUniversität Hagen.

Hilbert, J./Stöbe, S. 1993 (Hrsg.): Reformperspektiven im öffentlichen Dienst. Institut für Arbeit und Technik - Paper DS 02. Gelsenkirchen.

Hilgenfeld, C. 1995: Personalentwicklung im öffentlichen Dienst. Amtsschimmel ade. Neue Gipfel statt alter Ordnung. In: management & seminar 5/95.

Hill, H. 1996: Reengineering hinterfragt bisherige Strukturen. Chancen der Übertragung auf den öffentlichen Sektor. In: VOP, Heft 10/11, S. 10-12.

Hill, H./Klages, H. 1993: Selbstbewertung. Ein zeitgemäßer Weg zur Verwaltungsqualifikation. In: VOP 4/1993. S. 218-220.

Hill, H./Klages, H. (Hgs.) 1996: Wege in die Neue Steuerung. Stuttgart.

Hirschfelder, R./Lessel, E. 1994: Steuerung durch Qualität: Das Saarbrücker Total Quality Management-Programm. In: VOP 5/1994. S. 352-358.

Horsch, H./Krumnack, H./Laubenstein, D. 1996: Reorganisation und Dezentralisierung bei der Landesversicherungsanstalt Rheinprovinz. In: Deutsche Rentenversicherung 8-9/1996, S. 511-573.

Innenministerium Baden-Württemberg (Hrsg.) 1990: Verwaltung 2000. Gesamtkonzeption.. Die Ziele und ihre Umsetzung. Stuttgart.

Innenministerium Baden-Württemberg (Hrsg.) 1993: Strategisches Personalmanagement für die Landesverwaltung Baden-Württemberg, Band 11 der Schriftenreihe der Stabsstelle Verwaltungskultur, Information und Kommunikation. Stuttgart.

Institut Dr. Müller, o.J.: 22 Thesen zum Stand der gegenwärtigen Steuerungsdiskussion. Köln.

Jäger, W. 1989: Industrielle Arbeit im Umbruch. Weinheim.

Jäger, W. 1993: Arbeits- und Berufssoziologie. In: Korte, H./Schäfers, B. (Hrsg.): Einführung in spezielle Soziologien. Opladen. (2.Auflage 1997).

Jäger, W./Scharfenberger, U./Scharfenberger, B. 1996: Verwaltungsreform durch Neue Kommunikationstechnik? Soziologische Untersuchungen. Wiesbaden.

Jäger, W./Weinmann-Rausch, E. 1996: Zitatcollagen und andere Kleinigkeiten. Flüchtige Bemerkungen zu Eigentümlichkeiten der (Arbeits- und Industrie-) Soziologie. In: Soziologie. Mitteilungsblatt der Deutschen Gesellschaft für Soziologie. Heft 3.

Jäger, W 1997: Informatization Power Aspects of Recording Archiving. Unpublished Paper EGPA. Hagen.

Janning, H. 1994: Rahmenbedingungen neuer Steuerungsmodelle und dezentraler Organisationsstruktur in der Kommunalverwaltung. In: VOP 4/1994, S. 239 ff.

Kastner, M. 1990: Personalmanagement heute. Landsberg/Lech.

Keller, B. 1993: Arbeitspolitik des öffentlichen Sektors. Baden-Baden.

Kieser, A. u.a. 1989: Die Personalentwicklung der Zukunft in der öffentlichen Verwaltung. In: VOP 1/1989. S. 4 ff.

Kißler, L. 1993: Anders verwalten - aber wie? Technik, Qualifikation und Beteiligung als Gestaltungsfelder. Zur Einleitung. In: Kißler, L./ Bogumil, J./ Wiechmann, E. (Hrsg.) 1993: Anders verwalten: Praxis und Perspektiven kommunaler Gestaltungsprojekte. Marburg.

Kißler, L./ Bogumil, J./ Wiechmann, E. (Hrsg.) 1993: Anders verwalten: Praxis und Perspektiven kommunaler Gestaltungsprojekte. Marburg.

Kißler, L./Bogumil, J./Greifenstein, R./Wiechmann, E. 1997: Moderne Zeiten im Rathaus? Modernisierung der Kommunalverwaltungen auf dem Prüfstand der Praxis. Vorläufiger Endbericht einer wiss. Begleitforschung im Auftrag der Hans-Böckler-Stiftung. Marburg/Hagen.

Klages, H. (Hrsg.) 1990: Öffentliche Verwaltung im Umbruch - neue Anforderungen an Führung und Arbeitsmotivation. Gütersloh.

Klages, H. 1991: Personalentwicklung in der öffentlichen Verwaltung. In: Schanz, G. Handbuch Anreizsysteme in Wirtschaft und Verwaltung. Stuttgart.

Klages, H. 1992: Vernetzung als Qualitätsmerkmal der Personalentwicklung. In: VOP 4/1992, S. 206-210.

Klages, H. 1993: Traditionsbruch als Herausforderung. Perspektiven der Wertewandelsgesellschaft. Frankfurt/New York.

Klages, H./Hippler, G. 1991: Mitarbeitermotivation als Modernisierungsperspektive. Gütersloh.

Klages, H./Gensicke, T./Haubner, O. 1994: Die Mitarbeiterbefragung. Ein kraftvolles Instrument der Verwaltungsmodernisierung. In: VOP 5/1994, S. 322-327.

Klages, H./Hill, H. (Hgs.) 1997: Erfahrungen mit dem Modernisierungsprozeß. Düsseldorf.

Klimecki, R./Habelt, W. 1993: Führungskräfteentwicklung in öffentlichen Verwaltungen. Diskusssionsbeitrag Nr. 6 zum Thema Management, Forschung und Praxis an der Universität Konstanz. Konstanz.

Klotz, E./Mauch, S. 1994 und 1995: Personalmanagement in Baden-Württemberg. Die Implementierung einer Konzeption in der Landesverwaltung. Teile 1 - 6 sowie Schluß. In VOP 4/1994, S. 232-238; 5/1994, S. 336-346; 6/1994, S. 431-434; 1/1995, S.28-31; 2/1995, S.116-119; 3/1995, S. 179-181; 4/1995, S.210-220.

146

Kobi, J. M. 1994: Vielfältiger Wandel: Herausforderungen in der Personalarbeit von Verwaltungen. In: VOP 1/1994, S. 32-34.

Kommunale Gemeinschaftsstelle für Verwaltungsvereinfachung (KGSt) 1990: Heranbildung von Führungskräften. KGSt-Bericht Nr. 7/1990. Köln.

KGST 1990: Technikunterstützte Informationsverarbeitung (TuI). Gutachten. Köln.

KGSt 1992: Arbeitshilfe Personalmarketing, Vorsorge für erfolgreiche Personalgewinnung und -erhaltung. KGSt-Bericht Nr. 12/1992. Köln.

KGSt 1993: Ausbildung und Entwicklung von Personal mit betriebswirtschaftlichem Aufgabenschwerpunkt. KGSt-Bericht Nr. 10/1993. Köln.

KGSt 1993 (1): Organisation der Fortbildung in den neuen Bundesländern. KGSt-Bericht Nr. 1/1993. Köln.

KGSt 1993 (2): Das neue Steuerungsmodell. KGSt-Bericht Nr. 5/1993. Köln.

KGSt 1994 (1): Dezentrale Personalarbeit. Der Beitrag der Personalwirtschaft zur Modernisierung der Verwaltung. KGSt-Bericht Nr. 7/1994. Köln.

KGSt 1994 (2): Personalentwicklung: Grundlagen für die Konzepterarbeitung. KGSt-Bericht Nr. 13/1994. Köln.

Kühn, H. 1989: Der automatisierte Sozialstaat. Arbeit und Computer in Sozialverwaltungen. Berlin.

Kühnlein, G./Wohlfahrt, N. 1994: Zwischen Mobilität und Modernisierung. Personalentwicklungs- und Qualifizierungsstrategien in der Kommunalverwaltung. Berlin.

Kühnlein, G./Wohlfahrt, N. 1995: Leitbild lernende Verwaltung? Situation und Perspektiven der Fortbildung in westdeutschen Kommunalverwaltungen. Berlin.

Küpper, W./Ortmann, G. (Hgs.) 1988: Mikropolitik. Rationalität, Macht und Spiele in Organisationen. Opladen.

Landesversicherungsanstalt Baden (Hrsg.) o. J.:Föderalismus und Regionalisierung in der Sozialversicherung. Konferenz am 12. und 13. Oktober 1995 in Karlsruhe. Karlsruhe.

Leis, G. 1992: Personalgewinnung, Aus- und Fortbildung für den Bereich der öffentlichen Verwaltung. In: von Oertzen, H. J.: Rechtsstaatliche Verwaltung im Aufbau I. Baden-Baden.

Lipphardt, M. 1995: Stoppt das personalpolitische Mißmanagement. In: ZTR 10/1995, S. 450-454.

Littek, W./Heisig, U./Gondek, H.-D. (Hrsg.) 1992: Organisation von Dienstleistungsarbeit. Sozialbeziehungen und Rationalisierung im Angestelltenbereich. Berlin.

Malsch, Th. 1987: Die Informatisierung des betrieblichen Erfahrungswissens und der 'Imperialismus der instrumentellen Vernunft'. In: Zeitschrift für Soziologie, Heft 2, S. 77-91.

Maurer, U. 1995: Die Verwaltungsreform in Baden-Württemberg. In: Behrens, F./Heinze, R.G/Hilbert, J./Stöbe, S./Walsken, E.M. (Hrsg.) 1995: Den Staat neu denken. Reformperspektiven für die Landesverwaltungen. Berlin.

May, M. 1994: Zur Steuerbarkeit technischer Systeme und zur Steuerungsfähigkeit des Staates. In: Zeitschrift für Soziologie 23, S. 447-459

Mayntz, R. 1982: Soziologie der öffentlichen Verwaltung. Heidelberg.

Mayntz, R. 1990: Lernprozesse: Probleme der Akzeptanz von TA bei politischen Entscheidungsträgern. In: Ropohl/Schuchardt/Wolf (Hgs.: Schlüsseltexte zur Technikbewertung. Dortmund, S. 136-148

Meier, M.: Qualitätszirkel in der Staatsverwaltung. Ein Versuch lohnt sich! In: VOP 6/1994, S. 400-403

Meixner, H.E. 1995: Neue Wege in der öffentlichen Verwaltung - Auf die Mitarbeiter kommt es an - . In: Die Personalvertretung 1/1995, S. 1-4.

Mentzel, W. 1994: Unternehmenssicherung durch Personalentwicklung. Freiburg.

Naschold, F. 1993: Modernisierung des Staates. Zur Ordnungs- und Innovationspolitik des öffentlichen Sektors. Berlin.

Neuberger, Oswald 1994: Personalentwicklung. Stuttgart.

Nipperdey, T. 1993: Deutsche Geschichte 1866-1918, Bd. 1. Arbeitswelt und Bürgergeist. München.

Offe, K. 1983: Arbeit als soziologische Schlüsselkategorie? In: Matthes, J (Hrsg.): Krise der Arbeitsgesellschaft? Verhandlungen des 21. Deutschen Soziologentags in Bamberg 1982. Frankfurt/New York, S. 38-65.

Oppen, M. 1991: Vom Verwaltungsapparat zum Dienstleistungsunternehmen?: Klientenorientierte Gestaltungsvarianten sozialpolitischer Administrationen. Berlin.

Oppen, M. 1995: Qualitätsmanagement: Grundverständnisse, Umsetzungsstrategien und ein Erfolgsbericht: die Krankenkassen. Berlin.

Oppen, M. 1996: Der öffentliche Gesundheitsdienst zwischen 'New Public Health' und 'New Public Management'. In: Gesundheitswesen 58, S. 185-192.

Oppen, M. 1996: Schlanker Staat - magere Beschäftigungsperspektiven? Berlin.

Ortmann, G. 1995: Formen der Produktion. Organisation und Rekursivität. Opladen.

Pankoke, E./Nokielski, H. 1977: Verwaltungssoziologie. Stuttgart.

Pflug, J. 1995: Verwaltungsstrukturreform in Nordrhein-Westfalen. In: Behrens, F./Heinze, R.G/Hilbert, J./Stöbe, S./Walsken, E.M. (Hrsg.) 1995: Den Staat neu denken. Reformperspektiven für die Landesverwaltungen. Berlin.

Reichard, C. 1982: Inhalt und Strategie eines Konzepts der Personalentwicklung in der öffentlichen Verwaltung. In: Remer, A. (Hrsg.): Verwaltungsführung. Beiträge zu Organisation, Kooperationsstil und Personalarbeit in der öffentlichen Verwaltung. Berlin; New York

Reichard, C. 1994: Umdenken im Rathaus. Neue Steuerungsmodelle in der deutschen Kommunalverwaltung. Berlin.

Reichard, C. 1995: Die 'New Public Management'-Debatte im internationalen Kontext. In: ders./Wollmann, H. (Hgs.): Kommunalverwaltung im Modernisierungsschub. Basel/Stuttgart.

Reinermann, H. 1993: Ein neues Paradigma für die öffentliche Verwaltung - Was Max Weber heute empfehlen würde. Speyerer Arbeitshefte Nr. 97. Speyer.

149

Reinermann, H. 1994: Die Krise als Chance. Wege innovativer Verwaltungen. Speyerer Forschungsberichte 139. Speyer.

Reinermann, H. 1995: Auswirkungen der Neuen Verwaltungskonzepte auf die Informationsverarbeitung. In: VOP 2/1995, S. 90-100.

Reuß, A. 1992: Aufgabenerledigung durch Projekte in der Verwaltung. In: VOP 2/1992, S. 94-100.

Rundel, O. 1994: Die Führungsakademie des Landes Baden-Württemberg. In: Die Öffentliche Verwaltung 24/1994, S.1031-1040.

Scharpf, F. 1970: Demokratietheorie zwischen Utopie und Anpassung. Konstanz.

Schimank, U. 1994: Organisationssoziologie. In: Kerber, H./Schmieder, A. (Hrsg.): Spezielle Soziologien. Reinbek bei Hamburg.

Seehofer, H. 1993: Wettbewerb zwischen den Krankenversicherungsträgern nach dem Gesundheitsstrukturgesetz. In: Die Sozialversicherung, Oktober 1993, S. 263-267.

Simonis, H. 1995: Modernisierung einer Landesverwaltung: Die schleswig-holsteinische Strategie dezentraler Organisationsentwicklung. In: Behrens, F./Heinze, R.G/Hilbert, J./Stöbe, S./Walsken, E.M. (Hrsg.) 1995: Den Staat neu denken. Reformperspektiven für die Landesverwaltungen. Berlin.

Schmid, Jörg 1993: Veränderungen im Bereich der Sozialen Sicherung zwingen zum Umdenken. In: VOP 3/1993, S. 150-154.

Scott-Morgan, P./Little, A.D. 1995: Die heimlichen Spielregeln. Die Macht der ungeschriebenen Gesetze im Unternehmen. Frankfurt/Main.

Stabsstelle Verwaltungsstruktur, Information und Kommunikation im Innenministerium Baden-Württemberg 1996: Leitbild der Landesverwaltung Baden-Württemberg. In: Staatsanzeiger Baden-Württemberg, Beilage zu Nr. 27, Stuttgart.

Stadt Duisburg, Der Oberstadtdirektor (Hrsg.) 1994: Duisburg 2000, Stadt auf Reformkurs. Herausforderung Verwaltungsmodernisierung. Teil 1 - Textband, Teil 2 - Anlagenband. Duisburg.

Steinort, U. 1995: Soll die Personalbeurteilung gerecht sein? In: VOP 1/1995, S. 32-37.

Stockinger,G./Fleissner, P. 1997: Soziale und elektronische Vernetzung: der informatisierte Organisationswandel (Referat anläßlich des 14. Österreichischen Kongresses für Soziologie 1995). Zusammenfassender Bericht von J. Hofbauer in: Meleghy, T. u.a. (Hgs.): Soziologie im Konzert der Wissenschaften. Zur Identität einer Disziplin. Opladen, S. 185-187.

Stöbe, S. 1995 (1): Modernisierungsperspektiven für die Landesverwaltung.Diskussionspapier, Institut Arbeit und Technik im Wissenschaftszentrum NRW, Gelsenkirchen.

Stöbe, S. 1995 (2): Verwaltungsreform durch Organisationsentwicklung - Leitbilder als Instrument einer Modernisierungsstrategie. In: Behrens, F./Heinze, R.G/Hilbert, J./Stöbe, S./Walsken, E.M. (Hrsg.) 1995: Den Staat neu denken. Reformperspektiven für die Landesverwaltungen, S. 129-141. Berlin.

Töpfer, A./Funke, U. 1985: Organisationsentwicklung als Instrument zeitgemäßer Personalführung in der öffentlichen Verwaltung. In: Die Personalvertretung 7/1985, S. 278-290.

Türk, K. 1981: Personalführung und soziale Kontrolle. Stuttgart.

Türk, K. 1989: Neuere Entwicklungen in der soziologischen Theorie der Organisation. FernUniversität Hagen.

Türk, K. 1995: "Die Organisation der Welt". Herrschaft durch Organisation in der modernen Gesellschaft. Opladen.

Verband Deutscher Rentenversicherungsträger (VDR) 1995: Geschäftsbericht für das Jahr 1994. Frankfurt am Main.

Verband Deutscher Rentenversicherungsträger (VDR) 1996: VDR-Programmierkreis, VDR-Programmsystem (Kurzinformation). Frankfurt am Main.

Verwaltungsfachhochschule Wiesbaden 1995: Projektbericht. Kundenbefragung bei der Verwaltung des Landkreises Waldeck-Frankenberg. Kassel

Wiechmann, E./Kißler, L. 1993: Technikeinsatz, Beteiligung und Qualifikation im Bürgerladen Hagen: Zur Innenausstattung der Kundenorientierung. In: Kißler, L./ Bogumil, J./ Wiechmann, E. (Hrsg.) 1993: Anders verwalten: Praxis und Perspektiven kommunaler Gestaltungsprojekte. Marburg.

Wiendieck, G. 1993: Einführung in die Arbeits- und Organisationspsychologie. FernUniversität Hagen.

Wiendieck, G. 1994: Organisationsgestaltung und -entwicklung. FernUniversität Hagen.

Wohlfahrt, N. 1993: Probleme, Entwicklungstendenzen und Reformkonzepte im öffentlichen Dienst. In: Hilbert, J./Stöbe, S. (Hrsg.): Reformperspektiven im öffentlichen Dienst. IAT-Paper DS 02. S. 56 ff. .

Wohlfahrt, N. 1995: Hauptsache effizient? - Zur Begründung eines politischen Anforderungsprofils der Verwaltungsreform auf kommunaler Ebene und Landesebene. In: Behrens, F./Heinze, R.G/Hilbert, J./Stöbe, S./Walsken, E.M. (Hrsg.): Den Staat neu denken. Reformperspektiven für die Landesverwaltungen. Berlin.

Würtenberger, T. 1993: Wege zu einem Verwaltungsmanagement in Deutschland. In: Bullinger, M. (Hrsg.): Von der bürokratischen Verwaltung zum Verwaltungsmanagement. Baden-Baden.

If you have any questions about our products
or services, contact us:
Produktsicherheit@springernature.com

Gedas Bübler, in substitution responsible for EU
for Product compliance is:
DPG ga Partner Publishing Services GmbH
Ernst-Mach-Str. 1, 13, 86056 Neu-Ulm, Germany
Birgit Crauthoff-joarn Brünn
info@cs-n-Ulm.com